国家社科基金资助成果
（编号16BJY80）

线上丝路金融论

FINANCIAL COOPERATION
OF THE SILK ROAD ONLINE

马广奇　著

复旦大学出版社

前言 FOREWORD

从古丝绸之路到新丝绸之路,从陆上丝绸之路到海上丝绸之路,从线下丝绸之路到线上丝绸之路,"一带一路"已成为国际格局重大变革时期构建"人类命运共同体"的"中国方案",是21世纪中国贡献给世界的"东方智慧"。

丝绸之路经济带作为国家"一带一路"倡议的主翼,是新时代中国全方位对外开放尤其是向西开放的主轴。丝绸之路经济带的建设主要是实现"五通",其中货币流通和资金融通则是"五通"之基础和支撑,研究和推进丝绸之路经济带货币流通与金融合作构成了"丝路金融"研究的主要内容,当然也是重中之重。在中国深化金融改革和金融国际一体化的大背景下,以互联网为视角和技术平台,深入分析丝绸之路经济带金融合作机制建设具有重要的理论价值和重大的战略意义。

本书是国家社科基金年度项目"基于互联网的丝绸之路经济带金融合作机制研究"(编号 16BJY180)的最终成果。研究主题是"丝路金融",研究重点是基于互联网的丝路金融合作机制,以丝绸之路经济带和国际经济格局变化为时代背景,以国际金融理论、区域金融理论和国际金融合作经验为参照,结合丝绸之路沿线各国的金融发展实际,对丝路货币、丝路金融、丝路金融合作进行系统的多维度的定性描述和定量分析。本书基于互联网技术平台和全新思维,研究线上丝绸之路金融合作机制,从丝路金融合作基础可行性条件入手,分析丝路金融合作的瓶颈和障碍,揭示基于互联网的丝路金融合作的影响因素、总体特征,重点对丝路金融合作机制进行框架设计,在此基础上提出了基于互联网的丝路金融合作机制的建设思路和实施建议。

本书的主要内容、重要观点及政策建议包括但不限于以下八个方面。

第一,"丝路金融"是"丝路经济"的重要组成部分和主体内容,丝绸之路经济带建设必须与丝路金融合作双轮驱动,同步推进。经济决定金融,金融助推经济,现代经济本质上已经是一种高度发达的金融经济。丝绸之路经济带的伟大构想是一项综合性的系统工程,是一种由丝绸之路贯通的区域性经济发展战略,当然包含沿线国家实体经济的一体化发展和货币金融一体化合作两个维度、两大层面的内容。因此,研究丝绸之路经济带建设必须重视丝路金融发展,或者说,必须从丝路货币流通和丝路金融合作开始。这正是本书的宏观背景和研究缘起。

第二,"丝路金融"的逻辑起点是"丝路货币",通过建立丝路"人民币区",率先使人民币变成"丝路货币",在人民币区域化的基础上逐步实现国际化。本书提出了"丝路金融""丝路货币"的概念,认为研究"丝路经济"必须先研究"丝路金融",研究"丝路金融"必须从"丝路货币"开始。依据"最优货币区"理论,由于丝绸之路经济带跨度大,沿线国家众多,资源禀赋不同,经济发展程度和金融发展水平不同,目前建立丝绸之路"最优货币区"的条件尚不具备。但是,在"一带一路"框架下,可以布局建立丝路"人民币区",人民币可以由国内"主权货币"率先变成丝路沿线国家流通的"丝路货币",率先实现丝路沿线的人民币"区域化";在此基础上,进一步"以点成线,连线成面"不断扩大流通范围,逐步实现由"丝路货币"转化为"世界货币",最终实现人民币的"国际化"战略目标。

第三,从互联网视角研究丝路金融合作问题,可以实现"线上"和"线下"丝路金融服务合作的同步推进。当今是互联网时代,互联网已经改变世界,成为经济发展的技术设施和新引擎,冲击和推动着传统金融的升级换代和被动前行。互联网时代的"一带一路"建设必须有全新的互联网思维,必须是基于互联网的丝路金融合作。当大家都把研究视角集中于一般传统丝绸之路经济带建设和金融发展问题时,本书把研究视角转移到互联网技术平台,打破丝路金融合作的时空限制,为丝路金融合作机制提供新的研究方向。基于对沿线国家互联网基础设施现状的分析,结合中国率先发展的互联网金融的比较优势,我们认为新时代的丝路金融合作可以充分运用互联网先进技术搭建利益共享的合作平台,可以利用互联网金融新业态建立沿线国家金融服务合作机制,实现"线上"和"线下"丝路金融合作的一体化推进。

第四,丝路金融合作已经成为当代全球金融合作的主流或者说主旋律,既有的国际金融合作经验可以为丝绸之路经济带金融合作提供经验参考和模式借鉴。本书对国际金融合作100多年的历史演进和特点进行了梳理:以第二次世界大战结束、布雷顿森林体系崩溃、苏联解体和金融危机为分界点划分为五个阶段,国际金融合作总体上发生了翻天覆地的变化,呈现出由简到繁、范围由小到大和形式逐渐多样化的发展态势,形成了全球金融合作和区域金融合作两种合作模式和多元化运行机制。国际金融合作具有以下特点:合作地域性较强,发达国家占据金融主导地位,国际金融权力分配具有利益博弈性,国际金融合作呈现多样性,多边性特点日益凸显。借鉴这些历史经验,丝路金融合作应该加强磋商与对话,立足多边丝路金融合作机制,设立丝路金融合作机构,开创丝路金融合作方式,丰富丝路金融合作内容,推进货币体系改革,提升丝路金融合作层次,助推一带一路金融经济的互联互通。

第五,"一带一路"的中国倡议已经获得了大部分沿线国家的普遍接受,上升为联合国决议认可的国际战略,丝路金融合作基础扎实,近年来也取得了显著的进展。政府间金融议事机制逐步建立,各大金融组织积极参与成为丝路建设的重要力量,丝路沿线各国频繁的经贸往来助推了金融合作的开展,沿线国家信息通信技术逐步提高,现有的线下丝路金融合作需求旺盛,参与金融合作的积极性也很高。本书从双边国家和多边国家、金融机构组织方面梳理了丝路金融合作进展情况,从开发性金融机构建立、货币流通合作、沟通机制和风险监管等方面梳理了丝路金融合作关键领域的进展情况。丝路金融合作总体上取得了显著的成效,但是也要看到,由于受到一些主流发达国家的阻挠,丝路金融合作还处于初期阶段,进展缓慢,尚没有进入实质性发展阶段。金融合作存在时空障碍,合作范围狭窄,合作机制不健全,合作的深度不够,有待丝路沿线国家齐心协力进一步推进,尤其是丝路金融合作需要以全新的思维借助互联网全面促进。

第六,基于互联网的丝路金融合作是一项区域性的国际金融合作,受到多重因素的影响,主要包括政治因素、经济因素、金融因素、互联网因素等四大方面的制约。本书基于熵值法对这些因素进行了实证分析,利用丝绸之路经济带沿线46个国家2015年34个指标的公开数据,通过构建经济基础、金融基础、技术基础、政治基础四个基本方面、三个层级的指标体系,运用熵值法测量每一层级、每一指标对互联网丝路金融合作的影响程度。研究发现:一级指标中的金融基础所占比重最大,成为影响互联网丝路金融合作的核心因素,政治基础次之;二级指标中,经济发展规模、金融合作水平、互联网基础设施、国内政局分别在其一级指标中占比较大,在设计互联网丝路金融合作机制时须给予一定的重视;三级指标中,跨境通信设施建设、人民币清算行是否建立所占比重最大,因而在互联网丝路金融合作中要注重通信设施的互联互通以及构建人民币清算网络。总体上看,影响丝路金融合作的因素很多而且复杂并互相关联,根据每一类国家的特点,中国在推行丝路金融合作时应该有不同的侧重点和针对性的灵活策略。

第七,互联网时代丝路金融合作的顺利开展和有序运作主要依赖于有效的合作机制,为此必须设计出"线上"与"线下"相结合的丝路金融合作机制和运行平台。本书在丝路版图、互利共赢、线上线下结合和可操作的原则指导下,从政府沟通机制、业务运作机制、新型丝路金融机构兼容机制以及金融风险监控和防范机制几大方面进行整体机制设计,并在此合作机制框架基础上初步设计了"互联网丝路金融综合服务平台",包括一个平台、两个搜索引擎、两大功能、三个库、四类产品、五种功能、六个主体、五大运营平台,介绍了五大平台运营模式和主要功能,旨在构建和形成满足丝路沿线国家金融合作和资本互联互通的综合服务体系。

第八,就丝路金融合作如何推进和落实,提出了整体思路和实施建议。一方面,中国作为"一带一路"的倡议国要牵头搞好顶层设计,设计好丝路金融合作的框架和蓝图,并与沿线国家协商构建基于互联网的丝路金融合作平台,一步一步实践落实。另一方面,遵循由中国内部到中国外部的逻辑,先打好丝路沿线国内段省际的金融合作攻坚战,再将成功的经验推广到沿线各国的金融合作中去。在这个过程中,需要配套形成丝路金融人才培育机制,为丝路经济带建设和金融合作提供持续动力支持。

综上所述,"一带一路"框架下的丝路金融合作是一篇"大文章",需要"大视野",依赖"大思维"。资源禀赋与区域一体化理论、最优货币区理论、机制设计理论等为丝路金融合作提供了理论支撑,既有的国际金融双边多边合作为丝路金融合作提供了实践上的经验借鉴,互联网的迅猛发展为丝路金融合作提供了新维度、新技术和新动能,基于互联网的丝路金融合作应该围绕丝路货币流通、丝路资金融通和丝路金融市场开放等主线,依赖"线下"与"线上"相结合的双轮驱动的综合金融服务合作平台全面展开。合作战略需要科学实施,中国牵头搞好顶层设计是基于互联网的丝路金融合作的起步要求;合作的落地需要构建机制平台这一载体,以市场为导向以及以点带面的合作模式是基于互联网的丝路金融合作的时代要求;合作的顺利进行离不开政府间的沟通和协商,完善双边多边沟通机制并做好风险防控等是基于互联网的丝路金融合作的基本保障。长远来讲,相信在中国的主导推动下,通过沿线国家协商努力,多措并举,丝路金融合作一定能够顺利推进,"一带一路"这一承载着"人类命运共同体"愿景的宏伟蓝图

前言

一定能够实现。

本书在国家社科基金年度项目"基于互联网的丝绸之路经济带金融合作机制研究"(编号 16BJY180)研究报告的基础上进一步修改完善而成,是陕西科技大学经济与管理学院科研团队集体探索的结果。课题由我策划申请主持完成,多位博士硕士研究生参与其中,发表论文 30 余篇,其中 CSSCI 期刊 7 篇,扩展版 3 篇,人大复印资料《财政金融文摘》转载 2 篇,论坛征文获奖 1 篇,最终形成 20 多万字的研究报告。先后参与项目的有黄伟丽博士(西安财经大学)、邢战雷博士、秦亚敏博士、梁米亚博士、陶建宏博士,以及姚燕、陈静、肖琳、史梦佳、王瑾、韩洋、张芹、刘晶、王文心、魏梦珂、蔡漱、余姝纬等硕士研究生,特别是黄伟丽全程参与,承担大量文案工作,也由硕士读到博士毕业,在此感谢团队的付出。在项目研究和成书的过程中,参考了国内外专家学者的大量成果文献,一并表示感谢。当然,书中存在的错误缺点诚望批评指正;丝路金融经济问题的探索尚在路上,需要携手共进。

最后,谨以此书献给我目不识丁却为我们点亮心灯的母亲赵雪爱(1932—2009)女士,以兹纪念!

马广奇

西安未央沁园

2021 年 1 月

目录

前言   1

第一章   丝路金融的提出   1
一、研究背景与意义   1
二、国内外文献述评   10
三、研究内容   12
四、研究思路与方法   15
小结   17

第二章   丝路金融合作的理论基础   18
一、区域一体化理论与丝路金融合作   18
二、最优货币区理论与丝路金融合作   22
三、互联网金融理论与丝路金融合作   38
小结   42

第三章   国际金融合作的经验与借鉴   43
一、国际金融合作的历史演进   43
二、国际金融合作的主要模式   47
三、国际金融合作的主要特点   54
四、对丝路金融合作的启示   56
小结   57

第四章   丝路金融合作的进展与障碍   59
一、丝路沿线国家金融发展水平测量   59
二、丝路沿线国家金融合作进展   66

三、丝路金融机构合作进展　　　　　　　　　　　72
　　四、丝路金融合作的内容及进展　　　　　　　　74
　　五、丝路金融合作的现实障碍　　　　　　　　　84
　　小结　　　　　　　　　　　　　　　　　　　　89

第五章　互联网:丝路金融合作的新平台与助推器　　90
　　一、丝路沿线国家互联网发展水平　　　　　　　90
　　二、互联网金融主要业态　　　　　　　　　　　94
　　三、互联网对传统金融的冲击与革新　　　　　100
　　四、互联网对丝路金融合作的支持与助推　　　107
　　小结　　　　　　　　　　　　　　　　　　　111

第六章　基于互联网的丝路金融合作可行性分析　　112
　　一、政府间金融议事机制逐步建立　　　　　　112
　　二、现有的线下丝路金融合作基础扎实　　　　113
　　三、中国金融市场的国际化程度不断深化　　　114
　　四、沿线国家信息通信技术逐步提高　　　　　115
　　五、丝路征信系统必备的大数据基础正在建设　117
　　六、中国领先发展的互联网金融可以提供模式借鉴　120
　　小结　　　　　　　　　　　　　　　　　　　124

第七章　基于互联网的丝路金融合作影响因素的实证分析　125
　　一、主要影响因素　　　　　　　　　　　　　125
　　二、影响因素实证分析　　　　　　　　　　　128
　　三、实证结论与合作启示　　　　　　　　　　139
　　小结　　　　　　　　　　　　　　　　　　　142

第八章　基于互联网的丝路金融合作的关键内容分析　143
　　一、加快形成"人民币区",人民币率先变成"丝路货币"　143
　　二、努力推进"线上"丝路货币流通合作　　　145
　　三、拓展丝路资本项目合作　　　　　　　　　147

四、深化丝路金融市场合作　　149
　　小结　　151

第九章　基于互联网的丝路金融合作机制与平台设计　　152
　　一、设计原则　　152
　　二、互联网丝路金融合作机制设计　　155
　　三、互联网丝路金融合作平台框架及其功能　　181
　　小结　　199

第十章　互联网丝路金融合作的实施建议　　200
　　一、中国牵头搞好顶层设计　　200
　　二、平台建设与生态运营　　203
　　三、打好丝路国内段金融合作攻坚战　　209
　　四、努力推进丝路沿线各国金融顺利合作　　211
　　小结　　218

参考文献　　219

课题相关成果　　229

第一章

丝路金融的提出

一、研究背景与意义

从古丝绸之路到新丝绸之路,从陆上丝绸之路到海上丝绸之路,从线下丝绸之路到线上丝绸之路,"一带一路"已成为国际格局重大变革时期构建"人类命运共同体"的"中国方案",是21世纪中国贡献给世界的"东方智慧"。

(一) 研究背景

习近平总书记2013年9月7日在哈萨克斯坦演讲时首次提出共同建设"丝绸之路经济带",从此,新时代的丝绸之路序幕正式拉开,"一带一路"宏伟愿景横空出世。2015年3月28日,经国务院授权发布了《推动共建丝绸之路经济带和21世纪海上丝绸之路的愿景与行动》,"一带一路"建设有序推进,不断落实。2016年11月,"一带一路"倡议首次写入联合国大会决议。

丝绸之路经济带作为国家"一带一路"倡议的主翼,是新时代中国向西开放的主轴。丝绸之路经济带建设主要是实现"五通",即政策沟通、道路联通、贸易畅通、货币流通、民心相通。其中,货币流通、资金融通是"五通"之基础和支撑,研究"丝路金融"问题,推进丝路货币流通与金融合作,是新时代赋予我们的重大责任。在我国新一轮全面开放和国际经济格局重大变化的大背景下,以互联网为切入点和技术平台,深入研究丝路金融合作机制建设具有极其重大的战略意义和实际应用价值。

1. 从"丝绸之路"到"丝绸之路经济带"

本文中的丝绸之路是指新丝绸之路,但我们的研究必须从古丝绸之路开始。
(1) 古丝绸之路。古丝绸之路(见图1-1)是中国西汉时期张骞出使西域开辟的亚欧通道,它最初的作用是运输中国古代产出的丝绸、瓷器等产品,最后却成了各国之间互联互通的渠道。

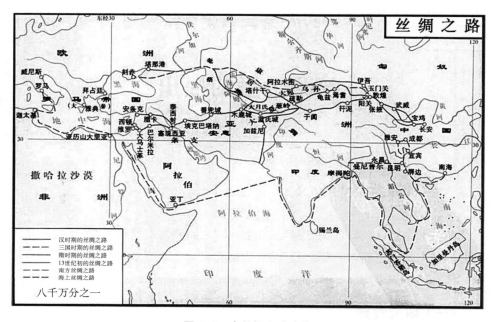

图 1-1　古丝绸之路路线

(图片来源:张芝联,刘学荣.世界历史地图集[M].中国地图出版社,2002:32)

"丝绸之路"(Silk Road)的名称首先是德国地理学家费迪南·冯·李希霍芬(Ferdinand von Richthofen,1833—1905)在1877年出版的《中国——亲身旅行和据此所作研究的成果》第1卷中提出来的。英国著名历史学家彼得·弗兰科潘(Peter Frankopan)的历史巨著《丝绸之路:一部全新的世界史》认为:丝绸之路远不只是一条连接东西方的贸易道路,而且是贯穿推动两千年人类文明历程和世界史的伟大道路,"丝绸之路"之于人类历史的重要性,就像一个人的动脉和静脉[1]。丝绸之路的历史就是一部浓缩的世界史和人类文明史,它不仅塑造了人类的过去,更将主宰世界的未来。

(2)新丝绸之路。新丝绸之路的"新"主要不是体现在地理空间的扩容上,而是为了推进实施"一带一路"重大倡议,让古丝绸之路焕发新的生机活力,以新的形式使五欧各国联系更加紧密,互利合作迈向新的历史高度。锡尔河与乌浒河之间的中亚河中地区、大伊朗,并联结地中海乃至欧洲各国的陆上通道,范围

---

[1]　彼得·弗兰科潘.丝绸之路:一部全新的世界史[M].浙江大学出版社,2016.

包括我国西北五省区(陕西、甘肃、青海、宁夏、新疆)和西南四省区市(重庆、四川、云南、广西),被认为是"世界上最长、最具有发展潜力的经济大走廊"。丝路沿线国家主要包括中国以及中亚、北亚、西亚、南亚、中东欧、西欧、北欧和南欧等地国家。其中:中亚五国包括土库曼斯坦、哈萨克斯坦、吉尔吉斯斯坦、塔吉克斯坦以及乌兹别克斯坦;北亚有俄罗斯和蒙古国两国;西亚有伊朗、伊拉克、约旦、叙利亚、沙特阿拉伯、土耳其和阿富汗七国;南亚有巴基斯坦和印度两国;西亚有阿塞拜疆、格鲁吉亚、亚美尼亚三国;中东欧有乌克兰、白俄罗斯和摩尔多瓦三国;西欧有英国、荷兰和法国三国;北欧有瑞典、挪威和丹麦三国;南欧有意大利等。

(3) 丝绸之路经济带发展进程。丝绸之路经济带是在国内外形势深刻变化的背景下,我国根据目前发展面临的机遇和挑战所提出的战略构想。"一带一路"倡议自2013年提出以来,获得了迅速的发展,发展进程大体如表1-1所示。

表1-1 丝路2013—2018年发展动态

年份	内容
2013年	9月7日,习近平在哈萨克斯坦发表重要演讲,首次提出共建"丝绸之路经济带";10月3日,习近平在印尼国会发表演讲,提出共建"21世纪海上丝绸之路",从此形成"一带一路"倡议
2014年	①出访20多个国家;②与部分国家签署合作备忘录;③推动金融、经贸合作,完成部分项目建设;④推动亚洲基础设施投资银行、丝路基金的筹建,在政策方面完善;⑤举办国际峰会、论坛等,积极发挥平台作用
2015年	①与亚欧地区八国签署共建丝路部门间合作文件,签署《中华人民共和国商务部和欧亚经济委员会关于启动中国与欧亚经济联盟经贸合作伙伴协定谈判的联合声明》;②与俄远东发展部牵头成立了中国东北地区和俄远东地区地方合作理事会;③自贸区建设和贸易便利化取得突破,商务部与格鲁吉亚完成自贸区协定谈判可行性研究,正式启动自由贸易协定谈判;④推动上合组织建立了贸易便利化工作机制,启动了贸易便利化的制度安排进程;⑤与欧亚经济联盟启动了经贸伙伴合作协定谈判,并确定建立自贸区的长远目标;⑥一批有影响的跨境物流运输、境外经贸合作园区建设等互联互通,成为丝路开局之年的重要早期收获;⑦中方与欧亚七国签署了总额2 107亿元人民币的双边本币互换协议,尤其是2015年10月以来,中国人民银行与俄央行两次动用本币互换资金累计100亿卢布,主要用于双边贸易结算;⑧欧亚七国成为亚投行意向创始国。丝路基金、中国—欧亚经济合作基金、中哈产能合作基金的组建,大大丰富了中方对该地区的投资平台
2016年	①国家开发银行积极服务"丝路"沿线国家的重大项目建设,与中国国内省市在扶贫攻坚等领域的投融资合作为开发性金融支持扶贫开发探索出新路径;②亚洲基础设施投资银行在完善经营框架、批准项目贷款、吸纳新成员国等方面均取得显著成绩;③丝路基金成立后,通过明确功能定位和完善组织建设,在已投项目推进、前期项目落实以及框架性合作确定等方面均衡发力,实现公司经营步入正轨,有效撬动了更多资金投入"一带一路"建设

续表

年份	内容
2017年	①2017年3月17日,"一带一路"战略正式写入联合国决议,上升为国际战略;②3月21日,国家"一带一路"官网正式上线运营;③4月份新增了7个自由贸易试验区,进一步扩大贸易,为投融资打下坚实基础;④5月份举办了国际合作高峰论坛,借此机会与更多国家签署了合作备忘录;⑤7月份,亚洲金融合作协会成立,进一步推动了"丝路"的建设;⑥10月份十九大的召开将"一带一路"写入党章,意味着这不是一个短期项目,也足以彰显出其重要性;⑦11月份,首届丝绸之路沿线民间组织合作网络论坛在北京开幕,已有来自60多个国家和地区的300多个民间组织加入;⑧据12月份统计,亚投行成员已经增加到84个
2018年	①"丝路"建设提出五周年;②沿线国家对华投资同比增长29.8%;③马来西亚总理访华;④孟加拉国央行允许设立人民币结算账户;⑤支付宝将于2018年年底在巴基斯坦运营;⑥花旗银行任命高管负责"一带一路"工作

（4）"一带一路"的国际反应。中国提出丝绸之路经济带以来,引起了世界各国的关注。"一带一路"倡议的国际反应大体上经历了以下三个阶段(见表1-2)。

表1-2 丝绸之路经济带倡议的国际反应

国家和地区	态度		
	第一阶段	第二阶段	第三阶段
中亚五国	支持	参与合作	参与合作
俄罗斯、蒙古国	官方态度积极	支持	支持
中东欧	观望	支持	反对
南欧	观望	支持	反对
西欧	支持	支持	反对
北欧	观望	支持	反对
美国	选择性回应	一方面冷处理,一方面谨慎地欢迎与合作	反对

第一阶段(2013—2015年)：由表1-2可以看出丝路各个区域及国家态度,总体来说各个国家尤其是亚欧国家开始响应,积极推动合作,共同发展,一起进步。丝绸之路经济带倡议已经由中国方案上升到了国际战略层面。

第二阶段(2015—2016年)：此阶段从亚洲基础设施投资银行(以下简称"亚投行")正式启动到2016年美国大选结束。欧洲国家不愿意错过商机纷纷加入亚投行,而美国和日本继续采取观望的态度。

第三阶段(2016—2018年)：此阶段为美国特朗普政府执政时期,在美国影响下,欧美国家对中国"一带一路"倡议的态度有所反转[1],今后一段时间将处

---

[1] Kim Y, In De O F. The New Great Game in Central Asia Post 2014：The US "New Silk Road" Strategy and Sino-Russian Rivalry[J]. Communist & Post Communist Studies,2013,46(2)：275-286.

于非常复杂和胶着状态。

2. 从"丝路经济"建设到"丝路金融"合作

我们认为,丝路货币流通、资金融通是丝路"五通"之基础和支撑。在"五通"的实现过程中蕴藏着巨大的金融机遇,也孕育着未来的世界格局。研究和推进丝路货币流通与金融合作是新时代历史赋予我们的重大责任。在这样的背景下,应不断寻求新的金融合作方式和方向,分析阻碍合作的瓶颈因素,找寻突破口,从而不断深化丝路金融合作。因此,研究"丝路经济"必须先研究"丝路金融",研究"丝路金融"必须在"丝路金融合作"的平台上展开。

丝路金融合作是丝路沿线国家之间的区域金融合作。区域货币合作是其重要组成部分,而国际金融合作则是国际金融体系的重要组成部分,同时又是一项重要的国际关系内容[1]。丝路金融合作的本质是丝绸之路沿线区域内各国为了共同利益而进行的金融合作。一般来说,国际金融合作分两种形式:一种是集体组织,目的是保护和保持国际金融体系的稳定;另一种是各个国家为了避免国际金融风险和金融危机再次发生而进行的金融合作。利益的公平分配离不开国际制度的保障,国际制度通过法律制裁的措施制止和惩罚成员国的"利己损人"行为来增加金融合作的可能性的同时,通过降低环境不确定性、降低信息不对称程度来维持国际金融合作的稳定性。

3. 从传统线下国际金融合作到互联网时代的线上丝路金融合作

在互联网时代,尤其是在丝绸之路经济带沿线国家互联网迅速普及和金融国际化、一体化的时代背景下,以互联网为切入点和技术维度,深入分析丝绸之路经济带金融合作的现有基础及制约因素,将互联网金融融入丝路金融,探索促进丝路金融合作的新路径意义重大[2]。

据世界银行统计,丝绸之路经济带沿线各国的网络基础设施建设快速发展。以中亚五国为例,2010—2016年互联网普及率由2010年的12.90%增长到2016年的31.02%,年均增长率保持在51.26%(见图1-2)。2013—2016年每百万人口安全互联网服务器数量由2013年的17.01万台增长到2016年的53.24万台,年均增长率为35%(见图1-3)。丝路沿线国家网络基础设施的完备和互联网的普及为基于互联网的丝路金融合作奠定了良好的技术基础。

---

[1] 赵长峰.国际金融合作中的权力与利益研究[D].华中师范大学,2006.
[2] 马广奇,黄伟丽."互联网+"背景下丝绸之路经济带金融合作:基础、障碍与对策[J].云南财经大学学报,2018(9):13—22.

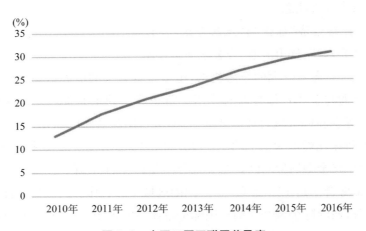

图1-2 中亚五国互联网普及率

（数据来源：根据"中国一带一路网"相关资料整理）

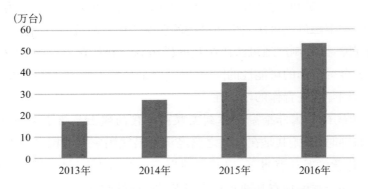

图1-3 中亚五国每百万人口安全互联网服务器数量

（数据来源：根据"世界银行"官网整理）

（二）研究意义

1. 理论意义

基于互联网的丝路金融合作机制研究具有重要的学术意义。研究"丝路经济""丝路货币""丝路金融""丝路金融合作"系列问题，不仅有利于传统经济学、区域经济学、网络经济学、信息经济学的丰富，也有利于区域金融学、国际金融学研究的拓展和深化，对于经济学、社会学、计算机学科的研究具有一定的启发意义。单就金融学研究来说，不仅要重视主流金融理论的研究，重视已有的金融发展、金融深化、金融结构、金融扩张等显性问题的研究，而且不能忽视新出现的互联网金融、数字金融、丝路金融等新兴领域的研究,由此才能形成完整的现代金融经济学理论体系,指导现代金融包容性、均衡性、公平性的和谐发展。

2. 实践意义

丝绸之路经济带顺应时代要求,联通沿线 40 多个国家,在中国倡议下各国也纷纷提出了以金融对接新的经济发展的战略,丝路金融合作就此展开。丝路金融合作以丝路货币流通和丝路资金融通为主线,以金融合作带动"五通",在商贸协作、基础设施建设、技术引进、人才交流等方面互联互通,使得这些国家紧密联系起来,无疑会对促进世界经济产生重大影响,丝路金融合作对世界金融发展具有极其重要的实际意义。

(1) 促进了国际经济往来。丝路金融合作加强了中国与沿线国家的经济联系,"经济走廊"的建设也是"一带一路"的重要组成部分,中蒙俄、新亚欧大陆桥、中国-中亚-西亚、中国-中南半岛、中巴、孟中印缅六大经济走廊是丝绸之路建设的物质载体。这六条经济走廊的建设将中国与丝路沿线国家紧密联系起来,尽管在政治环境、区域位置、资源禀赋、发展特色上存在不同,各经济走廊在各自的特色上各展其美,为沿线国家和地区带来巨大的经济效益,进而实现经济的腾飞。中国在与中亚、俄罗斯、南亚、西亚和中东欧国家的金融合作中,涉及的产业包括油气、有色金属、航空、电力、农业、航空等各个领域,所形成的产业链条将中国企业"走出去"战略融入其中,"一带一路"的建设是资源和产能整合的过程,也是产业再造的过程,是带动产业链上相关企业直接或间接走出去的过程。充分发挥金融的资金融通和杠杆功能是实现金融业可持续发展的重要一环,也是"一带一路"框架下金融支持实体经济、支持产业结构调整、支持"一带一路"建设的核心内容。在现代经济快速发展和全球经济一体化的背景下,加强丝绸之路经济带沿线国家的经济贸易以及其他领域的合作与发展,促进沿线国家建立更加紧密的经济联系、更加深入的合作交流、更加广阔的发展空间,共同开发该区域蕴藏的巨大潜力,不仅是对古丝绸之路商贸大道和友谊之路历史文化的传承,更是一项造福沿途各国人民的伟大事业。

(2) 提升了中国的战略主导地位。2016 年 11 月和 2017 年 3 月,"一带一路"倡议分别写入第 71 届联合国大会决议和联合国安理会第 2344 号决议,呼吁通过"一带一路"建设等加强区域经济合作,构建人类命运共同体。"一带一路"载入联合国文件,彰显中国贡献的公共产品得到国际社会的普遍认同。"一带一路"倡议实施以来,中国掌握了很大的话语权[1],发挥其主体地位,投资非洲助推其经济起飞,加大对巴基斯坦的投资力度,在基础项目投资方面花费了将近2 000亿元人民币。截至2016年年末,已有30多个国家与中国签署了共建"一带一路"政府间合作协议。从中国对"一带一路"沿线国家的政策以及各个合作国家反馈的信息来看,中国国际影响力不断提升[2]。

(3) 倒逼了中国金融业进一步扩大开放。2015年以来,随着"一带一路"深入推进,国内银行业金融机构迅速跟进,积极支持国家战略布局。据统计,截至2016年年末,9家中资银行在"一带一路"沿线的26个国家共设立了62家一级机构,其中包括18家子行、35家分行、9家代表处。在中资机构"走出去"的同时,沿线国家和地区的银行机构也在积极开拓我国市场,据统计,截至2016年年末,已有20个"一带一路"沿线国家中的54家商业银行在我国设立了6家子行、1家财务公司、20家分行以及40家代表处。外资银行中,汇丰银行在"一带一路"沿线参与了近100个项目,渣打银行在"一带一路"沿线的45个国家设有营业机构,并承诺在2020年年底前拿出至少200亿美元支持"一带一路"相关项目的建设。

(4) 为人民币成为"丝路货币"带来了契机。2008年金融危机以来,为了降低对美元的过度依赖,我国周边国家对人民币的使用需求大幅增加,我国逐步开展了跨境贸易人民币结算试点和境外直接投资人民币结算试点。"一带一路"倡议的推行为人民币区域化带来了契机。"一带一路"的建设为我国与沿线国家进行贸易活动、投资活动以及金融活动搭建了良好的平台,随着双边合作的不断深入,人民币的世界货币职能已经由计价货币(价值尺度)扩大到结算货币(流通手段、支付手段)乃至储备货币(贮藏手段),逐渐建立的中国-东盟经济圈、中国-中亚经济圈使得人民币在该地区形成周边区域化,再加上中国-非洲经济圈、中国-西亚经济圈、中国-欧洲经济圈的逐步建立,人民币将会成为"一带一路"沿线的"丝路货币"。随着沿线各国经济的不断发展、对我国经济交互度和依存度的不断增加,人民币的需求进一步扩大,从而为人民币由"外围货币"走向"中心货币"最终成为"世界货币"奠定了坚实的基础。与此同时,我国积极推进人民币回流机制建设,让人民币流出和流入形成一个良好的闭合路线。从长远来看,人民币

---

[1] 许燕.构建"一带一路"国际金融合作战略体系的思考[J].金融发展评论,2017(3):57—64.
[2] 马广奇,黄思慧."一带一路"倡议下中国和巴基斯坦经济合作的现实基础与路径探析[J].时代金融,2018(35):374—376.

将一步一步从国内"主权货币"变成"丝路货币",由"外围货币"升级为"中心货币",最终成为"世界货币"[1]。

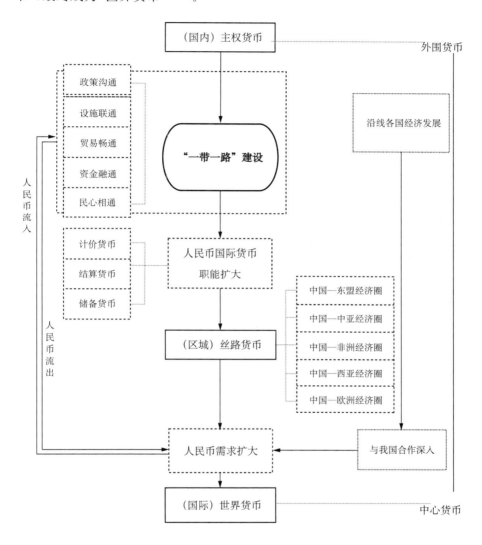

图1-4 "一带一路"背景下人民币国际化进程逻辑图景

---

[1] 马广奇,姚燕."一带一路"背景下人民币由"丝路货币"走向"世界货币"的推进策略[J].经济学家,2018(8):60—66.

二、国内外文献述评

"丝路金融"是中国人独创的概念,是新时代金融概念外延的扩展和内涵的重赋。国际上的相关研究几乎没有,国内的研究也刚刚起步。基于互联网视角的丝路金融合作机制是我们研究丝绸之路经济带货币流通与金融合作问题的延续、拓展和深化。

(一) 关于丝路金融的研究动态

我们搜索了各种著名的外文数据库,发现国外学者关于丝绸之路经济带的研究主要集中于战略、外交、贸易、文化、经济、清洁能源这几个方面,几乎没有学者专门研究丝绸之路经济带背景下的金融合作问题。

在国内,关于丝路金融的研究主要集中于丝绸之路经济带的货币流通方面。例如,马广奇等(2013)以货币流通与人民币区域化的关系研究为切入点,在区域(中亚)经济发展差异和金融结构特征分析基础上,通过静态指标和动态决策方法分析了丝绸之路经济带货币流通与金融合作的经济基础,以及金融一体化与经济趋同性之间的相互作用关系,深入研究了货币互换、人民币跨境结算与人民币区域化进而国际化的存在问题与路径,分析了货币流通、金融合作的现时障碍与策略,旨在通过货币流通与金融合作的通畅促进丝绸之路经济带总体战略的实现。厉无畏和许平以丝绸之路经济带为背景,把建设区域金融中心作为金融合作与创新的载体,认为西安具备建成区域丝路金融中心的条件[1]。杨枝煌从战略机制的角度研究了丝绸之路金融体系[2]。以上关于丝路金融的研究成果为本课题研究丝路金融合作机制奠定了初步基础,并提供了进一步研究的方向性启示。

(二) 关于互联网金融的研究动态

国外没有"丝路金融"的概念,但有"互联网金融"这一概念。早在20世纪90年代后期美国就提出了电子金融、网络金融和互联网金融概念。有学者定义

---

[1] 厉无畏,许平.丝绸之路经济带上的金融合作与创新[J].毛泽东邓小平理论研究,2014(10):1—8,91.
[2] 杨枝煌.全面建立"一带一路金融+"战略机制[J].国际工程与劳务,2015(6):20—26.

互联网金融为把电子提供通信技术应用到金融服务和市场[1]。随后,研究者在此基础上试图把大数据分析应用到金融领域[2]。实践中,西方发达国家85%的银行提供网络金融服务。1995年10月,美国出现了专门从事金融业务的互联网公司,即美国安全第一网络银行(Security First Network Bank, SFNB)[3],互联网行业的先驱。后来相继出现了类似SFNB公司的互联网公司(如Telebanc、NET BANK等)[4],并且后来者居上,NET BANK已经发行上市。德国的Entrium也是一家完全意义上的网上银行,没有营业网点,没有分支机构,依靠电话和互联网营销,客户已经超过百万[5]。电子金融目前在西方国家的主要模式分为六种,即电子支付、P2P网络借贷、众筹融资、电子银行、电子证券以及电子保险,其中P2P借贷已经发展成一种产业,互联网金融正在冲击着传统金融业态。

国内"互联网金融"一词在2012年的"金融四十人年会"上被首次提出,比较权威的定义是学者谢平指出的,互联网金融不仅是建立在互联网技术之上的金融,更是建立在互联网思维之上的金融[6]。李钧等在上述基础上从互联网金融的逻辑框架和实践方面作了积极的探索[7]。目前研究最集中的领域是P2P:李先波、龚帆和杨蕙[8],康建辉和单宇[9],周永红和徐俐平[10]从P2P法商的角度进行了研究;王亚民、刘晓伟和韩学铃[11]从P2P技术的角度进行了研究;冯果和蒋莎莎[12],樊云慧、禹海慧和陈冬宇从P2P交易的风险起因、管控、信用机制的角度进行了研究[13]。还有学者进行了实证研究,如陈霄、丁晓裕和

---

[1] Allen F, Mcandrews J, Strahan P. E-Finance: An Introduction[J]. Journal of Financial Services Research, 2002, 22(1-2): 5-27.
[2] Minelli M, Chambers M, Dhiraj A. Big Data, Big Analytics: Emerging Business Intelligence and Analytic Trends for Today's Businesses[M]. John Wiley & Sons, 2013.
[3] Clark T H, Lee H G. Security First Network Bank: A Case Study of an Internet Pioneer[C]// Proceedings of the Thirty-First Hawaii International Conference on System Sciences. IEEE, 1998(4): 73-82.
[4] Orr B. E-banks or E-branches? [J]. American Bankers Association. ABA Banking Journal, 1999, 91(7): 32.
[5] Woy R. Entrium: Erfahrungen mit dem Franchising[J]. Bank und Markt, 2003, 32: 16-17.
[6] 谢平,邹传伟.互联网金融模式研究[J].金融研究,2012(12):11—22.
[7] 李钧.找到互联网金融的"枝干":精神、层次与结构[N].第一财经日报,2013-08-16(A14).
[8] 李先波,龚帆,杨蕙.P2P技术之法律保护[J].湖南师范大学社会科学学报,2006(2):77—82.
[9] 康建辉,单宇.P2P软件开发商侵权责任问题研究[J].知识产权,2007(3):78—82.
[10] 周永红,徐俐平.P2P网络信息服务中的知识产权问题探讨[J].情报杂志,2009,28(1):140—142.
[11] 王亚民,刘晓伟,韩学铃.一种基于P2P的云存储模型研究[J].现代图书情报技术,2011(Z1):56—61.
[12] 冯果,蒋莎莎.论我国P2P网络贷款平台的异化及其监管[J].法商研究,2013,30(5):29—37.
[13] 樊云慧.P2P网络借贷的运营与法律监管[J].经济问题,2014(12):53—58.

王贝芬[1],温小霓和武小娟等[2]。其次集中的研究领域是众筹。学者们从国外经验借鉴的角度,商业模式的角度,激励机制设计的角度,监管的角度,众筹在影视、出版行业的具体应用的角度对众筹进行了研究。龚映清等从美国监管经验对中国的启示的角度对众筹展开研究[3];黄玲和周勤从激励机制的角度对众筹进行了研究[4]。一方面,国内外关于互联网金融的研究成果为本课题组提供了互联网研究视角的启示;另一方面,新的互联网金融业态为本课题开展丝路金融合作机制设计提供了业务运作平台的启示。

总体上看,国内外学者对"一带一路"的关注和研究非常多,对"丝路金融"的研究相对较少;对丝路货币流通的研究较多,但对于丝路金融合作研究比较少,特别是基于互联网的丝绸之路经济带金融合作机制研究则几乎没有。此乃本项目之选题背景和缘起。

三、研究内容

本课题的研究主题是"丝路金融",包括丝路货币流通和丝路金融合作,研究重点是基于互联网的丝路金融合作机制的研究。

1. 丝路金融合作的范围与内容

丝路金融合作实际上是一种区域金融合作。丝绸之路经济带上的国家分布在丝绸之路沿线,古丝绸之路时候的贸易往来早已种下合作的种子。随着丝绸之路经济带上的国家之间贸易往来越来越频繁,其带来的资金融通问题应运而生。为了促进各国之间的贸易顺利进行,为了保障资金融通的安全和便捷,丝路金融合作必然被提上日程。

推动"丝绸之路经济带"建设的资金融通需要以包容开放的精神推动金融系统化,构建汇聚各方利益和预期利益的整合机制,为丝路金融合作提供强有力的支撑。区域内的资金融通主要体现在货币流通、金融业务、金融市场、资本项目及国际储备合作等方面。其合作模式包括建立丝路金融机构、中国对外投资、国

---

[1] 陈霄,丁晓裕,王贝芬.民间借贷逾期行为研究——基于P2P网络借贷的实证分析[J].金融论坛,2013,18(11):65—72.
[2] 温小霓,武小娟.P2P网络借贷成功率影响因素分析——以拍拍贷为例[J].金融论坛,2014,19(3):3—8.
[3] 龚映清,蓝海平.美国SEC众筹新规及其监管启示[J].证券市场导报,2014(9):11—16.
[4] 黄玲,周勤.创意众筹的异质性融资激励与自反馈机制设计研究:以"点名时间"为例[J].中国工业经济,2014(7):135—147.

开行和进出口银行贷款、货币合作等,其中,最为主要的金融合作方式为丝路货币合作与丝路金融机构的建立。

具体来讲:①货币流通合作主要包括货币互换、货币结算与支付,人民币跨境支付系统运行和网络合作平台搭建,人民币变成"丝路货币"实现区域化,最终走向"世界货币"实现国际化。②资本项目合作主要包括丝路沿线国家间的资金流动、直接投资等。③金融业务合作主要包括借贷、信托、消费金融、基金销售、保险、股权众筹融资等。④金融市场合作主要包括银行间债券市场合作、证券交易市场合作、期货市场合作和大宗商品交易合作等。

2. 基于互联网的丝路金融合作机制构建的技术基础与可能性

目前,利用互联网信息技术与平台,将"平等、开放、共享、协作"的精神融入金融合作已具备一定的基础。一是线下丝路金融合作的顺利开展为基于互联网的丝路金融合作打下了根基;二是沿线国家逐步提高的信息化水平为基于互联网的丝路金融合作提供了前提条件;三是跨境电商及社交平台的迅速发展为完善基于互联网的丝路金融征信系统作了大数据铺垫;四是中国在互联网金融领域的比较优势为基于互联网的丝路金融合作提供了技术支撑和模式借鉴。

基于互联网的丝路金融合作可行性分析:一是政府间金融议事机制逐步建立;二是现有的线下丝路金融合作基础扎实;三是中国金融市场的国际化程度不断深化;四是沿线国家信息通信技术逐步提高;五是丝路征信系统必备的大数据基础逐步完善;六是中国领先发展的互联网金融可以提供模式借鉴。

3. 基于互联网的丝路金融合作机制构建的影响因素与瓶颈

基于互联网的丝路金融合作瓶颈主要表现在:基于互联网的丝路金融自身技术风险大;丝路沿线各国和地区政府间的协商困难;丝路沿线各国和地区的互联网基础设施的构建任务重;丝路基于互联网的丝路金融合作切入点难以确定;丝路沿线各国和地区的基于互联网的丝路金融监管体制融合难度大等。

(1)丝路沿线各国和地区政府间的协商困难。丝路沿线国家和地区的政府代表着本国的利益,基于互联网的丝路金融虽然涉及经济方面的合作,但是也牵涉到各国的政治和安全。各国政府为了本国利益可能会提出各种条条框框,这不利于线上丝路国家金融合作发展。

(2)丝路沿线各国和地区的互联网基础设施的构建任务重。国务院发展研究中心对外经济研究部原部长赵晋平说,欧亚结合部地区总体基础设施建设相对滞后,尤其是中亚国家互联网金融基础设施发展滞后,网络、服务器、存储、应用软件等互联网金融的基础设施不能被快速提供,大数据与云计算技术、移动互联网等不能被广泛应用,信用卡、支票、电子转账、微信、支付宝等便捷工具的使用较少,加之对外开放程度还不够,金融服务水平较低,金融产品不丰富,只能占有较少的传统线下金融资源,而且拉大了与发达国家的互联网金融差距。

(3) 基于互联网的丝路金融合作切入点难以确定。基于互联网的丝路金融与传统的金融有很大的区别,传统的丝路金融合作以西安为区域金融中心,以新疆为桥头堡[1],通过构建伊犁"国际金融港"促进丝绸之路金融合作。基于互联网的丝路金融与线下丝绸之路不同,但又离不开线下丝绸之路的支撑。西部地区与中亚、东欧国家具有先天的地缘优势,可以实现对接,走出中国。但是,丝绸之路沿线的西部地区相对于东部地区而言基于互联网的丝路金融发展比较滞后,陕西、甘肃、宁夏、青海、新疆的线下金融和基于互联网的丝路金融发展不平衡,传统的金融基础不能适应互联网丝路金融的发展需要。

(4) 丝路沿线各国和地区基于互联网的丝路金融监管体制融合难度大。丝路沿线国家之间,如果其中一个国家制定了完善的基于互联网的丝路金融监管体系,其利益反而会受到那些监管不严国家的负面影响。这在一定程度上反而会影响到丝路互联网金融的合作推进。就中国而言,目前还没有形成基于互联网金融的司法体系。

4. 基于互联网的丝路金融合作机制与平台设计

本书研究的重点是丝路金融合作机制。我们认为应该由中国政府牵头设计,构建基于互联网的包括沿线国家信息沟通平台、业务运作平台和风险管控系统在内的整体合作机制,并在实践中不断调适、改进和完善。设计合理的丝路金融合作机制应该确保丝绸之路经济带金融服务与金融合作顺利展开,提高丝绸之路沿线国家依存度,提升一体化金融安全指数。初步的丝路金融合作机制至少包括以下四个要素。

(1) 政府沟通机制。包括沿线国家政府高层的宏观信息共享平台、相关主管部门的政策沟通渠道,就重大问题进行有效协调,建立突发问题快速反应机制。

(2) 业务运作机制。包括货币一体化的推进、货币结算、投融资服务平台等。具体包括以下三方面:①货币一体化平台。在人民币纳入特别提款权(special drawing rights, SDR)背景下,扩展人民币在中亚、西亚、北非、欧洲等

---

[1] Xu L J, Fan X C, Wang W Q, et al. Renewable and Sustainable Energy of Xinjiang and Development Strategy of Node Areas in the "Silk Road Economic Belt"[J]. Renewable and Sustainable Energy Reviews, 2017, 79 (Nov.): 274-285.

丝路沿线国家的流通范围,打通丝绸之路经济带货币流通渠道。②货币结算快捷化平台。服务于丝路国家间的国际贸易的清算,基于人民币以第三方支付方式,大大提高货币支付和贸易结算的效率。③投融资服务平台。服务于丝路沿线国家间大型基础设施的建设,包括通信和互联网基础设施的构建,为沿线城市和国家提供投融资服务平台。

(3) 新型金融服务兼容机制。随着金融合作的进展,亚投行、丝路基金等机构或服务层出不穷,互联网会助力丝绸之路金融通道的拓展。

(4) 风险管控机制。主要包括防范互联网技术风险、信用业务风险、金融危机传导风险等,确保丝路国家金融安全。

在以上几项合作机制基础上,力争设计出"互联网丝路金融综合服务平台",构建"线上"与"线下"相结合的合作框架,从而形成满足丝路沿线国家金融合作与资本互联互通的综合服务体系。

5. 基于互联网的丝路金融合作机制实施建议

基于互联网的丝路金融合作打破了时空界限,是丝路沿线国家和地区金融合作共赢的不二选择。合作是必须的,如何合作、从哪里开始、从哪方面开始合作也是不得不面对的关键问题。

(1) 中国牵头搞好顶层设计。由中国政府牵头,就像设立亚投行一样,通过协商沟通规划好丝路金融合作的蓝图和框架。

(2) 协调构建丝路沿线国家一体化通信互联网技术基础设施。线上合作机制必须依赖线下的丝绸之路经济带基础设施和互联网技术基础设施,软件硬件两者配合为沿线国家丝路金融合作打好基础。

(3) 把建设线上丝路金融中心与线下区域金融中心相结合。互联网线上丝路金融中心,必须与国内北京、上海金融中心以及香港国际金融中心相连通,把网上丝路金融与这些既有金融中心相结合,以互联网支付结算为服务平台,尝试扩大人民币结算,鼓励人民币对外投资,尝试资本项目项下开放管理,形成良好的一体化互联网丝路金融生态链。

四、研究思路与方法

(一) 研究思路

本课题紧紧围绕互联网丝路金融合作机制这一研究主题,以国际金融理论和发达国家金融合作经验为参照,结合丝路沿线各国的经济金融发展实际,基于互联网技术平台和视角,研究线上丝绸之路金融合作机制。对线上丝路金融进行系统的多维度的定性描述和定量分析,从丝路金融合作基础可行性条件入手,分析丝路金融合作的瓶颈和障碍,揭示基于互联网的丝路金融合作的影响因素、总体特征,重点对丝路金融合作机制进行框架设计,在此基础上尝试提出基于互联网的丝路金融合作机制建设的策略和实施建议。大体思路如图 1-5 所示。

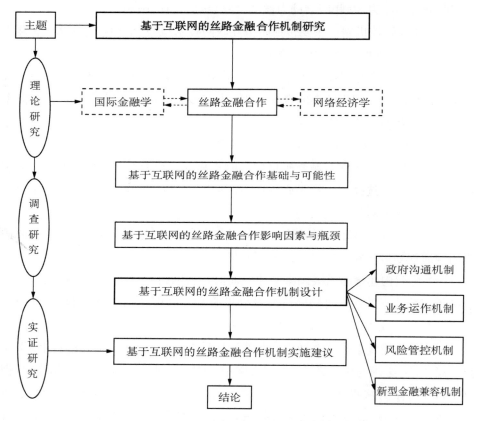

图 1-5　互联网丝路金融合作机制研究思路示意图

(二) 研究方法

本课题的研究方法是定性分析与定量分析相结合。

1. 定性分析

主要对国内外包括课题团队关于丝路金融、货币流通、金融合作、互联网金融等问题的研究文献及理论依据进行归纳、分析和总结,在此基础上形成基于互联网的丝路金融合作研究内容并进行系统分析和深入探讨。

2. 定量分析

一方面,采用统计方法和数据挖掘技术,对前期已经积累的丝路金融数据,进一步通过国际货币基金组织(International Monetary Fund,IMF)和世界银行(World Bank)的报告,以及华尔街、商业周刊以及国内万得(Wind)系统等进行数据挖掘和趋势分析,提供数理基础;另一方面,运用实证分析方法对丝绸之路经济带内的主要国家的经济金融一体化所处水平进行测量,对丝路金融合作的影响因素进行筛选分析,进而判断区域货币金融合作的经济基础及技术可行性,在实证分析的基础上进行规范归纳,形成相对科学合理的互联网丝路金融合作机制框架,进而提出政策建议。

小结

随着中国的崛起,国际经济格局开始变化,在此背景下,中国提出了"丝绸之路经济带"倡议,开始推动"一带一路"建设。丝路经济建设离不开丝路金融合作,此乃本项目之研究背景和缘起。以丝路金融合作带动丝路建设"五通",有利于打破现有的国际金融格局,促进大国博弈规则重构,同时可以倒逼中国金融业全面开放,为人民币成为"丝路货币"带来了契机,可以提升中国金融的战略主导地位,因此,研究丝路金融合作问题具有重要的理论意义和重大实践价值。作为序幕,本章围绕"丝路金融"的概念,介绍了课题的研究思路和主要内容,即以丝路金融合作为研究对象,采用定性描述和定量分析方法,从丝路金融合作的可行性条件入手,分析丝路金融合作的瓶颈和障碍,揭示基于互联网的丝路金融合作的影响因素、总体特征,重点对丝路金融合作机制进行框架设计,在此基础上提出基于互联网的丝路金融合作机制建设的策略和实施建议。

第二章

丝路金融合作的理论基础

中国为什么要倡议建立丝绸之路经济带？丝绸之路经济带以及丝路金融合作是否具有理论基础？主流经济学理论和国际金融理论是否支持？这是我们首先要回答的问题。

一、区域一体化理论与丝路金融合作

（一）区域经济一体化理论

对于区域经济一体化(regional economic integration，REI)的含义并没有统一的界定。有学者将REI定义为一种程序，通过该程序，特定区域内的国家可以在政治、经济、安全和社会文化问题上加强合作[1]。有学者指出，REI意味着消除地区之间的自由贸易壁垒，促进人口、劳动力、商品和资本在地区之间的自由流动。总体来说，从自由贸易区开始，到关税同盟、共同市场、经济同盟，再到政治同盟，在经济同盟的演进过程中有五个层次[2]。如果把一体化看作一个动态的过程，世界经济一体化就是国与国之间产品和要素障碍的消除。关于一体化的价值取向，依照制度学派的观点，经济一体化是具有制度性目标的国家间的统一体，参加一体化的成员国之间有差别地实行减少或消除贸易壁垒的贸易政策。

区域经济一体化依据其一体化实现的程度可以分为特惠贸易区、自由贸易区、关税同盟、共同市场、经济联盟和完全的经济一体化等形式或阶段。

---

[1] Langenhove L V, Ginkel H V, Court J. Integrating Africa—Perspectives on Regional Integration and Development[M]. United Nations University Press，2003.
[2] Auer P. Protected Mobility for Employment and Decent Work: Labour Market Security in a Globalized World[J]. Journal of Industrial Relations，2006，48(1)：21-40.

(1) 特惠贸易区。特惠贸易区也被称作特惠贸易协定(preferential trade agreement，PTA)，是国家之间对某种特定产品给予优先或特惠的准入的约定，该协定能够降低但不会彻底免除关税。在这一协定中，将减少协定成员国之间的某些商品或服务的关税或是其他贸易限制，但有时只是单边减少。特惠贸易区内既不存在共同的内部关税削减，也不存在统一的对外关税。历史上的洛美公约、曼谷协定等即是特惠贸易协定。

(2) 自由贸易区。自由贸易区是指两个或多个国家(经济体)之间通过签订自由贸易协定(free trade agreement，FTA)，互相降低或消除关税和非关税壁垒，放开绝大多数服务部门的市场准入，放开投资，促进市场和生产要素自由流动，实现国际协作，共同发展。欧洲自由贸易区(European Free Trade Association，EFTA)和北美自由贸易区(North American Free Trade Area，NAFTA)均为自由贸易区的成功案例。

(3) 关税同盟。关税同盟(customs union)是指两个或多个国家或经济体之间缔结协定，建立统一关境，在统一关境内互相降低或消除关税，在统一关境外对进口商品实行共同的关税税率和外贸政策[1]。关税同盟与自由贸易区的相似之处在于两者对内都取消关税或贸易限制，不同之处在于关税同盟对外还要求统一的贸易政策。欧洲经济共同体、俄白哈吉四国关税同盟均属此类型。

(4) 共同市场。共同市场(common market)是指两个或多个国家或经济体之间通过达成某种协议，不仅实现自由贸易，在共同市场内实现资本劳动力的自由流动，而且在此基础上实现成员国经济政策的协调，如统一的行业技术标准、统一的产品税率，互相协调的金融市场法规等。共同市场在区域经济一体化的实现程度上比关税同盟更进一步。南方共同市场、中美洲共同市场、欧洲共同市场等都是这一形式。

(5) 经济同盟。经济同盟(economic union)是指两个或多个国家或经济体之间相互消除贸易壁垒，实现商品、生产要素的自由流动，建立统一的对外关税，制定和执行某些统一的对外经济政策与社会政策，逐步消除政策差异，形成类似于整体国民经济的一个经济实体。经济同盟往往与货币同盟结合存在，其内部的政策协调包括允许单一货币的存在。欧洲经济货币同盟(European Economic and Monetary Union)就是经济同盟和货币同盟的一个组合形式。

---

[1] F Ploeckl. The Internal Impact of a Customs Union: Baden and the Zollverein[J]. Explorations in Economic History，2013，50(3)：387-404.

（二）区域经济一体化理论在丝路合作中的应用

依据区域经济一体化理论，丝绸之路经济带的实现基础需要满足以下条件：①对于丝绸之路经济带上的成员国来说，其国内市场要有足够规模的较高需求水平，足够规模的市场能够满足其他成员国的商品供给；而较高的需求水平主要取决于人均收入水平，也就是说丝绸之路经济带的成员国其人口规模要够大，人均收入水平要达到较高水平，并且有较发达的产业供给水平。②从国际产业分工的角度来看，丝绸之路经济带的成员国在国际产业分工上需要有比较紧密的分工协作关系，这种分工协作关系可以是协议分工、水平分工，也可以是垂直分工，由此各个成员国才能够成为相互的贸易伙伴。③丝绸之路经济带的成员国需要在经济发展水平、经济贸易政策、文化环境以及政治体制上具有共同性。

在区域经济一体化基础条件不断具备的基础上，推进丝绸之路经济带建设将产生一系列合作共赢的良好效应。

1. 交易成本效应和资源配置效应

交易成本是指交易过程中所有花费的时间和货币成本，包括营销、谈判、协商、签约、合约执行监督等环节所花费的成本。在丝绸之路经济带成立前，国家之间存在较高的贸易壁垒，还存在较高的政府管理的行政成本和企业的交易成本。在丝绸之路经济带成立后，各种商品和要素流动壁垒会不同程度地降低乃至消除，企业的交易成本将大大降低，从而引起区域内市场对资源的重新配置，在整体上提高资源配置效率。交易成本效应和资源配置效应也将会对经济增长产生一定程度的促进。

2. 规模经济效应

丝绸之路经济带的建立能够提供一个稳定的并且规模迅速扩大的市场，这为各成员国的企业通过提高专业化水平、进行规模化生产、降低生产成本从而实现规模经济效应提供了市场保障。在内部规模经济效应实现的基础上，企业外部由于产业之间的关联性，前向、后向联系的产业也会被带动发展，此现象会逐步波及经济活动的各个环节，带动整体经济的增长。

3. 竞争促进效应

参加丝绸之路经济带各成员国的企业在贸易壁垒降低或消除后相互之间的竞争会更加激烈，这种激烈的竞争一方面会淘汰一些效率低下、技术落后、管理不完善的企业，另一方面会促进现存企业努力提高生产效率、提高技术水平、完善内部管理、增强竞争能力。从区域内部来看，竞争增强了市场活力，促进了经济增长;从区域外部来看,激烈竞争所引致的经济增长会产生更大的市场需求,也为非成员国带来更多市场机遇,从而促进世界贸易量的增加。

4. 投资增加效应

丝绸之路经济带组织的建立会扩大区域内各成员国的市场规模,面对如此市场机会,各企业会不断增加投资从而提高自己的供给能力,区域外国家为了进入区域内市场,并且避开贸易壁垒的限制,会采取在区域内部进行投资,开设"关税工厂"。这两方面从主客观角度看都增加了投资,而投资的增加也会促进经济的增长。

5. 福利效应

首先,对于区域内成员国而言,丝绸之路经济带的建立所产生的生产转移效应、交易成本效应,使得成员国在区域内可购买的商品种类和数量增加且价格更低,假设名义收入不变,那么成员国的实际收入是增加的,成员国的福利水平在区域内市场的放大效应和价格指数效应的循环累积作用下得到提高。其次,区域内52国之间各种差距或差异不能太大,经济发展水平差距太大,在经济贸易政策、文化交流乃至政治体制上容易给水平较低的成员国造成冲击,影响各个成员国之间的贸易协调。最后,在发展水平差距不是太大的基础上,要求参加丝绸之路经济带组织的成员国之间具有互补优势,某些成员国在技术方面拥有领先优势,某些成员国在劳动力方面拥有成本优势,从而最大程度发挥贸易转移效应,逐步带动较为落后的成员国逐渐采用先进技术。

6. 金融一体化效应

金融发展是经济发展的核心动力,促进丝绸之路经济带建设必须同步推进金融一体化建设,加强各国金融往来,为沿线国家的经济发展提供资金需求。在国际性的区域交流中,各国的政治立场是决定经济金融合作能否顺利进行的重要因素。丝绸之路经济带沿线各国人均国内生产总值(gross domestic product,GDP)相差较大,经济发展阶段也不同,大致呈现出"两头大中间小"的分布局势。金融作为经济发展的"晴雨表",沿线各国、各城市的金融发展水平也不一致,所处的平台不一致,势必会阻碍各国金融合作的顺利进行。此外,沿线各个国家民族、宗教信仰及文化纷繁多样,各国的政治立场很有可能不同,加之历史上政治局势动荡、战争频繁发生,都将会成为丝绸之路经济带金融一体化的潜在威胁与困境,都会阻碍区域金融一体化发展进程。沿线国家应该利用"一带一路"契机,加强经济往来与金融合作,求同存异,齐心协力,推进经济金融区域一体化。

二、最优货币区理论与丝路金融合作

丝绸之路经济带既是经济区域的概念,也是货币区域的概念,研究丝路金融合作包括货币区域合作。我们可以先从最优货币区理论开始,分析丝绸之路经济带能不能成为"最优货币区",并分析人民币成为"丝路货币"的可能性。

(一) 最优货币区理论

最优货币区(optimal currency area, OCA)是一个经济地理概念,是指最符合经济金融上的某些条件的国家或地区,相互之间建立紧密联系的货币制度,如固定汇率制度,甚至使用统一货币的区域。

最优货币区的概念是在固定汇率与浮动汇率的优劣争论中产生的。罗伯特·蒙代尔(Robert Mundell,1961)最早提出了最优货币区理论。麦金龙(Mckinnon)[1]企图定义"最优"货币区的决定性经济特质。蒙代尔认为只有以区域货币区为基础,灵活汇率的稳定论才是有效的。如果世界可以划分为要素流动的区域和要素不流动的区域,那么这些区域中的每一个都应该有一种独立的货币,相对于所有其他货币浮动。这就使得弹性汇率的论点有了合乎逻辑的结论。但是,一个地区是一个经济单位,而一个货币区在一定程度上不是一个经济单位,受国家主权压力。除了在放弃国家主权的地区外,建议货币重新组织是不可行的;因此,灵活汇率的论点的有效性取决于国家与地区之间的密切关系。如果每个国家(和货币)都有内部因素的流动性和外部因素的不流动性,那么该理论效果最好。但是,如果一个国家内的劳动力和资本流动不足,那么货币外部价格的灵活性就无法发挥其稳定功能,人们可以预期不同地区的失业率或通货膨胀率会有所不同。类似地,如果因素是跨国界流动的,那么一个灵活的交换系统就变得不必要,甚至可能是极其有害的。詹姆斯·英格拉姆(James Ingram)发现国际金融一体化将减少各国对汇率调整的需求。这是因为只要国际收支失衡引起了利率的小幅变动就会引起资本发生大规模流动,从而可以代替汇率调整的作用。因此,要想结成一个货币区,各成员国之间的国际金融市场必须是高度一体化的,尤其是要实现长期资本市场的高度一体化。

---

[1] Mckinnon R. Optimal Currency Areas[J]. American Economic Review,1963 (53):717-724.

爱德华·托尔(Edward Tower)和托马斯·威莱特(Thomas Willett)于1970年提出以政策一体化为标准来判断是否适合建立最优货币区。他们认为货币区各成员国对待经济问题所采取的政策是否具有一致性对是否能建立一个恰当的货币区起到了决定性的作用。

马库斯·弗莱明(Marcus Fleming)则于1971年提出通货膨胀相似性是建立最优货币区的条件之一。与蒙代尔、麦金农等人不同的是,弗莱明认为国际收支失衡的主要原因是各国通货膨胀率的差异,倘若各国的通货膨胀率长期趋于一致,那么货币区内各成员国之间的贸易关系就会实现长期稳定,这样就可以有效地规避国际收支失衡的现象,从而抵消一部分对汇率调整的需求[1]。

保罗·克鲁格曼(Paul Krugman)和莫瑞斯·奥布斯特弗尔德(Maurice Obstfeld)对最优货币区理论的研究做出了总结,即使单一国家没有"最优货币区",因为劳动力流动不完全,金融经济发展非对称,财政政策也有缺陷,所以"最优"很难成立。货币联盟中因缺乏名义汇率的调节而需要某种补偿机制的调节,越来越多的文献对此进行关注。在国际水平上缺乏这种机制可能使各国之间的货币联盟更难形成。

1990年以来,经济计量技术得到了很好的发展,经济学家试图对最优货币区进行实证研究,研究中主要对最优货币区理论进行量化分析。学者纷纷对最优货币区标准内生性假设展开研究[2]。最佳货币区理论指出,两个国家之间的贸易往来越多,他们成为货币联盟的候选人就越好。就内生性论点而言,趋同归结于加入货币联盟,而一体化进程本身使这些国家成为最优货币区。潜在的贸易增长被认为是货币联盟最重要的好处之一。研究表明,汇率波动对贸易的影响的间接证据不支持这一主张。安德鲁·罗斯(Andrew Rose)认为,共同货币对贸易的影响与消除汇率波动的影响是分开的,并发现货币联盟对贸易具有很大的积极影响。尽管他的方法受到批评,但大多数研究都得出了肯定的估计。其他学者提出了对内生最优货币区理论的实证评估[3]。基于蒙代尔于

---

[1] 洪林:东亚货币合作——基于最优货币区理论的分析[J].世界经济研究,2007(4):40.
[2] 周华.内生性最优货币区理论综述[J].全国商情(经济理论研究),2007(2):54-55;Rose A K. One Money, One Market: Estimating the Effect of Common Currencies on Trade[J]. Economic Policy, 2000, 15(30): 7-46; Weber A A, Beck G. How Wide Are European Borders: On the Integration Effects of Monetary Unions[J]. SSRN Electronic Journal, 2001; Warin T, Wunnava P V, Janicki H P. Endogenous OCA Theory: Using the Gravity Model to Test Mundell's Intuition. CES Working Paper, No.125, 2005[J]. Economics Bulletin, 2005, 28(6): A0.
[3] Warin T, Wunnava P V, Janicki H P. Endogenous OCA Theory: Using the Gravity Model to Test Mundell's Intuition. CES Working Paper, No.125, 2005[J]. Economics Bulletin, 2005, 28(6): A0.

1973年提出的原始直觉,重力模型用于通过考察指导欧盟内部跨国投资的特定于地区的优势,以经验方式评估趋同标准的有效性。基于欧盟15国内部外国直接投资(foreign direct investment,FDI)流量的面板数据的固定效应模型表明,横向投资促进了生产过程在全国范围内的扩散。具体而言,经过审查的马斯特里赫特标准表明,利率、政府财政政策的趋同以及债务在吸引跨国投资方面发挥着重要作用。

综上所述,最优货币区理论经历了三个发展阶段,分别从不同的侧重点进行研究,早期理论注重建立最优货币区的条件,现代理论注重加入最优货币区的成本与收益分析,新进展又对理论进行量化分析,注重各个条件、标准的内生性研究。

(二)丝路沿线成为"最优货币区"的可能性分析

借鉴最优货币区理论,我们尝试分析丝绸之路经济带上各个国家是否符合建立最优货币区的标准。这里选取丝绸之路经济带上具有代表性的国家来说明经济带的整体情况,主要有中国、中亚五国(哈萨克斯坦、吉尔吉斯斯坦、土库曼斯坦、乌兹别克斯坦和塔吉克斯坦),以及欧洲五国(俄罗斯、白俄罗斯、德国、波兰和荷兰)。这些国家是否具备最优货币区的条件呢?

1. 已具备的条件:对外贸易开放度较高

对外贸易开放程度的高低没有一个固定的指标来衡量,我们用对外贸易依存度衡量各个国家的对外贸易开放程度。对外贸易依存度也就是对外贸易系数,它是衡量一国国民经济对对外贸易的依赖程度的重要指标,以该国对外贸易总额在该国 GDP 中所占的比重表示,这一指标在 0.3~1 表示该国对外开放程度处于中等水平,高于 1 表示对外开放程度高,如表 2-1 所示为丝绸之路经济带上国家的对外贸易情况。

表 2-1 丝绸之路经济带上国家对外贸易情况

丝路国家	GDP 总量（十亿美元）	进口额（十亿美元）	进口依存度（%）	出口额（十亿美元）	出口依存度（%）	进出口总额（十亿美元）	对外贸易依存度（%）
中国	8 227.12	1 818.07	22.10	2 048.81	24.90	3 866.88	47.00
哈萨克斯坦	203.52	44.54	21.88	92.29	45.35	136.83	67.23
吉尔吉斯斯坦	6.47	5.37	83.00	1.89	29.21	7.26	112.21
乌兹别克斯坦	51.11	10.9	21.33	11.2	21.91	22.1	43.24
塔吉克斯坦	7.63	3.79	49.67	1.36	17.82	5.15	67.50

续表

丝路国家	GDP总量（十亿美元）	进口额（十亿美元）	进口依存度（%）	出口额（十亿美元）	出口依存度（%）	进出口总额（十亿美元）	对外贸易依存度（%）
土库曼斯坦	35.16	9.7	27.59	16	45.51	25.7	73.09
俄罗斯	2 014.78	335.45	16.65	529.26	26.27	864.71	42.92
白俄罗斯	63.27	46.4	73.34	45.99	72.69	92.39	146.02
波兰	489.8	196.02	40.02	183.43	37.45	379.45	77.47
德国	3 425.93	1 617.42	47.21	1 407.1	41.07	3 024.52	88.28
荷兰	770.06	590.69	76.71	655.84	85.17	1 246.53	161.87

数据来源：根据世界银行官网数据整理。

根据表2-1可知，丝绸之路经济带上各个国家的对外开放程度均达到中等以上水平。由表2-1中的截面数据可看出吉尔吉斯斯坦、白俄罗斯、荷兰的贸易依存度都大于1，说明这三个国家对国际市场的依赖程度较高，荷兰的最高，达到1.62。其他国家的贸易依存度都在0.3~1，对国际市场的依赖程度达到中等水平，最低的是俄罗斯和乌兹别克斯坦，贸易依存度为0.43，较高的为德国的0.88。各国的平均对外贸易系数达到0.84，说明这些国家的整体对外开放程度较高。

2. 不具备的条件

（1）一些国家已加入了欧盟货币区。1993年欧盟诞生，德国和荷兰是12个创始国中的成员，2004年欧盟第五次扩大也是规模最大的一次，波兰加入了欧盟。这三个国家是欧盟的成员国，他们使用同一种货币——欧元，在欧元货币区内汇率不变，是欧盟区的区内国，但是丝绸之路经济带上的其他国家就是欧盟区的区外国家。如果丝绸之路经济带实行最优货币区化，那么这三个国家相对于丝绸之路经济带上其他国家既是区内国家又是区外国家，产生了矛盾，因为一个国家不可能同时加入两个货币区，遵守两个区的所有协议，所以丝绸之路经济带目前不能最优货币区化。

（2）生产要素流动性弱。生产要素的流动主要指的是资本和劳动力的流动。欧盟区的地域仅在欧洲地区，跨越的地域较小且流动性限制较小，劳动力流动性较强，基本实现劳动力自由流动。欧盟区资本流动限制仅在涉及公共秩序和公共安全的特殊情况下才可能实行，不会基于经济原因。现阶段，丝绸之路经济带上各国资本的流动限制较大，由于经济发展不平衡，经济危机可能爆发，各国没有达成权威性的协议。劳动力的流动性弱,不仅仅是由于经济带跨越的距离远,更大的因素是我国和中亚的劳动力流动限制大,签订的协议在各国也不具备法律效力,因此,各国间的劳动力要素流动性很弱。

(3) 经济发展不趋同。这主要表现在经济水平差异大和经济结构不平衡两个方面。

① 经济水平差异大。丝绸之路经济带上各个国家 GDP 总量及其平均增长率,大体情况如图 2-1、图 2-2 和表 2-2 所示。

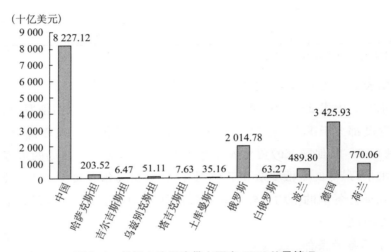

图 2-1　丝绸之路经济带上国家 GDP 总量情况

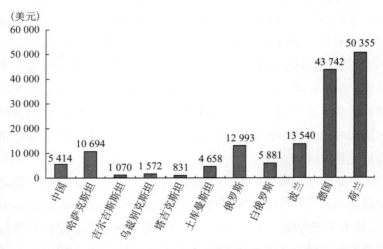

图 2-2　丝绸之路经济带上国家人均 GDP 情况

(数据来源:根据世界银行官网数据绘制)

表 2-2　丝绸之路经济带上国家的 GDP　　　单位:十亿美元

国家	2008 年	2009 年	2010 年	2011 年	2012 年	平均增长率(%)
中国	4 521.83	4 991.27	5 930.53	7 321.94	8 227.12	16.14
哈萨克斯坦	133.44	115.31	148.05	188.05	203.52	11.13
吉尔吉斯斯坦	5.14	4.69	4.79	6.2	6.47	5.92
乌兹别克斯坦	27.93	32.82	39.33	45.32	51.11	16.31
塔吉克斯坦	5.16	4.98	5.64	6.52	7.63	10.27
土库曼斯坦	19.27	20.21	22.15	29.23	35.16	16.22
俄罗斯	1 660.87	1 222.65	1 524.92	1 899.09	2 014.78	4.95
白俄罗斯	60.76	49.27	55.22	59.73	63.27	1.02
波兰	529.43	430.92	469.74	515.67	489.8	−1.93
德国	3 623.69	3 298.22	3 304.44	3 628.11	3 425.93	−1.39
荷兰	870.81	796.33	777.16	832.76	770.06	−3.03

数据来源:根据世界银行官网数据整理。

由此可以看出,中国的 GDP 总量大,居世界第二,增长率高,经济发展速度快,但是人均 GDP 量较少,落后于欧洲国家。中国 GDP 总量是塔吉克斯坦的 1 000 多倍,从相对指标看,荷兰 GDP 人均量是塔吉克斯坦的 60 倍。中亚国家总体经济发展落后,GDP 总量和人均量排名都位于世界中下游,发达程度远远落后于欧洲国家,但是发展速度均较快,基于大量的资源优势,有很大的前景。俄罗斯的经济总量大,人均量不大,发展速度虽没我国快,但是 GDP 增长率还是正的,所以经济发展还可以。除俄罗斯和白俄罗斯的其他欧洲国家 GDP 增长率都为负值,这并不代表它们发展水平低,从总量及人均量可以看出这几个国家的发达程度均较高。无论是从经济总量、人均量还是发展速度来看,丝路沿线各国都有很大的差异,在贸易合作中须发挥各国的优势,互利互惠、实现共赢。

② 经济结构不平衡。经济结构的不平衡性表现在产业结构上,丝绸之路经济带各国产业结构表现出极大的悬殊,分布从高度农业化到高度现代化,产品又来源于产业,如图 2-3 所示为沿线各国三个产业所占 GDP 比重分布情况。

由图 2-3 可见,丝路沿线部分发展中国家第一产业所占的比重还很大,如塔吉克斯坦达到 26.48%,吉尔吉斯斯坦为 20.19%,而德国和荷兰等发达国家其所占比重非常小,德国不到 1%。在第三产业的比重上,荷兰高达 74%,而土库曼斯坦仅为 37.01%。产业结构的巨大差异也造成了相关国产品多样性方面的差别,部分国家有较为完整的经济体系(如中国、德国、荷兰、俄罗斯),其他国家的

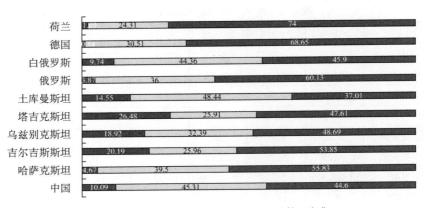

■ 第一产业　□ 第二产业　■ 第三产业

图 2-3　丝绸之路经济带各国产业占 GDP 比重(%)

(数据来源:根据世界银行官网数据绘制)

产品集中度不同,分散程度较低,产品多样化程度达不到最优货币区的标准。

(4)通货膨胀率差异大。通货膨胀率(inflation rate)是货币超发部分与实际需要的货币量之比,用以反映通货膨胀、货币贬值的程度。一般用消费者价格指数(Consumer Price Index,CPI)来反映通货膨胀的程度,表 2-3 用各个国家的消费价格年增长率来反映通货膨胀程度。

表 2-3　丝绸之路经济带上国家消费价格年增长率情况　　　　　单位:%

国家	2009 年	2010 年	2011 年	2012 年	2013 年
中国	-0.70	3.31	5.41	2.65	2.63
哈萨克斯坦	7.31	7.12	8.35	5.11	5.84
吉尔吉斯斯坦	6.90	7.97	16.50	2.69	6.61
乌兹别克斯坦	—	—	—	—	—
塔吉克斯坦	6.45	6.42	12.43	5.83	4.96
土库曼斯坦	—	—	—	—	—
俄罗斯	11.65	6.86	8.44	5.07	6.76
白俄罗斯	12.95	7.74	53.23	59.22	18.31
波兰	3.83	2.71	4.22	3.75	1.17
德国	0.31	1.10	2.08	2.01	1.50
荷兰	1.19	1.28	2.34	2.45	2.51

数据来源:根据世界银行官网数据整理。

由表 2-3 看出,中国和波兰、德国、荷兰的消费价格增长在 2009—2013 年趋于稳定,而且较低,说明通货膨胀率趋于稳定,2013 年的增长率都没有超过 3%。哈萨克斯坦和吉尔吉斯斯坦、俄罗斯、塔吉克斯坦的通货膨胀程度在 2009—2013 年都有超过 8% 的增长,幅度较大,不平稳,从 2013 年的数据来看,这四个国家的增长情况差不多,趋于 5%~7%,有慢慢平稳的趋势,但还是比前面的四个国家高出三四个百分点。白俄罗斯的消费价格增长率总体上远远高于其他国家,在 2012 年最高,达到 59.22%,几乎是德国增长率的 30 倍,虽然 2013 年达到 18.31%,较 2012 年来说增长率降低了很多,但是相比其他国家还是特别高。总体来看,各个国家的通货膨胀率差异很大,不利于相关国之间实施固定汇率,因而不具备这些国家加入最优货币区的通货膨胀率一致的条件。

(5) 金融特征差异大。这主要表现在各国融资差异大、各国货币化程度差异大和金融一体化程度低三个方面。

① 各国融资差异大。社会融资总量是全面反映社会融资规模、全面反映金融与经济关系及金融对实体经济资金支持的总量指标。社会融资总量主要体现在以下三个方面:金融机构资产的综合运用;实体经济利用规范的金融工具,在正规金融市场、通过金融机构服务所获得的直接融资;其他融资。

丝绸之路经济带上,中国和荷兰、德国的融资总量都很大,金融机构的种类多且数量大;而其他国家的这些指标参差不齐,各种指标均低的就是中亚国家,其中哈萨克斯坦在中亚较为发达,国家总体融资状况高于其他四国。

各国的对外投资、国外的对内投资都可反映出一个国家的资本流动状况及该国在与外界贸易、文化交流中资本倾向于向外流动还是向内流动,从表 2-4 可看出各国对外净投资占其 GDP 的比重。

表 2-4 丝绸之路经济带各国对外净投资所占 GDP 比重　　　单位:%

国家	2008 年	2009 年	2010 年	2011 年	2012 年
中国	1.59	1.60	1.47	1.36	1.42
哈萨克斯坦	2.77	3.64	2.56	2.67	1.32
吉尔吉斯斯坦	0.00	-0.01	0.00	0.00	0.00
乌兹别克斯坦	—	—	—	—	—
塔吉克斯坦	—	—	—	—	—
土库曼斯坦	—	—	—	—	—
俄罗斯	3.35	3.54	3.45	3.52	2.42

续表

国家	2008年	2009年	2010年	2011年	2012年
白俄罗斯	0.05	0.21	0.09	0.21	0.25
波兰	0.88	1.38	2.17	0.96	0.28
德国	2.34	2.48	2.81	1.26	2.56
荷兰	7.91	3.55	8.92	5.00	-0.14

数据来源：根据世界银行官网数据整理。

由表2-4可见，总体上各国的对外投资均大于外国对内投资，净投资最大的为荷兰，其次是俄罗斯、德国、哈萨克斯坦等，说明这些国家与外界的资本流动较密切。除了哈萨克斯坦的其他中亚国家要么指标数为0，要么没有相关数据，可见其社会融资、投资情况不良，与外界的金融市场互动、合作不多。因此，通过对外净投资数据可看出各国的资本流动状况、融资状况，普遍来看中亚五国的金融市场较落后。

② 各国货币化程度差异大。国家的货币化程度即货币化率，是指一定经济范围内通过货币进行商品与服务交换的价值占国内生产总值的比重，通常采用货币供给量（也就是广义货币$M2$）与GDP的比值来间接表示。随着商品经济的不断发展，使用货币作为商品与服务交换媒介的范围越来越广，这种现象可以称为社会的货币化程度不断提高，由于货币是金融资产的一个重要部分，所以用货币化率反映一个社会的金融发达程度也是合理的，如图2-4所示。

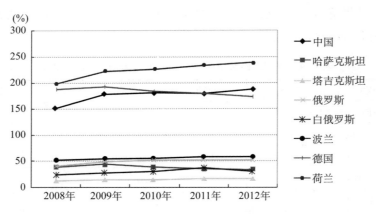

图2-4 丝绸之路经济带上各国货币化率

（数据来源：根据世界银行官网数据绘制）

由图2-4可以看出，各个国家的货币化程度都趋于平稳，稍有上升趋势。荷兰和中国、德国的金融市场比较发达，这三个国家的货币化率在世界排名为6、10、12，其他的国家相比之下较落后，欠发达。俄罗斯和波兰排名能到前100，金融市场发达程度从国际上来看算是中等水平。白俄罗斯和哈萨克斯坦、塔吉克斯坦的排名均靠后，金融发达程度远落后于前三个国家，货币化率最高的国家荷兰几乎是货币化率最低的国家塔吉克斯坦的15倍。由此可见，中亚国家的金融发达程度很低，中国和波兰、德国这两个发达国家的金融市场发达程度高，其他国家则居中。

③ 金融一体化程度低。金融一体化是指各国的金融市场之间紧密联系，相互影响、协调，相互促进，不断走向统一金融市场的一种趋势。金融市场一体化一般含义为银行和金融机构经营而形成的金融市场的关联链；基于这种关联链的形成，进而极大地促进了各国金融市场之间的金融交易量的增长；基于前两个方面，金融市场的利率决定机制相互影响，具体表现为相同金融工具在不同金融市场上的价格趋于一致。一体化具体表现在金融活动、金融制度一体化。

丝绸之路经济带上各国的金融发展程度差异非常大，中国和德国、荷兰的金融非常发达，其他国家较落后，中亚国家的金融市场最为落后，乌兹别克斯坦、塔吉克斯坦、土库曼斯坦几乎没有在国外金融市场的投资。丝绸之路经济带上的国家没有统一货币，中国同俄罗斯、哈萨克斯坦、吉尔吉斯斯坦的中央银行已经签署了有关边境贸易的本币结算协议，但不是和每个国家都用人民币结算。金融工具也有很大的差异，金融市场发达的国家已经有银行、股票、债券、基金、保险、信托、租赁、期货等金融工具及衍生工具，金融欠发达的国家金融工具很少。因此，这些国家的金融市场、机构、工具及货币都没有形成一体化，金融活动没有一体化。

各国经济金融发达程度、文化、政治各个方面的因素差异很大，要通过契约法律条文等将金融活动一体化固定下来，并且要求都必须遵守，这样的金融制度是没有条件支撑的，因此，丝绸之路经济带上各国没有形成金融制度一体化。

总体来看，丝绸之路经济带只有对外贸易开放程度符合货币一体化条件，而经济发展水平、生产要素的流动性、产品多样性、通货膨胀率、金融特征等都不符合货币一体化的标准，加之有些国家加入了欧盟货币区，建立最优货币区条件尚且不足。但是，这些国家在今后的发展中条件成熟或先加入最优货币区、后符合条件也是有可能的，还需要进一步观察。

由以上的丝绸之路经济带最优货币区条件分析可知,丝绸之路经济带国家的经济、金融发达程度总体上呈现"畸形的黄瓜"形状:两头大,中间小;两头粗,中间细。经济带东头的中国经济总量大、发展速度快、金融市场较发达,西头的发达国家德国、荷兰经济金融发达程度都很高,欧洲其他发展中国家也领先,而位于中间段的中亚五国总体较落后,经济发展缓慢、技术薄弱,因而经济带呈现为"畸形的黄瓜"。经济带上各个国家不能使用同一种货币,建立最优货币区,那么要想让"畸形的黄瓜"的每一段都生长得很好,只能让各个段的营养分布均匀,养分足的部分向不足的部分供给营养,养分不足的部分积极汲取精华。在当今全球化的趋势下,和外界联系得越少只能越落后,即使是发达国家也不例外,各国需要相互携起手来,发挥自身优势,不断缩小差异程度,从而实现货币一体化,共同进步和多赢发展。

(三)人民币成为"丝路货币"的可能性分析

中国"一带一路"倡议虽然在推进人民币区域化方面具有一定作用,但是总体来看,目前丝绸之路经济带并不完全符合传统最优货币区的判定标准,建立丝路"最优货币区"条件尚不足[1]。

人民币在"一带一路"建设背景下具有成为世界货币的可能性,与实体经济、金融市场、加入 SDR 货币篮子、互联网金融合作平台的助力密不可分。"一带一路"的"五通"中,在"政策沟通""民心相通"的基础上,一方面,实体经济的健康发展,包括正在稳步推进的贸易畅通、设施联通等是基础和重中之重,另一方面,还有同步推进的货币流通、资金融通等金融合作。实体经济和金融经济"双轮驱动"方略的实施,不仅促进"一带一路"倡议由中国倡议上升为"国际战略",也为人民币国际化进程提供机遇和保障,带来更大的发展空间。

1. 人民币区域化的机遇

(1)"一带一路"经济圈不断扩大。国际金融危机之后,实体经济发展的基础性决定作用成为各国的共识,"一带一路"倡议更是正视沿线各国的政治、经济差异性,以设施联通为优先建设领域,以贸易畅通为中心建设内容,我国则本着"要发展经济,先打通道路"的原则积极投资沿线国家基础设施、交通枢纽的建设,通过实体经济的"走出去"推动沿线区域经济发展,带动人民币的流出,

---

[1] 马广奇,赵亚莉.基于"最优货币区理论"的丝绸之路经济带货币一体化条件分析[J].甘肃金融,2014(10):17—20.

从而使得人民币区域化不断扩大,进一步扩大沿线各国对人民币的需求和使用范围,打造"一带一路"经济圈。我国采取由近及远的策略,立足本国实际,率先发展东盟经济圈,其次是中亚经济圈,然后是非洲、西亚和欧洲经济圈。自2010年全面启动东盟自贸区以来,我国与东盟国家联系密切,基本可以实现双边本币互换,在越南、缅甸、老挝等地区可以直接使用人民币购买货物,人民币的自由流通度达90%以上,形成事实上的"区域货币"。中亚地区近20年来与我国联系密切,我国成为中亚地区最主要的货物进口国。我国正在帮非洲国家修建并完善基础设施,中铁中建等大型集团出国承包业务,促进了人民币在非洲的流通和储备。随着出境旅游和学习的人数增加,我国与欧洲国家坚持文化先行,大力发展文化产业,逐渐扩大了人民币在沿线发达国家的知名度和影响力。为了更好地推进"一带一路"建设,我国将自己的实体经济尤其是制造业的先进技术带出国门,积极帮助沿线国家发展经济,我国还设立了中小企业发展基金和国家新兴产业创业投资引导基金来鼓励国内企业积极服务"一带一路"沿线国家发展。如此一来,人民币有望在沿线国家实现东盟、中亚、非洲、西亚和欧洲的区域化,逐渐由"外围货币"升级为"中心货币"。

(2)"一带一路"金融合作逐步加深。"一带一路"金融合作是立足亚洲、面向世界的货币金融领域的合作,具有政府推动、民间跟进、与人民币国际化相辅相成的显著特征。①商业银行间金融合作率先跟进。②我国与"一带一路"沿线国家金融投资迅速扩大。2017年,我国对"一带一路"沿线国家直接投资额为144亿美元,进出口总额为73 745亿元,同比上年增长了17.8%。同期,"一带一路"沿线国家对我国直接投资额为374亿元,对我国直接投资新设立企业3 857家,同比增长了32.8%。③区域金融合作不断加深。亚洲区域金融稳定的相关合作持续升级,我国借助东盟与中日韩"10+3"金融合作机制积极推动清迈倡议多边机制(Chiang Mai Initiative Multilateralization, CMIM)与IMF的协调合作,CMIM经过多次扩容将资金规模从1 200亿美元扩大到2 400亿美元;我国还积极参加东亚及太平洋重要银行行长会议,积极参加亚太经合组织(Asia-Pacific Economic Cooperation, APEC)等官方经济合作论坛,力促亚洲区域金融发展;欧洲区域方面,我国积极参加亚欧会议(Asia-Europe Meeting, ASEM)并启动了与欧元区"三驾马车"的会面机制,还完成了加入欧洲复兴开发银行的法律程序,我国央行与欧洲央行签订的货币互换规模已经延长至2019年,这些为中欧金融合作奠定了基础。此外,截至2017年5月,我国先后与

21个"一带一路"沿线国家签署了本币互换协议,其中6个沿线国家获得人民币合格境外投资者(RMB Qualified Foreign Institution Investor,RQFII)额度;截至2017年年末,32个"一带一路"沿线国家金融监管当局与我国银监会签署了监管合作备忘录。这些举措使我国与沿线国家金融合作逐步加深,为国际金融体系注入了生机与活力。

(3)人民币加入SDR为其成为国际储备货币铺平了道路。2016年,人民币正式加入SDR货币篮子,成为世界第三大货币。

(4)"一带一路"金融机构有力助推人民币国际化。配合"一带一路"倡议,我国主动新设了专门服务丝路沿线各国的金融机构,为人民币进一步国际化提供了更广阔的平台。①亚投行成立至今两年多时间,"朋友圈"不断扩大,赢得国际"信任票",其成员国从初创时期的57个发展到今天的103个国家,参与投资的基础设施建设项目数量达到108个,累计贷款总额超过220.2亿美元。作为具有新时代特色的国际多边开发机构,其发展业绩得到了国际上的普遍肯定,于2017年获得国际最权威的三大评级机构的3A评级及巴塞尔银行监管委员会的零风险权重认定。②"丝路基金"为人民币在沿线国家的拓展提供了另一路径。为了更好地"走出去",我国在2017年向丝路基金新增1 000亿元人民币。截至2017年年底,丝路基金已经签约17个项目,支持项目涉及总投资额达800亿美元。③国家开发银行全力服务"一带一路"建设。截至2017年年底,国开行在沿线国家累计发放贷款超过1 800亿美元,计划在2018年全面落实好2 500亿元等值人民币专项贷款。④人民币跨境支付系统(Cross-border Interbank Payment System,CIPS)工程的顺利实施助力发展。据统计,截至2017年年底,CIPS共有31家直接参与者,681家间接参与者。2017年12月25日,中国银行官网发布三季度中国银行跨境人民币指数(Cross-border RMB Index,CRI)为257点,较上年年末上升28点,人民币跨境使用活跃度不断提升,人民币资产需求逐步增加,跨境使用意愿明显提高,2017年人民币跨境流通量高达4.36亿美元。⑤人民币离岸市场逐步建立。我国在全球范围内设立的人民币清算行不断增加,为人民币流通范围进一步扩大铺平了道路,各大金融平台的日益发展有助于人民币国际化程度的进一步提升,一步一步朝着"世界货币"的最终目标前进。

2. 人民币区域化的有利条件

(1)人民币加入特别提款权篮子。2015年,人民币跨境支付系统上线运行,有效提高了人民币跨境和离岸业务的清算、结算效率。2016年10月1日,人民币正式纳入特别提款权(SDR)货币篮子,成为继欧元、美元、英镑、日元之后第五种加入 SDR 的货币。人民币在篮子中比重超越英镑和日元,成为篮子中第三大权重货币。由此可见,人民币国际化进程明显加速。目前,人民币已成为世界第二大贸易融资货币,为互联网时代下"丝绸之路经济带"金融合作奠定了货币基础[1]。

(2) 人民币离岸市场逐步建立。人民币清算银行的成立将一部分由我国国内银行处理的人民币交易直接移交到清算行当地银行,大大简化了人民币清算程序。此举将有助于降低人民币进行海外支付的风险,促使更多国际贸易使用人民币结算。

2003 年,中银香港成为中国香港地区首家人民币业务的清算行,开始为开办个人人民币业务的香港持牌银行提供一系列有关人民币的清算服务。2004 年 8 月,中国人民银行决定为在中国澳门地区办理个人人民币存款、兑换、银行卡和汇款业务的有关银行提供清算安排。2010 年 7 月,中国人民银行授权中银香港为中国台湾地区人民币现钞业务清算行。2012 年,中银香港成为马来西亚唯一人民币清算行。2013 年,中国工商银行新加坡分行成为人民币清算银行。2014 年,我国相继在伦敦、巴黎、法兰克福、首尔、卢森堡、多哈、多伦多、悉尼建立人民币清算行。

多家人民币结算银行的成立推动了人民币离岸市场的发展,也将进一步提升人民币在国际上的认可程度,促使人民币在国际贸易结算和投资等领域的跨境使用。人民币清算银行在别国的成立和发展可供中亚、东盟各国参考和借鉴,为以后人民币清算银行全面覆盖中亚、东盟地区提供经验,对人民币区域化与将来人民币国际化有积极影响。

(3) 人民币跨境使用量增多。人民币跨境使用活跃度的一个重要指标是中国银行向全球推出的中国银行跨境人民币指数(CRI),其用来反映人民币在境外交易中使用的活跃程度,可作为人民币国际化发展状况的指示性指数。尽管面对美元贬值的阶段性表现和压力,人民币跨境使用并未偃旗息鼓,活跃度依旧不减。中国 CRI 指数大体呈稳步增长态势,反映了人民币国际化在新环境和新形势下不断进行自我调整和适应,不断深化改革。从与国际主要货币的比较看,2014 年 12 月,美元、欧元、英镑、日元的跨境使用活跃度指数分别为 1 476、949、625、421,分别较 6 月变动 0.4%、-2.7%、-5.5%、2.5%;同期人民币跨境使用

---

[1] 马广奇,肖琳. 互联网时代下"丝绸之路经济带"金融合作新路径[J]. 企业经济,2018,37(2):51—55.

活跃度从11月的246上升至256,人民币跨境使用活跃度与主要国际货币的跨境使用活跃度之间的差距继续缩小。同时,人民币继续保持仅次于美元、欧元、英镑、日元的全球第五大支付结算货币的地位。

（4）外汇储备量质均升。近20年来,我国因进出口贸易顺差积累了大量外汇储备。2002年起,我国超越日本成为世界官方外汇储备第一的国家。2006年10月,我国外汇储备突破万亿美元大关,截至2014年12月,我国外汇储备余额为3.84万亿美元。同时,我国的外汇储备占全球外汇储备的比重也不断提高,从2005年的17.41%上升到2014年的33.33%。充足的外汇储备是人民币币值稳定的一个重要基础,使我国有能力在外汇市场上实现人民币币值稳定,有效抵御外部逐利资本对人民币的投机性冲击,为我国经济发展提供一个安全屏障。我国拥有数额庞大的外汇储备和相对较低的外债,这就使我国拥有非常好的偿债能力,提高人民币的国际地位,为人民币在中亚、东盟地区等"一带一路"沿线各国流通乃至全球的流通奠定坚实基础。

3. 人民币区域化的制约因素

（1）国际上的主要货币美元、欧元、英镑、日元依然在国际市场上占据较大份额。从跨境货币指数看,虽然跨境人民币指数与美元、欧元、英镑、日元的跨境指数差距逐渐缩小,但比起美元跨境指数的1476点,人民币还有很长一段路要走。美国肯定不会轻易放弃美元的霸权地位,各主要货币国家也都会尽力维护既得利益和现有格局。2015年1月,人民币全球支付货币市场占有率为2.06%,成为全球第五大支付货币,但四大主要国际货币在全球支付货币市场上总占有率却高达80%,人民币作为国际货币舞台上的后来者面临较为激烈的竞争。同时,在中亚和东盟大部分地区,使用美元结算已成为一种习惯,习惯一旦养成不会轻易改变,这在国际货币使用的选择上同样适用。

（2）"一带一路"金融发展水平参差不齐。"一带一路"沿线目前共65个国家,各个国家金融发展水平不平衡。①各经济发展水平差异较大。"一带一路"沿线国家经济总量呈现"两头大,中间小"的局面,因而也就形成了中亚五国和东南亚国家经济实力不济、中国及欧洲国家经济实力较强的局面。金融作为经济的"血脉"贯穿发展的始终,渗透到了"一带一路"建设的各个层面,沿线各国巨大的经济落差导致金融发展不同步,而经济实力不是一朝一夕就可以提高的。②各国经济的金融深度不一。$M2/GDP$的比值越大,表明一国经济金融化、经济货币化的程度越高。据世界银行世界发展指标（World Development Index,WDI）数据集和全球宏观经济数据2013—2017年对"一带一路"沿线各国$M2/$

GDP 比值的统计,中国的平均比值在 2.00 左右,东盟国家的平均比值在 0.92 左右且各国家之间差距较大,中亚五国的平均比值在 0.31 左右,欧盟国家的平均比值在 0.66 左右,而且各个国家的比值差距很小。由数据可知,我国的金融发展水平位于前列,欧洲国家金融发展良好,东盟各国金融发展不稳定,中亚国家金融发展水平相对较差。沿线各国金融发展水平差距大增加了人民币升级为"中心货币"的难度。③互联网金融发展水平不同步。东亚新兴经济体以及欧洲传统经济体不仅借助先天金融资源优势,形成了"一带一路"金融发展的天然"双核"增长极,而且充分利用新兴的互联网技术,突破了传统地理空间的限制,实现了金融资源的跨时间、跨地域运动,使得供需信息更加对称,金融资产通过移动网络进行,简化了支付程序,降低了交易成本,从而获得了更多的金融资源。其他沿线国家金融基础设施不完善,主要依靠传统金融机构,通过线下金融操作开展金融业务。

(3) 完善的金融合作、管理、监督机制尚未建立。深化金融合作、加强金融管理和监督是丝绸之路经济带建设的重要组成部分。近 10 年来,我国深化了与中亚国家和东盟国家的区域金融合作,如与哈萨克斯坦、乌兹别克斯坦签署双边货币互换协议,参加了东亚及太平洋中央银行行长会议组织、东盟与中日韩"10+3"金融合作机制等区域合作机制。由于中国与中亚、东盟各国间金融发展水平、金融开放程度的差异,中国与东亚、东盟尚未建立一个完善的金融合作、管理和监督机制。中亚五国中的塔吉克斯坦和土库曼斯坦金融发展程度不高,缺乏与我国金融机构合作的宏观体系框架。东盟各国除新加坡是新兴工业化国家,经济国际化程度较高外,越南、缅甸、柬埔寨等相对落后的国家市场发育不完善,经济国际化水平低,如柬埔寨在 2011 年才成立证券交易所,缅甸至今没有正式的股票交易场所。不同的市场化发展程度和融入国际经济深度的差异,会给各国的货币合作造成一定障碍。

(4) "一带一路"金融环境不稳定。国际金融环境不稳定,各个国家金融发展程度不一,加之全球经济金融危机的影响还未完全消除,对人民币的国际化进程有所掣肘。①从区域来看,欧洲由于"英国脱欧"以及意大利债务危机等导致英镑和欧元有一定的贬值,连带人民币出现了相应的贬值,与此同时美元则出现了升值的情况,美元的国际货币地位不断增强,这增加了其他国家认可人民币成为国际货币的难度。亚洲区域沿线的一些国家虽然希望中国给予其大量的投资,但同时由于美元的霸主地位而对美元的辨识度和升值信心比较高,所以美元在亚洲国家的流通较为普遍,加之个别国家也希望能够构建自己的货币区,因而人民币国际化不会一帆风顺。②从我国自身来看,金融环境正在优化。我国的经济发展正处于"新常态"时期,与发达国家相比还有一定差距,而且金融市场的深度和广度还不够,发生系统性金融风险的隐患正在全力排除,汇率市场化机制和利率市场化改革尚未完全实现,因而在自身金融改革攻坚时期必然会减缓人民币升级为"中心货币"的步伐。

我们认为,虽然目前人民币成为丝路货币还存在一些限制因素,但是在不久的未来,相信人民币可以成为"丝路货币",成为比美元、欧元更符合"最优货币区理论"的货币。

三、互联网金融理论与丝路金融合作

(一)互联网金融理论

1. 互联网金融的界定

"互联网金融"(internet finance,ITFIN)的定义并没有被学术界普遍认定。国外学者称它为电子金融[1]。有学者(Allen et al.,2002)将电子金融定义为使用电子通信和计算提供金融服务和市场。笔者认为,围绕互联网金融应该重点关注三个领域:电子支付系统的使用,金融服务公司的运营以及金融市场的运营。另有学者(Purcell et al.,2003)将互联网金融定义为通过互联网固定和无线网络在线向企业和家庭提供的金融服务,尽管它也涵盖了在遥远地区进行支付交易时离线使用电子设备的情况。电子金融包括互联网银行和支付、电子经纪、电子保险和其他相关服务。谢平(2015)强调,互联网精神是将互联网精神和技术植入金融市场,使其回归本源,即无中介化。

在此,我们给出广义的互联网金融的定义:互联网金融不仅是建立在互联网技术之上的金融,更是建立在互联网思维之上的金融。将互联网金融融入丝路金融合作中,不仅有利于金融机构利用互联网技术改造传统业务,而且有利于丝路沿线国家的互联网企业涉足金融业,使互联网深度融入金融活动中,依赖互联网金融平台,采用"移动互联网""大数据""云计算"等技术,创新更多的金融服务模式和运行机制,从而促进丝路货币流通、贸易融资、证券投资等丝路金融合作活动的开展。

---

[1] 韩壮飞.互联网金融发展研究[D].河南大学,2014.

2. 互联网金融已经形成新业态

自2012年,"互联网金融"概念首次提出至今,我国新兴的互联网金融蓬勃发展。与发达国家相比,虽然我国在软件开发与智能制造方面有一定差距,但是由于我国人口基数大、金融服务发展不平衡的特点,引起互联网金融需求不断扩大,促进金融科技推陈出新[1]。截至2017年7月,根据国家互联网金融风险分析技术平台的监测数据,我国互联网金融平台超过1.9万家,现有互联网金融一共有21种业态。无论是数量还是种类,我国互联网金融行业稳居世界第一,已明显成为国际竞争的优势领域。因此,建设丝绸之路经济带可以将"互联网+"思维融入其中,共建共享"网上丝绸之路",应用互联网金融激活丝绸之路经济带金融合作水平。

早在2013年,麦肯锡就指出中国互联网经济占GDP比重升至4.4%,超过美国、法国和德国,达到全球领先水平。目前,互联网金融覆盖金融的各个领域,最能体现互联网金融形成新业态的标志包括两个方面。一是在移动支付领域出现了较网银、刷卡交易方式更为便捷的财付通、支付宝等第三方支付平台,一定程度上提高了网购效率。随着以微信、支付宝为代表的第三方支付平台兴起,中国在移动支付领域,遥遥领先丝绸之路沿线各国,仅2017年"双11"购物狂欢节全网销售额就高达254亿美元,相当于2016年美国在"黑色星期五"与"网络星期一"双节产生128亿美元销售额的两倍。二是在投融资管理领域,出现了产品更加多样、效率大幅提高的余额宝、P2P、众筹等网络投融资新模式[2]。

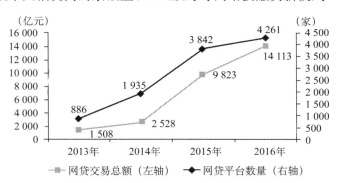

图2-5 全国网贷平台数量以及交易总额

(数据来源:根据《互联网金融年鉴2014—2016》整理)

---

[1] 马广奇,刘晶.互联网金融促进网上丝路金融合作的思考[J].全国流通经济,2017(34):61—63.
[2] 马广奇,张欢.互联网金融主要业态及创新效应[J].人民论坛,2015(2):74—76.

3. 互联网金融优点

传统融资机构尤其是银行主要通过网点揽储,以存放贷,企业项目融资时审批时间较长,获批成本较高,效率较低。互联网融资平台可以避开传统融资方式的缺陷,不仅能够提供快捷、便利的网络支付结算方式,而且资金双方可以通过公开透明的网络平台提供信息流,自行完成信息甄别、匹配、定价和交易,降低了间接融资的中介交易成本以及信息不对称带来的风险,提高了社会资本的流转速度,使借贷双方资金自由流动。

P2P与众筹是互联网金融满足融资需求模式创新的两种应用最广的模式。P2P是基于互联网平台,在获得融资方的具体信息后迅速、准确地评估客户信用,为需求者发放小额贷款的一种融资方式;众筹是互联网金融为满足弱势群体、低端客户需求,通过用户公开一切与申请相关的信息,集众人之力筹集资金的一种方式。二者都是金融可得水平较低区域借款人所倾向的方式。因此,互联网金融创新所衍生出的金融融资新模式,能够为丝路沿线国家提供多样的金融服务,汇集国际闲置资本,形成规模庞大的资金池,定向投资于丝绸之路经济带能源项目,满足优质投资项目资金规模大的要求,为丝绸之路经济带沿线国家发展提供持续的资金流。网络融贷与传统银行不同融资模式的比较如表2-5所示。

表2-5 不同融资模式的比较

融资模式	具体分类	融资特点
传统银行	银行贷款	提供相应证明材料,满足银行贷款条件,有繁杂的业务办理流程,门槛较高
	网络融资产品	办理流程主要在网上,贷款的额度依据客户在银行的金融数据自动配置
网络融资	P2P贷款	个人对个人贷款,借贷双方通过有资质的第三方平台,进行资金的直接借贷
	众筹融资	大众融资,由项目发起人在众筹平台发布需求,向网友募集项目资金

(二)互联网金融对丝路金融合作的促进作用

在互联网创新变革的时代,互联网金融凭借独特的网络属性,能够解决传统金融、传统市场难以解决的诸多难题。因此,我国应该顺应时代潮流,利用信息高速公路发展的优势,助力打造"网上丝路合作",推动"一带一路"倡议打造人类命运共同体。

1. 打下良好的沿线国家网上丝路合作基础

我国互联网金融已形成金融生态,利用我国互联网金融促进网上丝路金融合作,首先要从国家层面建立合作共赢、共建共享的应用基础,尽可能减少政治风险所带来的损失。"一带一路"不是中国自身的独奏,而是各国共谱的命运交响曲,因此,共建网上丝绸之路,需要与各国加强政策层面的统筹与协调,从国家战略高度规划网上丝路合作的建设。

结合丝绸之路经济带建设,从国家层面推动网上丝路金融合作进程,主要从以下三个方面着手:①抓住网上丝路建设重点,明确政府部门所担责任,适当简政放权,给予各地区因地制宜、发挥好区域优势的机会,划拨充足的学术研究项目研究基金,鼓励企业参与网上丝路合作并给予税收政策的减免与补贴,指引企业与研究所等配合政府部门绘制网上丝路金融合作蓝图;②制定有助于跨国互联网金融发展的法律体系,正确处理丝路经济带沿线各国金融法律合作障碍,规范国际互联网金融跨境交易行为,减少国家间发展互联网金融法律方面的纷争,为跨境投融资交易奠定良好的基础;③建立统一的互联网金融行业合作监管标准,设立监管部门对相关政策与法律的有效落实进行监管,营造公平、公正的网上丝路投融资合作的市场环境[1]。

2. 构建丝路电子交易支付平台成为可能

互联网金融具有低成本、高效率、能够突破时间与空间进行交易的特点,应用于丝路沿线国家可以促进资源要素流动,拓展金融服务范围。丝绸之路经济带中很多沿线国家金融机构覆盖率较低,金融服务落后,当地的经济活动受制于有限的金融服务,即使各国具备了与其他国家交易石油、天然气、棉花等资源的条件,也没有完善的支付清算手段去支撑这种贸易往来。目前,我国应用的第三方支付平台可以发挥信用担保的作用,提供快捷、安全、可靠的支付方式。

对于丝路跨境的交易双方而言,依靠互联网金融优势发展电子商务具有明显优势:①企业能够以极低的边际成本获得境外有需求的客户,为双方沟通提供一个便捷的渠道;②商品交易记录能够在网络平台查询到,保证交易双方资金与产品的安全性,缓解了国际贸易往来信息不对称引起的信任危机。因此,为使互联网金融能够更进一步促进网上丝路金融合作发展,就需要建立以互联网跨境

---

[1] 马广奇,黄伟丽."互联网+"背景下深化丝绸之路经济带金融合作的路径研究[J].经济纵横,2018(1):98—105.

结算为核心的国际电子交易平台,致力于为全球银行、金融机构、企业等提供跨行、跨境、跨币种的现金管理标准产品与解决方案,为大型集团企业实施境内外交易实时监控、管理与资金清算,帮助企业更方便地进入全球市场、参与全球经济,促进丝绸之路经济带平稳有序推进。

全球两大"数字中枢"——马来西亚数字自由贸易区和杭州跨境电子商务综合试验区已正式开启互联互通。据悉,马来亚银行以及联昌国际银行的商户将全面引入支付宝,预计支付宝将覆盖马来西亚80%的主流商户场景。

3. 将开启网上丝路融资模式

推进网上丝路金融合作,须建立互联网配套设施:一是提高国家间通信系统的硬件设施;二要大力发展信息技术创新的软性基础设施建设。互联网配套设施建设需要极大规模的资金支持且是一个长期过程,而丝路沿线国家中不发达国家居多,很难通过政府直接提供体量如此庞大的长期资金,而且从长远看,贫困地区金融服务需求不旺盛,资本逐利的本质必定会产生资本外逃现象。

互联网金融可以为丝绸之路经济带沿线国家提供融资渠道,更好地推进"一带一路"倡议。因此,我国在积极建设丝绸之路经济带的同时,应顺应互联网金融发展趋势,利用好P2P、众筹等融资新模式平台,动员市场与沿线各国力量,推动构建市场化、可持续性、互利共赢的投融资体系,为丝绸之路经济带的建设提供长期资金支持,为不发达地区融资提供助力。

以众筹为例,众筹是互联网金融为满足弱势群体需求,汇集社会闲置资本筹集资金的一种融资方式。众筹能够发挥互联网金融的催化效应与叠加效应,解决丝绸之路经济带中不发达国家融资难与融资贵的问题,降低融资门槛,促进资金区域内流动,为更多项目融资,建立高效丝路金融合作。

小结

本章主要从理论视角分析了丝路金融合作的理论基础,为丝路金融合作研究提供坚实的理论支撑。依据要素禀赋理论可知,丝路金融合作的充要条件是生产要素在沿线区域之间流动和重新组合,丝路金融合作可以形成规模效应,降低成本,促进沿线国家间贸易经济发展;依据最优货币区理论可知,目前建立最优"丝路货币区"的条件尚不完全具备,但是推进丝路沿线人民币区域化可以实现,人民币有可能率先成为"丝路货币",未来将一步一步变成"世界货币",最终实现国际化;依据互联网金融理论可知,丝路金融合作的进程可以利用互联网平台打破时空障碍和传统制约,通过"线上",丝路金融合作得以拓展。

第三章

国际金融合作的经验与借鉴

丝路金融合作是一种国际金融合作,是新时代国际金融合作的最新领域和主要方向。国际金融合作则是国际金融体系的重要组成部分,同时又是一项重要的国际关系内容[1]。本章通过梳理和总结国际金融合作的演进脉络和经验教训,以期为丝路金融合作提供参考或借鉴。

一、国际金融合作的历史演进

国际金融合作作为国际金融体系中不可或缺的一部分,贯穿国际金融发展的每一个阶段,并且在不同阶段呈现出不同的特点。本文以第二次世界大战、布雷顿森林体系、苏联解体以及金融危机为分界点,将国际金融合作的历史轨迹划分为五个阶段(如图3-1所示)。

图3-1 国际金融合作历史轨迹划分

(一)第一阶段:第二次世界大战之前(1945年之前)

1914年前后,第一次世界大战爆发,受战争的影响,黄金的自由流通受到严

---

[1] 赵长峰.国际金融合作:一种权力与利益的分析[M].世界知识出版社,2006.

重约束[1]。各国相继放弃了金本位制,发行不兑现的纸币,到20世纪30年代中,几乎所有国家都放弃了金本位制,统一的资本主义世界货币体系瓦解了。由此,金本位制随之告终。此时,各国货币之间难以找到稳定的比价基础,汇率波动剧烈,许多国家的国际收支出现严重失衡。第一次世界大战期间和之后,信誉与合作的下降反映了国内和国际政治变化以及经济和知识变化的复杂汇合[2]。

这一阶段的国际金融合作比较分散,仅仅局限于解决经济大危机时的双边合作,并且缺少一个凌驾于各国之上的国际性金融机构对各个国家之间的金融合作进行协调和监督。

(二) 第二阶段:第二次世界大战后布雷顿森林体系运行时期(1946—1973年)

在第二次世界大战结束前的1944年,以美国、英国等为主的国际社会为了避免20世纪30年代"以邻为壑"的货币之战重新上演,并尽快让国际经济和金融秩序得以恢复,通过多边协定方式建立了布雷顿森林体系。布雷顿森林体系及其建立的国际货币基金组织和世界银行两大国际金融机构在国际金融合作方面发挥了极大作用[3]。

统一的国际货币体系奠定了国际金融合作的基础,并且国际货币基金组织的建立解决了第一阶段国际金融合作存在的缺少必要监督和协调程序问题,并且国际金融合作不同于第一阶段的双边合作,是一种广泛的、基于规则之上的多边合作。但是这一阶段,以美国为首的西方发达国家控制着国际货币合作的"游戏规则",作为参与者的发展中国家获益甚少。

(三) 第三阶段:布雷顿森林体系解体至苏联解体(1974—1991年)

关于布雷顿森林体系崩溃的原因,从来没有达成共识。在美国国家经济研究局(National Bureau of Economic Research,NBER)会议上,至少提出了六种不同的解释:美国与外国货币政策之间的差异,美国与外国财政政策之间的差异,赤字国家未能贬值,盈余国家未能重新估值,美国国际竞争地位的长期下降,

---

[1] 尹伯成.大卫·李嘉图的货币理论及黄金货币功能的命运[J].福建论坛(人文社会科学版),2012(7):5—9.
[2] Eichengreen B. Full Text[J]. Golder. Fetters, 1996:i—448.
[3] 赵长峰,薛亚梅.国际金融合作特点的历史考察[J].湖北社会科学,2007(10):79—81.

以及体系结构的缺陷(特别是特里芬的流动性困境)[1]。1973年布雷顿森林体系崩溃以后,国际货币、金融体系又一次陷入了无序的状态,货币汇率持续波动,亟须建立新的国际货币体系,然而直至1976年,新的国际货币体系才形成[2]。牙买加协议宣布黄金非货币化[3],同时承认各国实施的浮动汇率制度合法化。20世纪70年代,西方各国对待国际金融合作的消极态度带来的严重结果让他们意识到了威胁的来临,各国开始展开金融合作[4]。1976年,为共同解决世界经济和货币危机,协调经济政策,重振西方经济,七国集团成立;1982年国际债务危机爆发之后,七国首脑会议、国际货币基金组织和世界银行等针对发展中国家债务危机,采用了各种分析方法,提出了一系列解决问题的方案并付诸实施,如"布雷迪计划"等减免债务方案;1987年2月22日,主要工业国同意协调宏观经济政策,将汇率稳定在"当前水平"左右,这就是所谓的卢浮宫协议。尽管该协议的细节没有公开,但通俗文献表明,这些国家采用目标区作为维持汇率稳定的一种方式。因为他们既没有公布汇率的中间价,也没有公布汇率的区间,所以可以说这些都是非官方的目标区[5],总体来讲,该协议强调必须减少汇率过度波动[6]。

这一阶段的国际金融合作虽打破了以美国为主导的局面,但仍由西方发达国家(七国集团)来掌控;另外,西方发达国家间的国际金融合作与协调机制逐渐形成,其合作形式由国际货币基金组织单方面主持发展为机构、政府等多方面合作;合作内容由传统的汇率监督、汇率制度安排发展到银行、证券等领域。

(四)第四阶段:苏联解体之后至金融危机(1992—2007年)

1991年苏联的解体标志着冷战随之结束,在这之后国际上形成了"一超多强"的局面,世界格局多极化的趋势进一步加强,经济逐渐向全球化和区域化转变,并且区域性金融合作发展势头已赶超全球性金融合作。其中,欧洲货币一体化的发展是自布雷顿森林体系崩溃之后在国际货币体系中最具代表性的典范,

---

[1] Bordo M D, Eichengreen B. A Retrospective on the Bretton Woods System: Lessons for International Monetary Reform[M]. University of Chicago Press, 1993.
[2] 杨海燕.从国际货币体系的演变历史谈"碳货币"本位的全新国际货币体系构建设想[J].特区经济, 2011(6):19—20.
[3] 戈国莲.美国金融体系的变迁及对金融稳定性的影响[J].经济思想史评论,2010(1):201—215.
[4] 赵长峰,薛亚梅.国际金融合作特点的历史考察[J].湖北社会科学,2007(10):79—81.
[5] Esaka T. The Louvre Accord and Central Bank Intervention: Was There a Target Zone? [J]. Japan and the World Economy, 2000, 12(2): 107—126.
[6] Funabashi Y. Managing the Dollar: From the Plaza to the Louvre[M]. Peterson Institute, 1989.

是国际金融合作方面的楷模。它在成员国中构建了一个稳定的"货币城墙",避免成员国受到"城墙"外不稳定金融的影响,"城墙"内的成员国以固定的汇率进行金融合作与经济交往。

欧洲货币体系不仅对欧盟的经济一体化进程产生了积极影响,还通过其榜样的力量带动了其他地区区域性金融合作的发展。1991年,阿根廷、巴西、巴拉圭和乌拉圭组成的区域倡议南部共同市场[1],已发展成为拉美地区举足轻重的区域性经济合作组织。1992年,美国、加拿大与墨西哥成功地追求北美经济一体化,已经进行了25年多,直到形成最终的《北美自由贸易协定》。寻求达成协议的动机因各个阶段而异,从最初希望解决美加汽车业市场份额争端,到墨西哥政府全面的经济发展雄心。对与贸易自由化相关的经济混乱的担忧反映了谈判各方的雄心壮志[2]。2000年第九届东盟与中日韩"10+3"财长会议上签订的"清迈倡议"是东亚区域金融合作所取得的最为重要的制度性成果,它对于防范金融危机、推动进一步的区域金融合作具有深远的意义。正是这些区域性金融合作的成功开展,让国际金融合作在20世纪90年代迈进了一个全新的时代。

这一阶段的国际金融合作使得包括中国在内的发展中国家加入其中,区域性金融合作突飞猛进,主要表现在领域和范围的不断扩大和深化[3]。

(五)第五阶段:金融危机以后(2008年至今)

在2008年美国次贷危机引发的全球金融经济危机的救援过程中,国际社会相互合作、共同应对的共识已在多数国家和地区中达成,从而拉开了新一轮国际金融合作的帷幕。

自金融危机之后,各国政府积极加强国际金融合作,G20集团金融峰会就是取得的成果之一。G20集团领导人于2008年和2009年共召开了三次G20集团金融峰会,共同探讨国际金融风险预警机制建立与全球金融监管合作问题,并在第三次金融峰会上,就国际金融合作等方面达成一定共识,这次峰会在国际金融合作方面所取得的成果,凸显了改革国际金融体系和国际金融机构、加强国际金融监管协调与合作的决心与信心,增加了发展中国家的话语权、投票权和代表权,指出未来国际金融监管合作的方向。G20集团金融峰会不仅是在金融危机

---

[1] 郭道扬.21世纪的战争与和平——会计控制、会计教育纵横论[J].会计论坛,2003(02):25—56.
[2] Brown D K, Deardorff A V, Stern R M. A North American Free Trade Agreement: Analytical Issues and A Computational Assessment[J]. Working Papers, 1991, 15(1):11-30.
[3] 杨久源.国际金融合作的理论与实践[J].特区经济,2011(6):92—93.

驱动下产生的新一轮国际金融合作成果,而且是新世界格局和多边体系的另一种体现[1]。

与此同时,金融危机还促进了一些区域性合作组织的深度合作。在亚太地区,亚太经合组织于2008年召开的会议上发表声明,表示各成员将继续密切合作,采取全面、协调的行动应对金融危机。在东南亚地区,东盟加强了与中日韩三国的合作,2010年3月的东盟与中日韩"10+3"财长会议上,为加强东亚地区对抗金融危机的能力,各国决定将清迈倡议进一步升级为清迈倡议多边化协议,建立一个资源巨大、集多边与统一管理于一体的区域性外汇储备库,通过多边互换协议的统一决策机制,解决区域内国际收支不平衡和短期流动性短缺等问题。

此阶段由金融危机引发的全球经济危机使得国际社会相互合作、共同应对的共识已在多数国家和地区中达成。各国政府和国际组织比以往任何时候都更重视国际金融合作问题,积极呼吁和寻求国际合作,形成了新一轮国际金融合作的浪潮。

通过对国际金融合作100多年历史发展过程的梳理,可以看到国际金融合作发生了翻天覆地的变化,经历了由简到繁、范围由小到大和形式逐渐多样化的演进轨迹。

二、国际金融合作的主要模式

按照地域范围和影响力的不同可将国际金融合作分为全球和区域金融合作模式[2]。

(一) 全球金融合作模式

1. 国际货币基金组织(IMF)

国际货币基金组织是第二次世界大战之后各国政府为了维持世界经济秩序稳定、避免再次出现两次世界大战期间的大萧条现象,于1944年在美国布雷顿森林会议上提出建立。该组织的宗旨如下:一是稳定联合国汇率;二是鼓励生产性资本在联合国之间流动;三是释放被阻塞的平衡;四是帮助纠正联合国黄金分配不公的现象;五是为解决和偿还公共和私人国际债务提供便利;六是缩短成员

---

[1] 路妍.金融危机后的国际金融监管合作及中国的政策选择[J].管理世界,2011(4):169—170,177.
[2] Kohsaka A. A Fundamental Scope for Regional Financial Cooperation in East Asia[J]. Journal of Asian Economics, 2004, 15(5): 911-937.

国国际收支不平衡的时期,帮助稳定物价水平;七是减少外汇管制的必要性和使用;八是消除多种货币做法和双边结算安排;九是在联合国促进健全的发行纸币和信贷政策及做法;十是减少对外贸易壁垒;十一是促进更有效和更便宜的国际外汇交易清算。

时至今日,国际货币基金组织已从最初40多个创始成员国发展到189个国家和地区参与其中,并形成了固定模式的运行机制。

(1)投票表决机制。在国际货币基金组织成立之时,就已经将份额与投票表决权进行"捆绑",由各成员份额决定投票表决机制。当时每个成员拥有基本票250张,还可以根据自身经济实力在基金组织所发布的份额中认购相应的加权票,每10万特别提款权增加一票。成员的投票权往往和其所占有的份额成正比,经济实力越强的国家或地区,所能认购的加权票份额越多,其投票权就相对越大,实际决策能力也越强。占有份额除了影响成员国的投票权和决策权外,还与成员国可贷款的金额、实际应缴纳资金和特别提款权的分配相关。

(2)资金运作机制。国际货币基金组织成功地在外汇关系上带来了比20世纪二三十年代更大程度的稳定,它仅凭这一点就可以为自己的存在辩护。鼓励生产性资本流向最有利于其使用的地区的可取性无须强调。国际货币基金组织可以通过降低外汇风险,以及降低对外汇交易实施限制的可能性,帮助鼓励这种流动。此外,只要该基金能够帮助加强该国的货币和银行体系,它就会增加该国对外国私人投资者基金的吸引力[1]。

自1982年债务危机爆发以来,国际货币基金组织在推动世界经济有序调整方面发挥了重要作用。该基金不仅为高负债国家或者企业提供了财政援助,而且在协调私人银行参与第一批"紧急"计划方面发挥了重要作用[2]。但国际货币基金组织对发展中国家比较苛刻,其向发展中国家提供援助的条件是就一项政策行动达成国际一致。在新冠病毒流行之际,国际货币基金组织回应来自80多个国家的紧急援助请求,并提供了两个紧急资金来源。一方面,可为低收入国家提供高达500亿美元的快速支付资金,而低收入国家不需要现有的成熟的货币基金组织方案;另一方面,各国可申请旨在协助应对流行病的遏制灾难和

---

[1] Vries D, Garritsen M, Horsefield, et al. The International Monetary Fund, 1945—1965: Twenty Years of International Monetary Cooperation[J]. Journal of Economic History, 2010, 33(3): 676-678.

[2] Edwards S. International Monetary Fund and the Developing Countries[J]. Social Science Electronic Publishing, 1989, 31(1): 7-68.

救济信托支持,该基金理事会已于 2021 年 8 月批准历史性的 6 500 亿美元特别提款权分配[1]。

2. 世界银行集团(World Bank Group)

世界银行集团简称世界银行,为应对战后经济重建、稳定世界经济秩序以及开发落后国家资源而于 1945 年与国际货币基金组织同时成立。它由国际复兴开发银行、国际开发协会、国际金融公司、多边投资担保机构和国际投资争端解决中心五个成员机构组成。世界银行是联合国专门经营国际金融业务的机构。

(1) 投票表决机制。世界银行的成员投票权分为基本票和份额票。各成员都拥有数量相等的基本票——250 票,而份额票的数量与认购份额的数量成正比,每认购 10 万美元的股本就增加一票。

(2) 资金运作机制。相较于国际货币基金组织,世界银行的资金来源渠道十分广泛。其无息信贷和赠款均来自国际开发协会,它提供的信贷约占世界银行资金援助的四分之一。另外,世界银行的收入还包括:向会员方政府、政府机构或中央银行出售的和通过投资、商业银行等中间包销商向私人投资市场出售的短期债券;留存净收益;债权转让给私人投资者,扩大贷款资金周转能力;借款资金回流;向其他开发银行、欧盟、国家援助计划署和出口信贷进行融资[2]。

3. 七国集团(G7)

本文中的"七国集团"是指以七国集团首脑会议为中心而形成的工业化七国进行经济、政治协调的一系列会议机制。不同于国际货币基金组织、世界银行等、世界贸易组织分别只在货币、金融、贸易等专业领域发挥作用,七国集团对关乎世界发展的政治、经济、文化等一切领域进行协调,是一种综合性协商机制。

"七国集团"会议机制下的国际金融合作可以分为两个阶段。

(1) 第一阶段:七国集团在货币金融合作领域的域内协调。七个工业大国在国际货币金融领域的合作主要围绕着协调各国货币政策、联合干预国际金融市场及多边监督等工作展开。

① 协调货币政策。为避免 20 世纪 30 年代以邻为壑、金融混乱局面的出

---

[1] Kentikelenis A, Gabor D, Ortiz I, et al. Softening the Blow of the Pandemic: Will the International Monetary Fund and World Bank Make Things Worse? [J]. The Lancet Global Health, 2020, 8 (6): E758-E759.

[2] 马卫华,应樯子. 国际货币基金组织与世界银行之比较研究[J]. 华北电力大学学报(社会科学版), 2006(2): 52—56.

现,七国集团强调货币政策协调[1],即各国央行的目标应该是建立一个类似于20世纪80年代和20世纪90年代的扩大的、以规则为基础的体系,该体系将在接近国际合作均衡的情况下运作。

② 联合干预国际金融市场。20世纪80年代以来,七国集团为影响汇率的走势曾多次达成协议。1985年9月22日,在纽约的广场酒店,美国官员和五国集团(G5)中的同行同意采取行动降低美元的价值。这些官员的公开声明得到了外汇干预的支持,他们在外汇市场上抛售美元以换取其他货币。该"广场协议"被誉为国际政策协调的高水位标志。在1985年1月之前的五年里,美元兑其他主要货币的汇率上升了44%。主要由于美元走强和价格竞争力丧失,美国的贸易差额降至1985年的创纪录低点,赤字为1 220亿美元。贸易逆差刺激了国会对拟议的贸易干预措施的支持,经济学家会发现这些干预措施具有破坏性。1985—1987年,美元又下跌了40%。汇率回升后,贸易平衡也出现了变化(通常是滞后)。最终,美国国会没有制定保护主义贸易壁垒。广场协议也创造了制度史。在纽约会晤的官员组成了七国集团(G7)财政部部长小组,自那以后一直在继续会晤[2]。1987年签署《卢浮宫协议》之后的一段时间内,美国、中国、英国、法国等国央行确实采用了一个目标区,以追求国际汇率市场的平衡[3]。20世纪90年代后,七国集团仍然进行了多次的外汇市场联合干预。2006年,财长们围绕世界经济持续增长,提倡逐渐消除世界各地汇率发展的不平衡,以确保世界经济持续增长。

③ 多边监督。1982年,凡尔赛首脑会议召开前的预备会议上形成了多边监督体制,它不但注重没有约束的私人讨论,而且它从时间维度上扩大了国际经济政策的调整范围,不但注意短期汇率和货币政策的调整,还强调中期宏观和结构性政策调整的目标。

(2) 第二阶段:七国集团在货币金融合作领域的全球治理。七国集团围绕金融全球化造成的金融风险防范与金融危机处理而进行协调,以在该领域形成一系列机制与体制的有目的的活动。

全球治理作用主要表现在三个方面。首先,对全球金融货币危机有积极救助作用。七国集团财务首长在2008年4月11日举行会议,以应对金融市场危

---

[1] 黄梅波.七国集团货币合作效果反思[J].世界经济,2002(6):27—33.
[2] Frankel J. The Plaza Accord, 30 Years Later[J]. NBER Working Papers, 2015.
[3] Esaka T. The Louvre Accord and Central Bank Intervention:Was There a Target Zone? [J]. Japan and the World Economy,2000,12(2):107-126.

机、全球经济下滑和通货膨胀率上升的压力。2008年10月10日,七国集团达成全球救援计划,包括采纳英国对银行进行部分国有化的计划,以便在华尔街遭遇其历史上最糟糕的一周之后,开始在冻结的信贷市场中放贷。在戏剧性的一周结束之际,股票、石油和英镑均暴跌,七国集团承诺采取果断行动,并使用所有可用工具,以防止更多大型西方银行破产。通过应对此次危机,七国集团在全球金融防范机制建设上做出了重大贡献。例如,强调私人资本在防止金融危机中的重要作用。其次,七国集团在国际金融合作公平化方面做出了突出贡献。最后,它在全球金融框架中发挥主导作用。

(二)区域金融合作模式

1. 欧洲复兴开发银行

欧洲复兴开发银行(European Bank for Reconstruction and Development,EBRD)成立于1991年,使用投资工具帮助从中欧到中亚的30个国家建立市场经济和民主政体。欧洲复兴开发银行总部位于伦敦,由61个国家和两个国际机构所有。尽管有公共部门的股东,它通常还是与商业伙伴一起投资私营企业。欧洲复兴开发银行为银行、工业和企业提供项目融资,包括新的风险投资和对现有公司的投资[1]。

2. 亚洲开发银行

亚洲开发银行(Asian Development Bank,ADB)简称"亚行",创建于1966年,总部位于菲律宾首都马尼拉。20多年来,亚洲开发银行在满足亚洲发展中国家发展融资需求方面发挥了重要作用。作为美国和日本试图将其利益投射到亚洲的一个持续不断的例子,它们在建立、融资和影响该银行管理方面发挥重要作用。亚行特别关注的是农业和农村发展。罗伯特·维特尔(Robert Wihtol)在谈到亚行在这一领域的活动和表现时,提出了一个有趣的问题:为什么亚行无法将言辞与实践相结合?为了回答这个问题,维特尔回顾了亚行的组织发展、主要贡献者(美国和日本)的作用、亚行农业和农村发展战略的演变,以及一些与项目和项目开发相关的具体操作和组织问题,特别关注灌溉、农村信贷和农村道路[2]。2015年来,亚行推动的《亚洲及太平洋跨境无纸贸易便利化框

---

[1] Reed D. The European Bank for Reconstruction and Development[M]//The European Bank for Reconstruction and Development, Graham & Trotman, 1990.
[2] ADB-Government-NGO Cooperation. Asian Development Bank[M]//The Asian Development Bank and Rural Development, Palgrave Macmillan UK, 1988.

架协定》是由 25 个处于不同发展阶段的国家制定的一项联合国条约。这项条约将有助于亚太地区的所有企业，特别是最容易受到贸易不确定性影响的中小企业实现跨境贸易数字化，或国际贸易程序的简化和数字化，推进区域合作，遏制贸易保护主义，推进多边贸易体制建设性改革。进一步实施数字贸易便利化措施，可使贸易成本平均降低 16%，几乎是目前全球平均税率的两倍。使国际贸易更容易、更透明和更有效率，不仅可以使贸易更快、更环保，而且可以促进贸易，而不是取消世界上的每一项关税。有效实施贸易便利化和贸易数字化需要采取包容和全面的办法，需要更多和更广泛地获得贸易融资，而亚行的数字化金融，作为互联网金融的一种手段，将缓解贸易融资约束[1]。

3. 欧盟"欧元区"模式

欧盟作为当今世界上发展最为成熟和一体化程度最高的区域经济合作组织，通过其多年的稳步发展和取得的辉煌成就向世界提供了一种独具特色的区域经济合作模式——"欧盟经济一体化"。统一的货币政策、欧元汇率以及一体化的金融市场，是欧盟经济一体化的独特运行模式。在丝绸之路经济带的发展过程中，它作为榜样，向世界展示出一种区域经济、政治共同治理的全新模式，探索出跨国家联合的制度创新。这种独特的混合型区域共治模式已超越了现有国家体制和国际组织。

在决策机制方面，2004 年欧盟 25 个成员国的首脑签署了《欧盟宪法条约》，对以往的"一致通过"原则进行了改革，之后将以"双多数"为特点的有效多数表决机制作为欧盟决策的主要方式，除《欧盟宪法条约》有特别规定外，欧盟通过的任何决定只有得到来自十五个以上的成员国的 55% 以上的票数，同时能够代表 65% 以上的欧盟公民的票数才能有效。

"欧元区"的建立和欧元的流通是人类货币历史的重大事件，也是"最优货币区理论"的实践和验证。欧元区的实践既有成功也有不足。在 2007 年美国次贷危机后，非欧元区的小国如冰岛随之陷入金融危机，而欧元区小国如比利时金融相对稳健，说明共同货币对抵御外部冲击有一定作用。但是，2008 年希腊债务危机爆发，葡萄牙、爱尔兰也随后发生债务危机，说明欧元区内部的一体化程度仍有不足。欧元区是否满足最优货币区的条件，现有文献有不同的看法。有学者（Bayoumi & Eichengreen，1997）通过对供给冲击相关性的分析，得出欧盟

---

[1] Gandhi T. Asian Development Bank，Asia-Pacific Trade Facilitation Report 2019：Bridging Trade Finance Gaps Through Technology，Asian Development Bank（ADB）[J]. Journal of Asian Economic Integration，2020，2(1).

"核心国家"(包括德国、法国、比利时、荷兰、奥地利和丹麦)可以构成一个最优货币区的结论,而另一些学者(Chen,2004)则认为欧盟国家间仍然存在着贸易壁垒[1]。

欧元区是运用"单一货币联盟模式"所形成的一种货币区域[2]。有学者(Batavia et al.,2006)编制了十项指标,将它们分为四个部分索引,并在"最佳"总体指标中进行了总结。由此产生的结果好坏参半。当情况有利时,欧元区的区域最优性并未提高,但在2008—2014年危机之后,一体化趋势又恢复了。但是,与1999年欧元推出之初相比,最优性还差得远[3]。目前,国际形势正处于艰难时期,这样的背景为人民币区域化甚至"亚元区"的形成提供了危机中的机遇。

4. 东盟模式

自1978年起,东盟历时30多年,经历了从特惠贸易安排到自由贸易区,再到经济共同体的过程,基本实现了从低级的区域化形式逐步向更高的区域化形式过渡和发展。①第一阶段:1967—1975年。这一阶段,主要是巩固完善机构,进行初步的合作尝试。②第二阶段:1976—1989年[4]。③第三阶段:1990年以后。

本文提出了东南亚国家联盟(东盟)经济合作的描述性博弈模型。东盟成员在博弈中扮演着贝叶斯博弈者的角色,他们最大限度地实现了预期的国家福利,并根据新的信息修正了他们的预期。通过对参与者对两种不同政策选择的看法进行比较历史分析,构建了一个收益矩阵:一种是通过全面削减关税迅速实现贸易自由化;另一种是在逐日商品基础上缓慢实现贸易自由化。风险主导的概念为这场博弈提供了一个解决方案,解释了为什么东盟在1977年选择了缓慢贸易自由化的联合战略。根据对1977年以来事件的分析,修正后的收益产生了一个新的解决方案,解释了为什么东盟在1987年加快了自由化的步伐。文章最后分析了东盟贸易自由化的前景,提出了东盟内部贸易自由化可能继续加速的

---

[1] 姚大庆.对欧元区共同边界效应的检验——兼论欧元区是否满足最优货币区的条件[J].世界经济研究,2012(5):16—21,87.
[2] 岑赵绍伟."丝绸之路经济带"构建中的货币合作[D].国际关系学院,2016.
[3] Castañeda J E, Schwartz P. How Functional is the Eurozone? An Index of European Economic Integration Through the Single Currency[J]. Economic Affairs, 2017, 37(3): 365-372.
[4] Batavia B, Nandakumar P. Inclusion and Exclusion with Economic Integration: The Case of EU, NAFTA and ASEAN[J]. The Journal of Economic Asymmetries, 2006. 3(1): 21-37.

假设[1]。

5. 上海合作组织

1996年,中国、俄罗斯、塔吉克斯坦、吉尔吉斯斯坦和哈萨克斯坦五个国家成立了"上海五国"组织,以解决成员国之间的边境争端。随着2001年乌兹别克斯坦的加入,它成为上海合作组织(中文简称"上合组织",Shanghai Cooperation Organization,SCO),一个由俄罗斯、中国和一些欠发达国家和发展中国家组成的组织。五年后,随着蒙古国、巴基斯坦、印度和伊朗获得观察员地位,它不仅在规模上有所增长,而且在影响力上也有所增长。该组织主要关注"恐怖主义、分裂主义和极端主义"三足鼎立的安全问题。上合组织的安全议程是庞大的。该组织被比作华沙公约,并被称为"东方北约"。其议程充满了中国和俄罗斯对美国在欧亚大陆的设计的怀疑,以及希望减少美国在中亚的影响。

该组织呼吁成员国加强经济合作,2003年9月23日,中国总理温家宝在一次会议上提出,要在上海合作组织范围内长期建立自由贸易区,通过放宽贸易限制来改善该地区的货物流通,如关税。中国还高度重视能源项目,包括勘探新的油气储量,联合利用水力资源和开发水利工程。

三、国际金融合作的主要特点

(一)国际金融合作地域性较强

全球市场各国家存在不同的社会背景和发展水平,因此,当多个国家在民族、历史、文化、语言等方面有着密切的联系,在政治、军事、经济和社会上具有共同的利益和政治背景,就更容易在特定区域形成一种相互依存的关系[2]。

(二)发达国家金融主导地位短期难以撼动

国际金融主导权具有博弈利益性特征,在这个体制中,美国最受益,欧洲次之,发展中国家利益最受损,由此发达国家间、发达国家与发展中国家间,形成多

---

[1] Jackson T. A Game Model of ASEAN Trade Liberalization[J]. Open Economies Review, 1991, 2(3): 237-254.
[2] 刘国斌. 论亚投行在推进"一带一路"建设中的金融支撑作用[J]. 东北亚论坛, 2016(2): 58—66, 128.

方竞争和博弈的状态[1]。在由美国次贷危机引发的国际金融危机之后,国际金融经济格局发生变化,美国的金融帝国的地位开始动摇,以中国为代表的新兴国家的金融地位显著增强,并开始进入国际体系的核心,参与全球治理已经成为不争的事实,这是世界权力消长和格局变化的明显标志,也是多极化雏形的实质性显现。实力结构、制度结构和文化结构都已经成为世界格局中的要素。

尽管如此,"一超多强"格局还没有出现拐点。尽管危机后发达国家的相对经济实力有所下降,但其在全球国际金融组织中的优势仍相当明显。如果美国解决了预算过度、福利计划的巨大潜在失衡以及日益增长的石油依赖这些问题而且展现出其韧性,那么从长远来看,这场危机可能会实际上加强其领导能力[2]。美国在短期内仍将是唯一具有主导地位的大国。国际金融主导权的重新分配或转移将是一个漫长的博弈过程。

(三) 国际金融合作形式呈现多样性

国际金融合作形式多样化,既有强国之间的联合,也有新兴国家之间的联合;组织成员有多有少;既有紧密型组织也有松散型组织。整体而言,欧洲的国际金融合作组织数量较少,而亚洲等地区受经济、文化影响,建立的国际金融组织一体化程度相对较低。亚洲金融合作除了受区域经济状况、地缘政治竞争、IMF改革的影响,还受美国和欧盟的影响。

(四) 多边性特点日益凸显

全球经济向多极化方向发展,国际金融合作组织的主导权也随之呈现多边化。在国际货币方面,美元、欧元的国际货币地位在逐渐下降,英镑、日元的国际货币地位保持不变,中国人民币、印度卢比等货币的国际货币地位在不断增强[3]。在国际金融市场方面,伦敦、纽约、东京、新加坡、香港、上海等多个国际金融中心共同进行市场活动。在国际金融组织方面,发展中国家的话语权提高。在国际金融事务方面,大多国际金融事务需要多国讨论或决定。

---

[1] 孙伊然. 亚投行、"一带一路"与中国的国际秩序观[J/OL].外交评论(外交学院学报),2016(1):1—30.
[2] Sohn I. East Asia's Counterweight Strategy: Asian Financial Cooperation and Evolving International Monetary Order[J]. G-24 Discussion Papers, 2007, 54 (207): 98.
[3] 胡海峰,武鹏. 亚投行金融助力"一带一路":战略关系、挑战与策略选择[J].人文杂志,2016(1):20—28.

四、对丝路金融合作的启示

尽管丝绸之路经济带所涵盖国家的政治经济体制差异较大,环境错综复杂,金融市场发展不均衡,金融合作区域化,监管不统一,但并不影响中国与该区域内大国和重要邻国达成共识,协力推进丝路金融合作。为此,须做到以下四点。

(一)加强磋商与对话,立足多边丝路金融合作机制

一方面,为确保丝路金融合作的稳定性,要用强有力的约束机制或金融监管制度作为合作的保障。欧盟在货币一体化过程中,签署了大量具有法律效力及约束力的文件及协议,如《罗马计划》《马斯特里赫特条约》等,强有力的约束下,欧洲经济与货币一体化逐步成功。丝绸之路经济带沿线国家若能形成有效的实质性约束机制,将有利于推动金融合作取得实质性进展。另一方面,磋商与对话是金融合作的基础。我国与沿线国家要坚持磋商与对话,充分发挥国际合作组织的功能,加强沿线各国在政治上的协商、立场上的协调以及在敏感问题上的共识,夯实金融合作基础。

因此,一是要构建多边金融合作机制框架。利用领导人峰会、援助项目等渠道,积极通过多边或双边谈判,积极引导促进民间国际金融交流合作,制定具有普遍共识、专业规范的金融合作框架,逐步实现全方位、全领域务实合作。二是建立争端仲裁和危机管理机制。解决和减少合作中的冲突和摩擦,推动金融资源在区域内的优势互补,实现共赢发展。三是加强区域金融安全协调。推动建立与沿线国家的金融安全协调合作,加强金融风险信息的预警和风险处置的互通联动。

(二)积极改善"一带一路"沿线国家错综复杂的环境

全球发展,经济是基础,政治是关键,文化是桥梁,生态是前提。第一,政治上,我国政府应积极主动加强与"一带一路"沿线国家之间的走动,寻求友好合作,谋求共同发展。第二,经济上,我国在2017年5月14日宣布加大对"一带一路"建设资金的支持,本次对丝路基金新增的总规模为1 000亿元人民币,这是一个很好的行动,可借此机会加强与沿线各国经济方面的合作与交流。第三,文化方面要坚持文化先行,应该多加强沿线国家之间的文化合作交流,将文化软实

力发展成为核心竞争力,如扩大"欢乐春节"品牌活动的影响力、开展文化旅游项目、构建丝路博物馆、开展丝路文化艺术节等活动,传播我国优秀文化,提升沿线国家对人民币的认可度和接受度。第四,加强沿线国家生态文明保护,构建生态环保合作平台,如开展生物多样性保护项目、积极推进环境公约旅行合作、建设环保技术示范基地等。

(三)设立丝路金融合作机构

设立丝路金融合作机构,要以亚洲基础设施投资银行、金砖国家新开发银行、上海合作组织开发银行和"丝路基金"为平台,牵引主权基金、私募基金等资金,加大对沿线国家基础设施投资,加快沿线国家的互联互通;在平衡协调解决各成员间的政策和利益冲突前提下,注重培育多层次的金融市场,鼓励互设机构开展金融业务,提高沿线国家金融一体化程度,实现互利互惠合作。

(四)丰富丝路金融合作内容,推进货币体系改革

借鉴国际金融合作模式的经验,基于我国与丝绸之路经济带沿线国家金融合作推进现状、制约影响等,我国与丝路经济带沿线国家金融合作中应以亚洲基础设施投资银行、金砖国家新开发银行、上海合作组织开发银行等合作组织为抓手,多头突破,构建国际金融合作组织多管齐下模式,着力推进我国与丝路经济带沿线国家金融合作加快发展。

丝路金融合作组织多措并举实施中,应重点构建合作运行机制、明晰合作重点领域、规划发展目标。一是发挥亚洲基础设施投资银行、金砖国家新开发银行、上海合作组织开发银行和"丝路基金"的平台优势,积极运作打包组团区域内优质基础设施项目,采取政府和社会资本合作(public-private partnership,PPP)机制和发行项目债券等形式,吸引调动区域内外主权财富基金和私募股权基金投资,夯实金融合作基础。二是借力人民币被纳入 SDR 货币篮子的契机,加快推进资本项目可自由兑换和贸易便利化改革,在沿线重要节点国家统筹安排建立人民币清算行,不断扩大与沿线国家的本币互换和运用人民币计价结算规模,增进对货币政策的沟通协调。

小结

丝路金融合作是新时代国际金融合作的最新领域和主要方向,研究丝路金融合作必须借鉴传统国际金融合作的经验。首先,本章对国际金融合作发展的

历史演进和特点进行梳理,以第二次世界大战结束、布雷顿森林体系崩溃、苏联解体和金融危机为分界点,将国际金融合作划分为五个阶段,不同阶段有不同的特点,总体上国际金融合作经过100多年的发展发生了翻天覆地的变化,呈现出由简到繁、范围由小到大和形式逐渐多样化的发展态势。其次,本章根据地域范围和影响力的不同,将国际金融合作分为全球金融合作模式和区域金融合作模式,分别对这两种模式下具体的合作组织的运行机制进行分析,发现国际金融合作主要具有以下五个特点:①合作地域性较强;②发达国家占据金融主导地位;③国际金融权力分配具有利益博弈性;④国际金融合作呈现多样性;⑤多边性特点日益凸显。最后,在借鉴以往国际金融合作经验的基础上,本章对丝路金融合作的发展提出几点建议:①加强磋商与对话,立足多边丝路金融合作机制;②设立丝路金融合作机构;③开创丝路金融合作方式,助推"一带一路"互联互通;④丰富丝路金融合作内容,推进货币体系改革;⑤多措并举,提升丝路金融合作层次。

第四章

丝路金融合作的进展与障碍

丝绸之路经济带的宏伟倡议至今已经提出五年了,获得了联合国官方和国际社会的普遍认可,中国与丝路沿线国家的金融合作不断取得进展和重要突破。那么,丝路沿线国家金融发展水平现状如何,丝路金融合作到底取得了哪些进展,合作过程中遇到了哪些挑战和障碍,这些问题必须分析清楚。

一、丝路沿线国家金融发展水平测量

金融是经济的血脉,经济是金融的基础,金融合作是丝路战略合作的基础和重要方面。丝路经济带所跨区域广,地区金融发展水平存在较大差异,对丝路沿线国家金融发展水平进行测量,是深化丝路金融合作、促进沿线国家共赢的重要前提。

(一)测量指标的选取

金融发展理论的代表人物、美国经济学家雷蒙德·戈德史密斯(Raymond Goldsmith)认为,应从比较金融结构入手来反映各国金融发展的差异,提出了最著名的"金融相关比率"来衡量一国金融发展水平[1]。"金融相关比率的变动反映的是金融上层结构与经济基础之间在规模上的变化关系,它大概可以被视为金融发展的一个基本特点。"[2]不同的金融相关率对应不同类型的金融结构,也就是对应不同的金融发展水平。金融相关比率较低的国家,金融发展水平落后,表现为商业银行在金融机构中处于主导地位,间接融资占比较大;而金融相关比率高的国家,金融业发达,金融机构多样化,银行体系地位下降,证券类直接融资占比较大。

---

[1] 马广奇,邢开欣.丝路沿线国家金融发展水平测量与深化合作建议[J].时代金融,2018(36):30—31.
[2] 杨秀萍,薛阳.戈德史密斯金融发展理论中的金融边界思想[J].沈阳师范大学学报(社会科学版),2015,39(2):59—61.

基于金融发展理论,对丝路沿线国家金融发展水平进行测量,我们主要比较不同国家金融上层结构与经济基础之间的关系。鉴于数据的可得性与可比较性,选取以下指标(见图4-1):货币作为基础性核心金融资源,其在国民经济中的活跃度可以反映一国的金融深度,我们选取指标 $M2/GDP$。丝路沿线多数国家都属于发展中国家,商业银行作为金融业的基础性金融机构,也是国内间接融资的主要部门,我们以国内信贷占 GDP 的比率来衡量一个国家间接融资状况,比较银行业深度和金融业的发展状况。此外,我们用证券总市值,证券总市值占国内生产总值的比率来衡量经济社会直接融资发展情况。

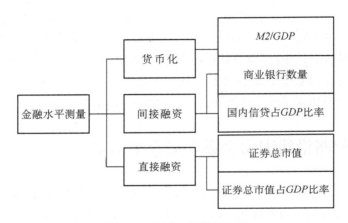

图 4-1 金融水平评估指标

(二)丝路沿线国家货币化程度比较

广义货币占国内生产总值的比率,是用来衡量一个国家经济货币化程度的重要指标,反映了一国经济的金融深度。一般而言,这一比值越大,则表明该国经济货币化程度越高,金融业就越发达;反之则表明该国经济货币化程度越低,金融业越落后。

如表 4-1 所示为丝绸之路经济带沿线国家广义货币占该国国内 GDP 的比例。可以看出,2013—2017 年中国 $M2/GDP$ 比值在小幅度上升,而且一直高居榜首。约旦 2013—2017 年的货币化程度也处于相对较高状态,而且比较稳定,仅在 2016 年略有下降。中亚国家 $M2/GDP$ 比值较低,金融业亟待发展。西亚约旦、沙特阿拉伯、土耳其三个国家的货币化程度处于丝路沿线国家的前列,但也有伊拉克和阿富汗等货币化程度较低的国家。北亚、南亚四国货币化发展水平处于丝路沿线国家中上等水平,发展相对不错。中东欧国家的货币化发展状况处于丝路沿线国家的中等靠后水平,需要加大与其他国家的金融合作,大力发展金融业。总体上来讲,以2016年世界平均水平125%来看,除中国外,丝路沿线国家货币化程度都远在世界平均水平以下,金融发展水平普遍较低。

表4-1 2013—2017年丝绸之路经济带沿线国家 M2/GDP

地区	国家	2013年	2014年	2015年	2016年	2017年
东亚	中国	1.86	1.91	2.02	2.08	2.03
中亚	哈萨克斯坦	0.32	0.32	0.42	0.42	0.37
	吉尔吉斯斯坦	0.34	0.31	0.33	0.34	—
	塔吉克斯坦	0.21	0.20	0.22	0.27	0.29
西亚	伊朗	0.56	0.65	0.81	0.90	—
	伊拉克	0.33	0.34	0.40	—	—
	约旦	1.24	1.25	1.25	1.21	
	沙特阿拉伯	0.56	0.62	0.73	0.75	0.71
	土耳其	0.53	0.52	0.53	0.56	0.54
	阿富汗	0.32	0.33	0.35	0.34	—
	阿塞拜疆	0.33	0.37	0.39	0.35	—
	格鲁吉亚	0.37	0.38	0.42	0.47	0.48
	亚美尼亚	0.34	0.35	0.37	0.43	0.46
北亚	俄罗斯	0.51	0.54	0.62	0.59	0.59
	蒙古国	0.49	0.48	0.43	0.51	0.57
南亚	巴基斯坦	0.52	0.52	0.53	0.57	0.57
	印度	0.78	0.78	0.78	0.75	—
中东欧	乌克兰	0.62	0.60	0.50	0.46	0.41
	白俄罗斯	0.29	0.30	0.36	0.36	0.38
	摩尔多瓦	0.62	0.59	0.52	0.52	0.51

数据来源:世界银行网站官网。

(三)丝路沿线国家间接融资水平分析

1. 商业银行分支机构数量

商业银行在一国金融业中占据举足轻重的地位,在发展中国家,银行业的发展状况决定了金融业的发展阶段。所以从商业银行分支机构数量入手可在一定程度上评估一国银行业的主导地位。

2016年,世界商业银行数量为每10万成年人12.60个。如表4-2所示为丝路沿线国家商业银行分布情况。可以看出,丝绸之路沿线国家中,中亚地区仅乌兹别克斯坦在平均水平以上且远高于平均水平,说明在金融基础设施建设上,乌兹别克斯坦相对领先。西亚和中东欧地区半数国家处于世界平均水平,北亚地区远超于世界平均水平,处于丝路沿线国家水平的顶端,银行业占主导地位。中国由于人口基数大,商业银行数量接近世界平均水平。

表 4-2 丝路沿线国家商业银行分支机构　　单位:个/10 万成年人

地区	国家	2012 年	2013 年	2014 年	2015 年	2016 年	2017 年
东亚	中国	7.69	7.78	8.014	8.49	8.78	—
中亚	哈萨克斯坦	3.29	3.28	3.39	2.97	2.96	2.82
	吉尔吉斯斯坦	7.69	7.82	7.85	8.24	8.38	8.26
	塔吉克斯坦	6.20	6.48	—	—	—	—
	乌兹别克斯坦	38.02	37.72	37.38	36.99	36.14	—
西亚	伊朗	29.21	28.92	31.83	30.89	31.23	—
	伊拉克	5.42	5.35	5.25	4.90	4.08	—
	约旦	16.30	15.85	15.51	15.26	15.09	—
	叙利亚	4.34	4.52	—	—	—	—
	沙特阿拉伯	8.21	8.22	8.56	8.62	8.58	8.75
	土耳其	18.62	19.67	19.64	19.20	18.14	17.74
	阿富汗	2.15	2.28	2.33	2.19	2.14	2.14
	阿塞拜疆	9.70	10.20	10.83	10.66	—	—
	格鲁吉亚	27.27	32.33	32.26	32.14	32.68	—
	亚美尼亚	21.28	21.74	22.71	23.40	23.10	—
北亚	俄罗斯	38.22	38.50	37.02	32.91	30.14	—
	蒙古国	68.41	70.98	71.61	70.56	70.37	—
南亚	巴基斯坦	9.04	9.36	9.64	10.02	10.36	—
	印度	11.18	11.85	12.87	13.545	14.06	—
中东欧	乌克兰	1.07	0.92	0.77	0.56	0.50	0.45
	白俄罗斯	1.71	1.56	1.20	0.89	0.86	—
	摩尔多瓦	42.73	43.40	45.14	27.54	27.22	26.89

数据来源:世界银行官网。

2. 丝路沿线各国银行信贷占 GDP 比率

丝路沿线国家国内融资还主要靠商业银行来提供。我们采用银行信贷占 GDP 比率来衡量比较丝路沿线国家的银行业深度与金融发展阶段,以世界上金融业发达的美国作为参考,美国银行部门信贷占 GDP 比率多年都处于 230% 以上,2016 年数值为 241.89%。如表 4-3 所示为丝路沿线国家银行信贷占 GDP 的比率,中国银行信贷占 GDP 比率处于领先水平,比值突破 200% 且呈增长趋势,间接融资水平较高。西亚地区两极分化严重:伊拉克与阿富汗的国内银行信贷占比呈现负增长水平,这可能与其国内长期动荡有关;约旦国家国内银行信贷占比长期处于 100% 以上,银行业发展水平相对靠前。丝路沿线其他国家银行信贷占比较低,国内银行业处于初级发育阶段,但是多数国家保持着稳定增长的趋势,有进一步发展的潜力。

表 4-3 丝路沿线各国银行信贷占 GDP 比率　　　　单位:%

地区	国家	2012 年	2013 年	2014 年	2015 年	2016 年	2017 年
东亚	中国	149.08	155.74	167.24	193.41	215.18	215.24
中亚	哈萨克斯坦	40.25	38.29	36.06	45.69	43.30	41.92
	吉尔吉斯斯坦	12.77	14.26	15.89	19.11	18.17	20.46
	塔吉克斯坦	14.63	19.41	19.49	20.78	25.19	15.77
	乌兹别克斯坦	—	—	—	—	—	—
	土库曼斯坦	—	—	—	—	—	—
西亚	伊朗	60.52	52.10	56.49	68.54	77.65	—
	伊拉克	−1.82	−1.35	0.35	8.68	—	—
	约旦	114.25	111.86	106.18	105.48	108.31	—
	叙利亚	—	—	—	—	—	—
	沙特阿拉伯	−10.15	−7.86	1.77	20.50	34.06	39.05
	土耳其	67.14	72.90	75.32	77.54	80.60	77.86
	阿富汗	−1.92	−2.06	−0.60	−0.41	−1.18	−2.39
	阿塞拜疆	24.38	22.97	27.03	40.22	38.92	—
	格鲁吉亚	38.40	46.45	52.51	57.50	65.44	61.55
	亚美尼亚	41.39	43.15	51.30	48.26	54.37	58.23
北亚	俄罗斯	38.99	44.08	47.22	52.78	—	—
	蒙古国	25.70	58.49	66.45	69.28	76.05	65.31
南亚	巴基斯坦	46.22	49.51	47.48	48.76	52.36	53.86
	印度	77.18	77.92	75.91	75.65	75.03	—
中东欧	乌克兰	87.87	95.02	108.46	85.193	78.78	58.65
	白俄罗斯	31.03	37.92	41.31	49.78	47.04	41.95
	摩尔多瓦	43.46	45.81	38.81	37.00	31.73	24.28

注:"银行信贷"主要指的是商业银行的信用贷款,在这里还包括储蓄和抵押贷款机构、金融公司、开发银行等信贷部门的信用贷款。
数据来源:世界银行官网。

(四)丝路沿线国家直接融资水平分析

1. 丝路沿线国家金融市场规模比较

随着金融市场的逐渐深化,以证券公司为代表的金融机构开始活跃,推动金融市场直接融资水平的提高。因此,测量丝路沿线国家的金融发展水平,我们以证券市场总市值比较不同国家的证券业发展规模与直接融资水平。

如表4-4所示为丝绸之路经济带沿线国家证券市场总市值。可以看出,2011—2017年,中国证券市场发展良好,六年里证券总市值已经增至两倍多。印度证券市场总市值在此期间同样发展迅速,但是与中国还存在较大差距。至于其他国家,仅有小部分国家证券市场总市值增长趋势明显,大部分国家的证券市场总市值发展趋势处于停滞不前的状态。

表4-4　丝绸之路沿线国家证券市场总市值　　　单位:亿美元

国家	2011年	2012年	2013年	2014年	2015年	2016年	2017年
哈萨克斯坦	225.37	235.43	262.28	229.73	348.92	401.61	455.58
伊朗	1 070.90	909.96	3 457.77	1 166.38	894.28	1 087.91	1 086.35
约旦	271.83	269.67	257.64	255.55	254.52	245.74	239.69
沙特阿拉伯	3 388.73	3 733.75	4 673.66	4 831.16	4 210.60	4 488.31	4 513.79
土耳其	1 970.74	3 151.98	1 957.46	2 197.63	1 888.62	1 717.65	2 275.12
俄罗斯	7 835.55	8 253.40	7 706.57	3 859.27	3 932.38	6 220.52	6 234.25
印度	10 100.00	12 600.00	11 400.00	15 600.00	15 200.00	15 700.00	23 300.00
中国	34 100.00	37 000.00	39 500.00	60 000.00	81 900.00	73 200.00	87 100.00

数据来源:全球宏观经济数据网。

2. 丝路沿线国家证券总市值占GDP比率

由于国别大小在一定程度上影响着证券市场市值规模,我们采取相对数即丝路沿线国家证券总市值占GDP比率来比较丝路沿线国家直接融资水平。

我们以金融业发达的美国为参考,2017年美国证券总市值占GDP比率达到165.65%。如表4-5所示为丝路沿线国家证券市场总市值占GDP比率状况。丝路沿线国家证券总市值占GDP比率总体上呈现出稳定增长趋势,中国最为明显,由2012年的43.22%增长到2017年的71.16%,此外,约旦、沙特阿拉伯和印度证券市场总市值占GDP比率较高,直接融资水平处于领先地位,国内金融业发展良好,但距离金融业发达的美国还存在着较大差距。其他丝路沿线国家金融业还处于初级阶段,证券总市值占 GDP 比率较低,国内直接融资水平较低,金融业有待近一步深化发展。

表 4-5　丝路沿线国家证券总市值占 GDP 比率　　　　　　单位:%

国家	2012 年	2013 年	2014 年	2015 年	2016 年	2017 年
哈萨克斯坦	11.32	11.08	10.38	18.92	29.26	28.58
伊朗	15.20	73.98	26.85	23.18	25.97	24.72
约旦	87.17	76.69	71.33	67.84	63.57	59.82
沙特阿拉伯	50.73	62.60	63.87	64.36	69.59	66.01
土耳其	36.06	20.59	23.52	21.97	19.89	26.73
俄罗斯	37.35	33.51	18.73	28.70	48.22	39.46
印度	68.85	61.29	76.47	72.38	69.16	89.62
中国	43.22	41.10	57.25	73.98	65.36	71.16

数据来源:全球宏观经济数据网。

(五) 丝路沿线国家金融发展特征

通过以上对丝路沿线国家金融发展水平的测量,我们概括出以下三个特点。

(1) 总体来看,丝路沿线国家金融发展状况呈现出"两头强,中间弱"的特点。丝路经济带东端连接着活跃的亚洲板块,以中国为首,国内经济总量大,金融发展迅速,现今金融水平远领先于丝路中段沿线国家;丝路经济带西端连接着发达的欧洲板块,虽然前文并未测量西欧、北欧地区金融发展状况,但是毋庸置疑,西欧、北欧国家金融发展水平处于世界的前列,有着发达的金融圈;丝路经济带中段多数国家金融水平长期处于滞后阶段,并且发展缓慢,金融市场规模和发展深度都处于落后阶段。

(2) 从区域国家金融发展来看,中亚地区金融发展水平最低,国内金融发展处于初级阶段,货币化程度低,社会融资以银行信贷为主,但是以银行信贷为主的社会融资并不活跃,证券市场规模、证券总市值占 GDP 的比率更是相形见绌。这与中亚地区远处内陆、缺乏外界联系以及国内的民族矛盾有着一定关系。西亚地区内部的国家也呈现出两极分化的问题,伊朗、约旦、沙特阿拉伯和土耳其金融发展水平较高,货币化程度较高,社会融资以银行信贷为主,间接融资水平较高,证券市场也在积极发展。这些国家依托自身资源优势、区位优势广泛地与外界开展国际贸易,同时促进了国内金融水平的不断发展。同地区的伊拉克、叙利亚和阿富汗这三个国家在政治、民族矛盾、领土争端方面曾受到不同程度影响,金融业遭受严重破坏,因而这些国家正在努力采取各种积极措施,加速经济发展,不断提升金融业的发展水平。中亚国家虽然在石油金融、伊斯兰金融等领域占有一定优势,但总体竞争力、影响力仍比较弱。东欧地区国家货币化程度、国内信贷占 GDP 比率,仅乌克兰处于较高水平,其余国家都处在一般化水平,国内金融业并没有突出的表现。

(3) 中印俄三个金砖国家地位突出,成为丝路经济带中的金融龙头。中国、印度、俄罗斯三个金砖国家,无论从经济总量还是金融发展水平上看都处于丝路经济带国家的前茅,并且呈现出各自的特点。中国无论从货币化程度、银行信贷占 GDP 比率上看还是从证券市场总市值上看都远领先于印度和俄罗斯,金融发展水平较高,并且发展速度也远超其他各国。俄罗斯作为北亚地区经济大国,金融发展水平虽然处在丝路沿线国家的前列,但是近些年来并没有呈现明显的增长趋势,而且有些年份呈现倒退的状况。印度的金融发展水平稳中推进,处于俄罗斯前列,在货币化程度、银行信贷占 GDP 比率、证券总市值及其占 GDP 比率方面都大幅领先于俄罗斯,发展潜力巨大。

二、丝路沿线国家金融合作进展

2008 年金融危机后,整个世界的经济发展都受到了很大程度的影响,越来越多的国家纷纷意识到资本合作的必要性和开展金融合作的紧迫性,从而分散风险,提升抵御风险的能力[1]。随着"一带一路"倡议的提出和推进,中国与丝路沿线国家的金融合作也取得了一定程度的发展。

丝绸之路经济带沿线国家可划分为三大层段,即中亚经济带(核心区)、环中亚经济带(重要区)、亚欧经济带(拓展区)[2]。核心区指中亚五国,重要区主要包括俄罗斯及南亚地区国家(主要指印度、巴基斯坦,下同),拓展区主要包括欧盟 29 国。"一带一路"倡议构想在推动沿线各国与中国的金融合作方面发挥了至关重要的作用。2013 年来,中国与丝路沿线的中亚五国、俄罗斯、南亚及欧盟地区的金融合作取得突破性进展,为深化双方的友好关系奠定了良好的经济基础,同时在合作过程中也衍生出一系列亟待解决的问题。

---

[1] 陈玉芝,邓喻方,曹瑞莹."一带一路"倡议下的新疆与中亚国家金融合作探索[J].时代金融,2015(20):8—9.
[2] 马远,张嘉敏.丝绸之路经济带沿线国家煤炭贸易的社会网络分析[J].价格月刊,2017(1):66—71.

(一) 双边国家金融合作进展

1. 中国与中亚国家合作进展

中亚地区是整个丝绸之路经济带建设的核心区域,而中国已经是中亚地区十分重要的贸易伙伴了,彼此在边境贸易的货币结算和互换以及金融机构的设立和监管等方面都有比较深入的金融合作[1]。

(1) 边贸本币结算及货币互换。在跨境贸易中使用本币结算能够大大减少交易的成本,而且也可以起到避免美元汇率波动引起的掣肘作用。在这方面,我国早在十几年前就与吉尔吉斯斯坦签署了本币结算支付的协议。紧接着我国又与哈萨克斯坦的银行签下了使用本币结算进行边境贸易的约定,开始在中亚地区逐步推广以人民币为结算方式的战略部署。随后,我国于2009年正式颁布实施了《跨境贸易人民币结算试点管理办法》,我国的边贸本币结算与货币互换的战略理念从此落到了实处。于是,在2014年,我国与哈萨克斯坦重新签订了双边本币结算支付的新协议,把本币结算扩大到一般贸易,而不仅仅是边境贸易,从此以后,两国企业在商品贸易中可以自由选择货币的支付结算方式[2]。

国际金融合作离不开各国央行之间的货币互换,有了各国央行之间签署的货币互换协议,在跨国贸易中,他国企业就能轻松融出所需要国家的货币,用于支付购买进口商品,最后使用本币进行结算,可以降低交易汇兑的费用,也能避免汇率的波动风险。截至2016年6月,我国与中亚国家互换货币177亿元人民币,与西亚国家互换货币1 270亿元人民币,这将有力推动丝路沿线各国经贸往来、扩大投融资规模、促进"丝绸之路经济带"金融合作的进一步发展(见表4-6)。

表4-6 中国与中亚、西亚国家双边货币互换一览表

分类	国别	签署时间	互换规模	期限
中亚	乌兹别克斯坦(失效)	2011-04-19	7亿元/50亿新西兰元	3年
	哈萨克斯坦	2011-06-13 2014-12-14(续签)	70亿元/1 500亿坚戈 70亿元/2 000亿坚戈	3年 3年
	塔吉克斯坦	2015-09-03	30亿元/30亿索摩尼	3年

---

[1] 郑周胜.丝绸之路经济带金融合作:进展、前景与策略[J].吉林金融研究.2016(3):36—42.
[2] 马广奇,姚燕."一带一路"框架下人民币成为"丝路货币"的推进策略研究[J].征信,2018(4):75—80.

续表

分类	国别	签署时间	互换规模	期限
西亚	阿联酋	2012-01-17 2015-12-14(续签)	350亿元/200亿迪拉姆 350亿元/200亿迪拉姆	3年 3年
	土耳其	2012-02-21 2015-09-26(续签) 2019-09-15(续签)	100亿元/30亿里拉 120亿元/50亿里拉 120亿元/50亿里拉	3年 3年
	卡塔尔	2014-11-03	350亿元/208亿里亚尔	3年

数据来源：中国人民银行数据。

（2）互设境外金融机构。早在1993年，中国银行就在哈萨克斯坦的阿拉木图建立了首家中资金融机构，随后，中国工商银行也成立了阿拉木图海外分行，经过20多年的发展，海外银行的业务一直逐步递增，现在已经成为能够独立完成存取款、借贷和汇兑等众多金融服务的功能性商业银行。国开行即中国国家开发银行在2004年也进入了哈萨克斯坦，与其开发银行签订了相关的金融合作深化协议，开展跨境项目融资和银行间借贷等金融业务。与此同时，新疆作为我国西部的窗口，与中亚接壤，是我国与中亚各国进行合作的关键纽带，因此，中亚国家等丝绸之路经济带上重要国家的银行陆续在新疆设立金融账户，已达13个，进行人民币和坚戈的汇率兑换和交易业务多年，大力促进了我国和中亚国家的相互贸易往来。

（3）金融业务合作主要靠银行。中亚国家在我国设立的金融机构主要以银行为主，如哈萨克斯坦在北京设立的人民储蓄银行办事处，而我国金融机构目前也主要是以建立海外分行的性质在沿线国家开展金融合作业务。尤其是2013年来，我国与哈萨克斯坦密切的金融合作取得了良好的成绩，加快了我国在中亚其他国家建立更多金融机构的脚步。虽然我国金融机构"走出去"的数量在不断增加，但从质量上看，主要还是以国有控股银行和政策性银行为主，从事的业务也主要是存取款、外汇结算和借贷款等基础金融服务，而我国已经趋近成熟的证券、保险和信托以及互联网金融等多元化的金融服务机构还没有跨境开展。从结算方式上看也比较单一，依然是传统的国际结算方式为主导，使用现金进行交易，没有运用到在我国已经十分成熟的电子结算等数字交易体系。

（4）金融监管合作不够完善。中国虽然与大部分中亚国家都签署了不同层级的金融合作条例，但由于各国的法律制度、经济发展水平和金融发展程度都不尽相同，注定在具体的落实过程中面临诸多实际问题，也说明目前我们还缺乏丝路经济带沿线各国都认同的金融监管合作的法律体系。此外，跨境的金融监管合作实际操作起来难度很大,尤其是在面临跨境操纵同业拆借利率等金融违法行为时,监管困难。随着跨境金融业务的密切交易,各国不同的金融法律规范为金融犯罪提供了土壤。再加上征信系统不互联,甚至很多中亚国家受经济发展水平和能力制约,根本没有征信系统,更加增大了金融风险的发生概率,给金融监管制造了难度。

2. 中国与俄罗斯金融合作进展

中国和俄罗斯的金融合作是两国间经济和贸易往来的基础,强化两国间的金融合作基础,有助于彼此的贸易和经济往来。中国和俄罗斯作为战略伙伴,在经济上一直密切发展合作,两国政府间已经建立了系统的经济协调机制,对推动中俄在金融合作领域的进一步深化起到了关键性作用[1]。

(1) 双边本币互换与结算。中国一直都是俄罗斯最大的贸易伙伴,密切的贸易往来使两国对金融合作的需求越来越大,尤其是近十年来,本币结算业务已经可以用于一般贸易了,而不再仅仅局限于边境贸易。中国从 2008 年就开始尝试在东北建立与俄罗斯进行人民币结算贸易的试点,两年后,本币结算贸易开始逐步成熟,两国决定进一步减少以美元为中介的支付方式,而直接采用卢布或者人民币作为双边贸易的结算货币。因此,卢布成为继马来西亚货币之后可以和人民币进行自由挂牌交易的第二个国家货币。随后,黑龙江省的绥芬河市在 2011 年开始成为首个使用卢布作为现金交易的试点城市。中国和俄罗斯的央行也在 2014 年签署了双边本币互换协议,规模为 1 500 亿元人民币兑 8 150 亿卢布[2]。

(2) 双边金融机构合作。中国和俄罗斯的金融合作由来已久,尤其是在金砖国家和上合组织等机构的促进下,更加深化了彼此的金融合作,特别是两国间的银行业务交融更加深入。中国国家开发银行已经和俄罗斯的三大行签订了进行全方位融资服务的金融合作协议,贷款金额高达 300 亿美元,主要用于支持两国间的基础建设、能源和林业贸易等重大合作项目。除了政策性银行在两国金融合作中发挥主导作用以外,我国的其他商业银行也积极在俄罗斯开展了更加多元化的金融服务,如在两国的商业银行中使用信用证和托收等国际结算工具,并努力丰富借贷形式,开展联合发债、中长期信贷融资等。与此同时,俄罗斯的商业金融机构也在积极进入我国以便进行更深入的金融

---

[1] 郭晓琼.中俄金融合作的最新进展及存在的问题[J].欧亚经济,2017(4):82—101,126,128.
[2] 刘军梅.中俄金融合作:历史、现状与后危机时代的前景[J].国际经济合作,2010(1):78—82.

合作服务。

3. 中国与南亚国家金融合作进展

南亚地区包括印度、巴基斯坦、孟加拉国、斯里兰卡、尼泊尔等国家,基于"一带一路"倡议的构想,主要分析中国与巴基斯坦、印度间的金融合作状况。2013年来,中国与南亚国家经贸合作快速发展,金融合作领域不断扩大,为深化中国与南亚国家友好关系奠定了良好的经济基础。

(1) 中巴金融合作进展。中国与巴基斯坦的合作基础良好,两国一直互信互助,十分利于开展经济技术和金融领域的深入合作。

① 签署双边本币互换协议。中国和巴基斯坦现已签订了100亿人民币兑1 400亿卢比的双边本币互换协议,有效期三年,这是双方加强金融合作、促进双边贸易的良好开端。

② 开展银行间的合作。中国与巴基斯坦两国间都设有商业银行的海外分行,还在2012年签署了《中国人民银行代理巴基斯坦国家银行投资中国银行间债券市场的代理投资协议》,金融合作密切。

③ 提供各类项目融资。中国进出口银行和国家开发银行都在巴基斯坦从事信贷业务已久,主要提供用于支持巴基斯坦的基础设施建设项目和政府优惠贷款的信贷产品,贷款方多为中国在巴基斯坦从事基础设施建设、能源开发等重大项目的大型企业[1]。

④ 成立中巴联合投资公司。中国和巴基斯坦联合投资公司已经成立了十多年,是由中国国家开发银行和巴基斯坦财政部共同出资建立的,注册资本两亿美元,主要服务于中国企业到巴基斯坦进行项目投资的股权和担保等金融业务。

(2) 中印金融合作进展。2019年9月,中印财金对话在新德里举行,旨在促进两国金融领域的合作。中国与印度的金融合作起源于"金砖国家"机制,自金砖国家的首次峰会确定了金融合作的方向以后,便开始筹建金砖国家新开发银行,鼓励金砖国家间进行本币结算与互换。

① 本币结算及互换合作。中印间本币结算及互换的业务目前还没有开展,但是在多次的中印金融对话里,双方都表示会进一步开放金融合作的领域,也完全接受金砖国家关于本币结算的相关协议——《金砖国家银行合作机制多边本币授信总协议》[2]。

---

[1] 陈继东,赵罗红. 中巴金融合作:现状、作用、走向[J]. 南亚研究季刊,2013(3):48—55.
[2] 杨筝. 金融合作提升"金砖"成色[J]. 中国金融家,2017(9):18—19.

② 开展资本市场合作。根据金砖国家银行合作机制的框架协议,金砖国家间应积极探索债券、股权等多元化的金融合作模式,开放资本市场,使金砖成员国的股市指数衍生品能在各自的交易平台上互挂互卖。

③ 建立金砖国家新开发银行。由金砖五国共同出资建立的金砖国家新开发银行,第一任行长是印度人,总部设在中国上海,这是目前中印之间金融合作最密切的部门和机构,也是中印金融合作最重要的平台,双方都希望能够通过金砖国家新开发银行创造一个利于双边贸易和投资增长的良好金融环境,从而促进经贸合作更加平衡健康,进一步加强两国间更紧密的发展伙伴关系。

(二) 多边国家金融合作进展

中国和欧洲作为长期的全面战略伙伴,双方在经济贸易领域的合作不断深化,相互依赖,不仅签订了《中欧合作 2020 战略规划》,旨在进一步加强双方在安全和人文交流上的合作,打造良好的营商环境,而且双方频繁的高层会谈和访问,促进了双方的伙伴关系深入发展为具有历史性、突破性的"四大伙伴关系"[1]。在中欧良好的合作环境下,欧洲又是丝绸之路经济带的终点,双方都在积极探寻金融合作深化的契合点,希望能以丝绸之路经济带建设为契机,在金融合作领域有突破性的进展。大部分欧盟国家都是亚投行的创始成员国,亚投行的建立打造了中欧金融合作的广阔平台,在推动区域互联互通和一体化方面具有重要意义。

亚投行在欧洲的金融合作项目主要依靠欧洲复兴开发银行完成,目前,中国以欧洲复兴开发银行的战略合作伙伴身份,对接"一带一路"金融合作和"容克投资计划"等发展战略,主要是为借款成员国提供资金支持,助力这些地区实现经济转型和腾飞。丝路基金作为"一带一路"金融合作的重要组成部分,也和欧洲复兴开发银行签署了支持中国企业在欧盟成员国进行投资的合作协议。与此同时,在"一带一路"倡议的影响下,中国商务部已经在沿线的 23 个国家里建立了 77 个境外经贸合作区,主要负责帮助东道国实施基础建设和产业升级以及投融资等金融服务项目的重大投资[2]。

---

[1] 毛新雅,门镜."一带一路"建设与中欧经贸合作[J].当代世界与社会主义,2017(4):139—145.
[2] 耿明英."一带一路"倡议下加快构建多边金融市场体系的思考——兼论中欧金融合作的契机[J].对外经贸实务,2016(11):9—13.

三、丝路金融机构合作进展

（一）政府间开发性金融机制建立

首先是上海合作组织，其成员国都是丝路经济带沿线国家，该组织银行联合体成立于 2005 年，对加强上合组织成员国间的金融合作起到了至关重要的作用。上合组织鼓励成员国之间进行本币结算，并积极推进成员国在基建、能源和农业等领域进行金融合作，对创新国际金融投资合作机制做出了一定贡献。截至 2017 年 4 月，作为上合组织银联体成员的中国国家开发银行在中亚地区共签署了价值 3 049 亿美元的合同，涉及能源、基础设施和贸易以及技术转让等领域。上合组织筹建上合组织开发银行，为成员国提供贷款优惠政策，有利于改善成员国的经济水平和投资环境，对丝路金融合作起到了重要的积极作用。

其次是金砖国家新开发银行，它成立于 2015 年，初衷是为了金砖国家在金融危机中不受货币波动的影响，减少对国际主要货币的依赖。俄罗斯金砖国家研究委员会董事总经理维多利亚·帕诺娃表示，新开发银行是金砖国家合作机制取得的关键成就，已累计批准 64 个项目，总金额 206 亿美元。金砖国家新开发银行把中国的国际金融合作领域推向了新空间，彰显了我国的金融责任感。

再次是亚洲基础设施投资银行，成立于 2014 年，成员国包括丝绸之路经济带上大部分的沿线国家，截至 2019 年 7 月，亚投行成员国共计 100 个，其中创始成员国 57 个，总部在北京，法定资本 1 000 亿美元。作为一家多边开发银行，它非但没有影响现有的世界银行、欧洲复兴开发银行、亚洲开发银行等多边开发银行，反而由于侧重点不同，与现有的多边银行形成了互补关系，必将深刻影响国际金融合作的新局势。

最后是丝路基金，由中国在 2014 年的 APEC 会议上出资 400 亿美元成立，旨在为丝绸之路经济带的基础设施建设和资源开发提供资金支持。同时通过在邻近各国开展基础设施建设来消化中国国内的过剩产能，形成中国经济圈。2015 年 4 月，习近平访问巴基斯坦期间，丝路基金、三峡集团与巴基斯坦私营电力和基础设施委员会在伊斯兰堡共同签署了《关于联合开发巴基斯坦水电项目的谅解合作备忘录》。2017 年，在"一带一路"国际合作高峰论坛，中华人民共和国主席习近平宣布，向丝路基金增资 1 000 亿元人民币。丝路基金是我国国际金融合作的新领地，彰显了我国的金融合作实力。

（二）金融联系不断加深

2013年来，中国利用各种形式宣传和推进丝路金融合作。首先是亚欧经济论坛这个高度开放的国际性高层会议，该论坛覆盖了整个欧亚地区的上合组织成员国，主要探讨经济发展问题，包括丝路金融合作最关心的跨境金融合作模式和新型跨境金融的对话机制问题，是我国与中亚、俄罗斯和欧洲进行金融合作沟通的交流平台之一。其次是中国-亚欧博览会，该博览会作为乌鲁木齐对外经济贸易洽谈会的延续，创建于10年前，主要是为了打开我国西部城市的窗口，促进新疆与中亚和欧洲国家的经济往来。2016年在乌鲁木齐召开的第五届中国-亚欧博览会上，丝路经济带沿线国家签订了24个跨境金融合作项目，签约金额超过1 000亿元人民币。最后是中国-阿拉伯国家博览会，该博览会由宁夏回族自治区和商务部等部门牵头举办，旨在促进我国与阿拉伯国家的经贸往来和交流沟通。除此之外，我国中央银行积极参加国际会议探索区域金融合作机制，加强与国际的金融对话交流，不断提高我国的金融影响力，为我国开展丝绸之路经济带金融合作打下坚实基础。

在丝绸之路经济带沿线国家中，中国与中亚国家的金融合作程度最为密切，尤其是在基础设施建设、能源和农业以及电信等项目上，都投入了大量的融资贷款和援助。国家开发银行在十年前就为吉尔吉斯斯坦的工业钢铁公司办理了近200万人民币的贷款业务，也是我国第一笔中亚国家人民币贷款业务。紧接着，国家开发银行为哈萨克斯坦的企业办理了3.5亿人民币的贷款业务，标志着我国与中亚国家金融合作关系的重大进展。此外，中国还为中亚国家积极提供金融业务培训，多次邀请中亚国家的金融机构代表来国家开发银行新疆分行参加培训班，同时国家开发银行也多次到中亚各国进行实地教学，其中，国家开发银行在哈萨克斯坦的培训活动最具代表性，堪称银联体框架下金融合作的典范，为中亚国家的金融机构储备人才，以便日后双方金融合作更加顺畅且可持续健康发展。除了中亚国家以外，我国还积极参加各类国际会议，寻求与更多国际金融机构合作，拓展投资机会，开发金融产品，借助国际上已有的金融平台，采用基金投资等金融方式实现最优的投资组合。

（三）金融监管合作不断深化

丝绸之路经济带金融合作面临的都是跨境金融贸易，因此，其所面临的风险十分巨大，必须依靠国际化的金融监管合作来维护区域性的金融稳定，保障金融安全。对此,丝绸之路经济带沿线国家都一致认为,要在强化国内金融监管的同时,深化国际金融监管合作,打造实施双边或者多边区域性金融监管合作的基础。在丝绸之路经济带沿线国家的双边金融监管合作上,我国已经与吉尔吉斯斯坦、哈萨克斯坦和塔吉克斯坦等中亚国家签订了《中国银监会与吉尔吉斯斯坦共和国国家银行监管合作协议》《关于银行监管领域开展合作的谅解备忘录》等金融监管协定。与此同时,我国在区域性多边监管方面主要依靠上海合作组织,虽然目前还尚未与沿线国家签署相关的金融监管合作协议,但是沿线国家普遍认同在上合组织的现有框架下深化金融监管合作,即履行《上海合作组织经济合作纲要》中关于成员国金融机构间监管合作的内容[1]。

首先,进一步加强金融监管制度的合作,结合国际货币基金组织(IMF)的监督原则,划分出责任清晰的具体监管方法,确立统一的监管标准,加强金融监管的交互协调性,合力保证区域金融合作体系建设的顺利实施,设置独立的金融市场主体机构,并保证金融合作业务经营的可持续性,从而加快对丝路的建设。与此同时,要积极推动各方签订监管合作的备忘录,建立高效的区域监管协商机制。其次,开发区域化金融风险预警体系,从而增强风险应对能力和提高危机处理效率。最后,要打通金融管理部门和征信机构以及评级机构之间的沟通协商渠道,充分发挥国家影响力,主导社会资本和商业基金积极参与丝绸之路经济带的金融合作项目[2]。

四、丝路金融合作的内容及进展

(一)货币流通合作

货币合作是经济金融合作必不可少的内容之一,"一带一路"倡议构想中的"货币流通"在经济带建设中发挥着"输血"功能,是该区域货币合作的重要领域。货币流通合作具体包括货币互换、货币结算与支付、人民币区域化等方面的内容。

1. 货币互换

货币互换是丝绸之路经济带货币流通的重要路径[3]。货币互换作为货币流通的一种金融策略,其目的在于降低由于汇率波动带来的汇率风险,加强国家

---

[1] 李翠萍,张文中."一带"背景下核心区货币合作研究——基于中亚视角[J].经济问题探索,2017(1):99—103.
[2] 王敏,柴青山,王勇,等."一带一路"倡议实施与国际金融支持战略构想[J].国际贸易,2015(4):35—44.
[3] 马广奇,陈雯敏.丝绸之路经济带货币流通的路径选择[J].西南金融,2014(8):8—11.

间的双边金融与经贸合作,以维护本国乃至国际金融市场稳定。货币互换的运行机制是指货币互换双方签订货币互换协议确定货币互换金额,其各自央行通过货币互换协议将协议对方货币注入国内金融体系,在跨境贸易货币结算时用于支付进口商品或服务。这种形式的货币合作不仅增加了货币的流动性,更为双边贸易往来的货币结算提供了便利。

自2013年至今,与中国签订货币互换协议的总体情况如表4-7所示。

表4-7 我国丝路经济带沿线互换协议一览表(自2013年起)

序号	国家	协议签署时间	互换规模(亿元人民币)	期限(年)
1	马来西亚	2009-02-08 2012-02-08(续签) 2015-04-17(续签)	800 1 800(续签) 1 800(续签)	3
2	白俄罗斯	2009-03-11 2015-05-10(续签)	200 70(续签)	3
3	蒙古国	2011-05-06 2014-08-21(续签)	50 100(扩大) 150(续签)	3
4	哈萨克斯坦	2011-06-13 2014-12-14(续签)	70 70(续签)	3
5	阿联酋	2012-01-17 2015-12-14(续签)	350 350(续签)	3
6	土耳其	2012-01-17 2015-12-14(续签)	100 120(续签)	3
7	乌克兰	2012-06-26 2015-05-15(续签)	150 150(续签)	3
8	英国	2013-06-22 2015-10-20(续签) 2018-11-12(续签)	2 000 3 500(续签) 3 500(续签)	3 3
9	匈牙利	2013-09-09	100	3
10	阿尔巴尼亚	2013-09-12	20	3
11	瑞士	2014-07-21	1 500	3
12	斯里兰卡	2014-09-16	100	3
13	俄罗斯	2014-10-13	1 500	3
14	亚美尼亚	2015-03-25	10	3
15	塔吉克斯坦	2015-09-03	30	3
16	摩洛哥	2016-05-11	100	3

续表

序号	国家	协议签署时间	互换规模(亿元人民币)	期限(年)
17	塞尔维亚	2016-06-17	15	3
18	埃及	2016-12-06	180	3
19	匈牙利	2016-9-12	100	3
20	尼日利亚	2018-4-3	150	3
21	阿根廷	2017-7-18	700	3
22	蒙古国	2017-7-6	150	3
23	新西兰	2017-5-19	250	3
总计			18 892	

数据来源:中国人民银行官方网站(http://www.pbc.gov.cn/)。

以上数据表明,我国与丝绸之路经济带沿线国家的货币流通合作程度在不断加深,沿线国家对我国人民币的需求意愿较为强烈,我国资本对外合作意愿也很强烈,应以与沿线货币互换为媒介,加深货币领域合作,以加速人民币的运用。

人民币货币互换是促进丝绸之路经济带金融合作、经贸合作的重要货币流通策略,因而保证人民币货币互换协议的实际实施是至关重要的。应当完善适用于丝绸之路经济带的人民币货币互换协议,满足互换协议长期性和灵活性的要求。应大力推进货币互换,扩大人民币的使用范围,使人民币得到更多国家的认可,在人民币区域化的基础上,人民币国际化才有可能实现。

2. 货币结算与支付

货币合作的关键业务是兑换、支付和结算,推进跨境贸易本币结算,就是要使用人民币作为跨境贸易的本币进行结算,从而达到规避以美元为中介带来的汇率波动的影响,并能够有效节约交易成本。

2009年4月,我国在深圳、广州、上海、珠海、东莞等城市开展跨境人民币结算试点。2010年6月,新疆被纳入跨境贸易人民币结算试点范围[1]。2011年发布了《中国人民银行、财政部、商务部、海关总署、税务总局和银监会关于扩大跨境贸易人民币结算地区的通知》,明确划分了跨境贸易人民币结算的范围,包括了境内和境外,具体是将陕西省纳入了境内的跨境人民币结算范围,并扩大了境外的范围,从邻近接壤国家扩展到了境外的所有国家和地区,打造了一条"以新疆为首,陕西为辅,上海为核心"的自西向东的人民币区域化支撑体系,表明了

---

[1] 程贵.丝绸之路经济带国际核心区货币金融合作的困境及其破解[J].经济纵横,2015(11):35—39.

我国在丝绸之路经济带推进人民币跨境结算的坚定决心。2014年,中国与哈萨克斯坦签订新的双边本币结算与支付协议,将本币结算的范围进一步扩大,由原来的边境贸易扩展至一般贸易,同时两国的企业在进行商品结算与支付时可以自行决定使用美元、人民币或是哈萨克斯坦坚戈。此后,人民币的使用规模迅速扩大。

开展跨境人民币结算主要依托于商业银行来办理,表4-8展示了我国五大国有银行设置海外分支机构的情况。中农工建四大国有商业银行全部进驻迪拜,汇丰、渣打等银行以及中东国家部分金融机构已经开展人民币账户业务,可以与部分中亚、中东、西亚等国家进行人民币结算[1]。

表4-8 五大国有银行海外分支机构(截至2017年5月)

银行名称	国家	境外分行
中国工商银行	科威特	科威特分行
	哈萨克斯坦	阿拉木图分行
	阿联酋	迪拜分行、阿布扎比分行
	卡塔尔	多哈分行
	荷兰	阿姆斯特丹分行
	比利时	布鲁塞尔分行
	德国	法兰克福分行
	英国	伦敦中国城分行
	俄罗斯	莫斯科分行
	土耳其	土耳其分行
	卢森堡	卢森堡分行
	意大利	米兰分行
	西班牙	马德里分行
	法国	巴黎分行
	波兰	华沙分行
中国农业银行	德国	法兰克福分行
	俄罗斯	莫斯科分行
	英国	英国分行
	阿联酋	迪拜分行

---

[1] 李善燊.丝绸之路经济带金融合作机制研究[J].金融发展评论,2017(2):77—83.

续表

银行名称	国家	境外分行
中国银行	哈萨克斯坦	亚联分行
	阿联酋	迪拜分行
	英国	伦敦中国城分行
		曼彻斯特分行
		格拉斯哥分行
		伯明翰分行
	德国	法兰克福分行
		汉堡分行
		杜塞尔多夫分行
		柏林分行
	法国	巴黎分行
		十三区分行
		里昂分行
	意大利	米兰分行、罗马分行
	匈牙利	匈牙利分行
	卢森堡	鹿特丹分行
		布鲁塞尔分行
		波兰分行
		斯德哥尔摩分行
		里斯本分行
	俄罗斯	哈巴罗夫斯克分行
		滨海分行
中国建设银行	德国	法兰克福分行
	卢森堡	卢森堡分行
	英国	伦敦分行
	瑞士	苏黎世分行
	俄罗斯	俄罗斯分行
	阿联酋	迪拜分行
交通银行	德国	法兰克福分行
	英国	伦敦分行
	卢森堡	巴黎分行
		罗马分行

数据来源：五大国有银行官方网站。

从分布上来看,我国银行设置的海外分支机构普遍集中在欧洲地区及较为富裕的阿联酋的迪拜等,中亚地区及中东其他国家的海外分支机构较少。随着"一带一路"倡议的稳步推进,中国与经济带沿线国家或地区间的贸易会更加频繁,沿线各国各项配套设施也将逐渐完善,加之金融工具的不断创新,实现经济带区域人民币结算将水到渠成[1]。

根据 CEIC 数据库的数据显示,截至 2020 年 3 月,中国的跨境人民币结算累计高达 461 445 亿元人民币,为历史最高点,截至目前,已有近 200 个国家在跨境贸易中选择人民币进行收付业务。自我国 2009 年开展跨境人民币结算业务以来,跨境贸易人民币结算数额逐年递增,说明人民币国际化虽然步履维艰,但还是成功地实现了成为国际上重要的世界货币的目标[2]。我国 2017—2020 年跨境贸易本币结算额如表 4-9 所示。

表 4-9 2017—2020 年中国跨境贸易本币结算额

统计年度	跨境贸易人民币结算额(亿元人民币)
2017 年	335 345
2018 年	386 445
2019 年	446 845
2020 年	461 445

数据来源:CEIC 数据库。

就 2020 年 3 月的跨境人民币结算业务数据来看,累计金额 461 445 亿元人民币,比上一年度累计 446 845 亿人民币略有增长,其中累计服务贸易和其他经常项目的交易结算金额是 104 116.6 亿人民币,比上年度增长了 4 000 亿人民币,累计商品贸易交易金额 357 329 亿元,比上年度增长了近 10 000 亿元。这些数据表明商品贸易是跨境人民币结算的主要项目,而且商品贸易中进口结算要远大于出口结算的数额,也就是说,与外资企业相比,中国企业在商品贸易上更加偏好进行人民币结算。与此同时,外商直接投资使用人民币结算的数额增长幅度大,说明人民币的认可程度在不断增加,国际地位逐渐提升。

---

[1] 刘霞,白敏."一带一路"背景下人民币国际化问题研究[J].郑州航空工业管理学院学报,2017,35(3):94—104.
[2] 赵青松."一带一路"建设下中国与沿线国家的国际金融合作研究[J].苏州市职业大学学报,2016(1):8—12.

3. 人民币区域化

人民币国际化是指人民币能够跨越国界在境外流通，成为国际上普遍认可的计价、结算及储备货币的过程[1]。国际货币具有结算、投资、储备三种职能。人民币国际化可以使中国不必再承担储备资产因汇率变动大幅缩水的风险，也可能使中国享受到国际铸币税的好处。

2016年10月1日，人民币被顺利纳入SDR货币篮子，权重10.92%，这是中国经济融入全球金融体系的一个重要里程碑，也是人民币得到世界各国的认可的一个重要标志。中国人民大学编制的货币国际化指数可以跟踪全球范围内贸易计价、金融交易和外汇储备这三个方面人民币份额的发展动态。从图4-2可看出，截至2016年第四季度，人民币国际化指数为2.26，同比下降29.8%，但不改长期上升趋势。从表4-10可看出，同期美元、欧元的国际化指数高达54.02和24.57，英镑和日元的国际化指数则达到5.50和4.26，说明人民币与其他国际化货币的差距仍然较大。

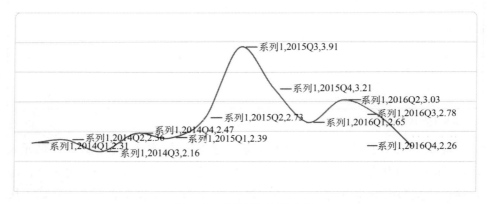

图4-2 人民币国际化指数

（数据来源：中国人民大学国际货币研究所《人民币国际化报告2017》）

表4-10 主要货币国际化指数

	2015 Q1	2015 Q2	2015 Q3	2015 Q4	2016 Q1	2016 Q2	2016 Q3	2016 Q4
美元	55.33	54.47	53.46	53.55	53.94	56.38	55.34	54.02
欧元	22.13	21.50	24.38	23.70	23.93	20.53	22.78	24.57
英镑	2.76	3.96	4.10	4.57	4.55	4.04	4.10	5.50

---

[1] 杨小军.当前国际货币体系新特征及其发展趋势研究——兼论人民币国际化[J].金融发展研究，2008(9)：15-19.

续表

	2015 Q1	2015 Q2	2015 Q3	2015 Q4	2016 Q1	2016 Q2	2016 Q3	2016 Q4
日元	4.05	4.04	3.94	4.04	4.02	4.14	4.64	4.26
总计	84.27	83.97	85.88	85.86	86.43	85.10	86.86	88.36

数据来源：中国人民大学国际货币研究所《人民币国际化报告 2017》。

人民币国际化不可能一蹴而就，实现的过程漫长而困难。人民币成为丝路货币，率先实现丝路区域化是人民币国际化的第一步，这一步不仅关系到人民币国际化未来发展的可行性，也关系到"丝绸之路经济带"的建设和中国经济体制改革的发展[1]。大力推进货币互换和本币结算，不断扩大人民币的使用范围，使人民币得到更多国家的认可，在人民币率先完成丝路区域化的基础上，人民币国际化才有可能最终实现。

（二）资本项目合作

资本项目合作是丝路金融合作的基本内容和不可或缺的环节。在大力推进"一带一路"建设、开展货币合作的同时开展资本项目合作正当其时。资本项目合作主要体现在跨境直接投资。

"一带一路"沿线国家分布广泛，有很大投资空间，随着战略的持续推进，中国企业对相关国家直接投资的积极性提高，制造业、能源资源行业、物流交通、第三产业等成为投资的热点。2013 年来，中国与"一带一路"相关国家的投资合作不断深化，出台并实施一系列鼓励政策，"一带一路"沿线国家日益成为中国企业投资的重要目的地，直接投资增长迅速，对我国、沿线各国甚至世界都产生了重要影响。

中国企业对沿线国家直接投资现状主要呈现以下三个特点。

1. 投资规模扩大，投资增速提高

从总体分布来看，从 2013 年开始我国对沿线国家的投资不断增长，直接投资的存量增长速度较快，对我国的吸引程度还会呈持续增长的态势。截至 2016 年，中国对沿线国家直接投资存量达 1 294.1 亿美元，而 2012 年对沿线国家的投资存量仅有 567.6 亿美元，5 年间增长了 1.28 倍。2016 年，中国对沿线国家直接投资的存量占中国对外直接投资存量的 9.5%，2012—2016 年平均增

---

[1] 徐坡岭,刘来会."一带一路"愿景下资金融通的突破点[J].新疆师范大学学报(哲学社会科学版), 2016,37(3):55—66.

长速度达 45%。但是,"一带一路"沿线国家吸收外资的水平和质量仍有待提高,整体规模依然偏小,未来还有较大提升空间。

2. 投资以周边亚洲国家为主

"一带一路"涉及国家多,分布广泛,在政治、经济、文化、地理等方面都有较大区别,而我国直接投资的国家和地区分布差异较大,投资主要集中在周边亚洲国家。从投资比重来看,中国对东南亚的投资规模最大,投资增速较快。2016 年,中国对东南亚十国的直接投资流量为 102.79 亿美元,投资存量达 715.54 亿美元,均已达到"一带一路"沿线国家投资存量、流量的一半以上,面向新加坡、马来西亚、泰国、越南的投资都实现较快增长趋势。排名其后的是对俄罗斯、蒙古国的投资,中国已连续五年保持蒙古国最大贸易伙伴国地位,并保持俄罗斯第四大投资来源国地位,2016 年我国对俄罗斯直接投资存量为 129.8 亿元,占中国对外投资的 1%。

3. 投资行业多元化

中国对"一带一路"沿线国家直接投资行业呈现多元化趋势,同时中国企业对沿线国家投资并购活跃。直接投资主要流向制造业、能源行业、租赁和服务业、批发和零售业、采矿行业,而投资并购项目主要以软件和信息技术服务业、制造业、能源行业为主[1]。

(三)金融市场合作

金融市场是债券、股票、各种金融衍生品发行和交易的平台,可开展发行、上市、并购等多种形式的投行业务,为资金的供给者和资金需求者进行直接资金融通提供平台,从而实现社会资源的有效配置。促进金融市场联通,可以撬动更多国际资金,逐渐减少丝绸之路经济带建设对传统商业银行贷款的过度依赖,帮助沿线国家形成层次合理、功能互补的金融市场和丰富的产品体系。金融市场合作体现在银行间债券市场、证券交易市场、期货交易市场以及大宗商品市场合作等方面。

1. 银行间债券市场

银行间债券市场主要依托于中国外汇交易中心暨全国银行间同业拆借中心和中央国债登记结算公司,包括商业银行、农村信用联社、保险公司、证券公司、资产管理公司等金融机构进行债券买卖和回购的市场,已成为我国债券市场的主体部分。目前银行间债券市场总部设在上海,备份中心建在北京,同时在广

---

[1] 马广奇,王瑾. 中国企业对"一带一路"沿线国家直接投资的绩效研究[J].财会通讯,2019(5):3—7.

州、深圳、天津等18个中心城市设有分中心。

2. 证券交易市场

证券交易市场也称证券流通市场、二级市场、次级市场,是指对已经发行的证券进行买卖、转让和流通的市场[1]。证券交易市场集中在证券交易所,其中的B股主要吸收境外投资者投资,共有103家上市公司发行了B股。截至2015年6月底,在上海、深圳证券交易所挂牌的上市公司(A、B股)总数为2 797家,股票总发行股本(A、B、H股)上市总股本4.74万亿股,流通股本4.20万亿股。中国的上海证券交易所、深圳证券交易所与香港联合证券交易所、英国伦敦证券交易所已经先后开通了"沪港通""深港通"以及"沪伦通",中国证券市场进一步国际化,为丝路金融市场合作打开了方便之门。

3. 期货交易市场

期货市场是期货合约交易的场所,期货合约的种类很多,不同的期货交易所经营不同的期货合约。经过20多年的发展,在国内期货市场上交易的商品期货品种数量达到近30个,涵盖农产品、金属、能源和化工等国民经济主要产业领域,并成功推出了股指期货合约[2]。期货市场已成为我国现代市场体系的重要组成部分,在国际上被视为我国经济改革开放的重要标志和成果之一,也为丝路金融市场合作提供了便利的通道和条件。

4. 大宗商品市场

大宗商品(bulk stock)是指可进入流通领域但非零售环节,具有商品属性,用于工农业生产与消费使用的大批量买卖的物质商品。在金融投资市场,大宗商品指同质化、可交易、被广泛作为工业基础原材料的商品等[3],包括以下三个类别:①能源商品,包括原油、天然气、汽油、碳排放等;②贵金属及基础原材料,包括黄金、白银、铂、铜等;③农产品,包括玉米、大豆、棉花、糖、肉类等。大宗商品现货批发交易与外汇交易十分相似,允许做多(买涨)与做空(买跌),价格由供求变化自由浮动,24小时交易,没有固定的交易场所,全球几大交易中心位于伦敦、纽约、苏黎世等。大宗商品交易主要是平衡整体投资组合、多元资产分配,实现套期保值、风险管理,引导资源在全球范围的流动和优化配置。影响大宗商品价格波动的因素很多,主要由供求决定,也受地缘政治、经济因素、生产技术、

---

[1] 何迎新.国债柜台交易与证交所、银行间国债交易的比较分析[J].四川经济管理学院学报,2002(4):43—44.
[2] 陈晔.我国期货市场生机勃勃[J].法制与经济,2013(1):20.
[3] 刘景景.浙江自由贸易试验区大宗商品贸易发展对策研究[D].浙江海洋大学,2019.

市场投机、美元汇率以及季节天气所影响。

中国大宗商品市场发展很快。据中国物流与采购联合会大宗商品市场流通分会的不完全统计,截至2016年年底,我国大宗商品电子类交易市场共1 231家,同比增长20.6%,实物交易规模超过30万亿[1]。从地域上看,大宗商品电子类交易市场已覆盖全国31个省(自治区、直辖市)和香港特别行政区。中国大宗商品交易基本上与全球互联互通。

5. 国际储备合作

国际储备是指一国货币当局能随时用来干预外汇市场、支付国际收支差额的资产[2]。目前的国际储备体系主要由黄金储备、外汇储备、在IMF的储备头寸和SDR构成[3]。总体来说,国际储备的多少可以彰显出一个国家金融实力的强弱,国际储备量大,就说明该国有足够的偿还能力和较高的国际信誉,有能力应对经济危机并防范金融风险的产生。在金融全球化的大背景下,各国都积极充足国际储备,提升国家金融实力。因此,依托丝绸之路经济带倡议的实施,沿线各国可以围绕国际储备加强合作,共同推进国际储备货币体系改革,从而在国际货币体系中争取更大的权利和话语权。

综上所述,丝绸之路经济带沿线各国可在银行间债券市场、证券交易市场、期货交易市场及大宗商品市场等方面加强合作,在发展本国经济的同时,积极探索区域金融合作模式,打造一个具有丝绸之路经济带特色的区域金融市场,突破各个国家间经济与政策差异化的壁垒,创建一个既相互独立又深入融合的国际金融合作平台和机制。

五、丝路金融合作的现实障碍

(一)沿线各国经济、金融发展水平参差不齐

中国作为丝绸之路经济带沿线国家中经济体量最大的国家,经济水平仅次于美国,远高于其他经济带沿线国家。丝绸之路经济带沿线的多数国家经济发展一般,哈萨克斯坦一国的经济体量甚至超过了中亚其他四国的总和,俄罗斯则仅次于中国的经济体量,作为高收入国家,对金融合作的利益诉求很高,而大多

---

[1] 张卫.《2014—2015年中国农产品电子商务发展报告》发布[J].中国食品,2015(10):54—57.
[2] 范德胜.日本外汇储备的形成和管理及对我国的启示[J].经济研究参考,2013(43):87—92.
[3] 滕昕,李树民.当代国际储备构成非均衡发展的理论研究[J].中国地质大学学报(社会科学版),2006(4):27—31.

数低收入国家在金融的合作上更多地是需要改善基础设施,需要获得更多的融资去促进经济发展。这种不平衡既是机遇也是挑战,不对等的经济水平是一种互补,便于高收入国家输出技术和制度,低收入国家输出资源和市场,当然这一切都离不开金融的杠杆效应。挑战是因为不对等的经济环境导致合作的具体实施过程中面临诸多实际的协调困难。

(二)沿线国家间金融体系建设不平衡

一个国家的金融水平大抵与它的经济水平呈正相关,丝绸之路经济带沿线国家中大部分国家的经济水平一般,金融体系也比较传统,而中国在金融领域的发展已经比较成熟,正在趋向多元化、科技化和结构化的更深层领域[1]。这种不平衡的金融环境主要表现为以下几个方面:首先,低收入国家的金融结构过于单一,主要以传统的金融机构为主导,政策性银行和商业银行的金融产品也比较单一,这种低维度的金融结构,无法给市场注入活力,促进经济发展;其次,低收入国家银行体系的贷款结构以短期贷款为主,采用固定利率,虽然能较好地控制风险,但严重限制了长周期生产的企业投资,不利于经济的良性循环和可持续发展;最后,低收入国家的金融市场多处于封闭保守的状态,不接受境外资本的流入,并限制外资金融机构的设立,过度保护虽然可以规避风险,但也断绝了经济快速发展的可能性。

(三)沿线各国金融市场发展水平差异大

中亚五国处于丝绸之路经济带的核心区,受苏联传统产业布局和激进式市场化进度的影响,经济发展缓慢,金融发展滞后。其资本市场规模较小、市场化程度不高、资源配置能力不足,而且系统风险性高,缺乏调整经济结构的功能[2]。

中亚五国中,即使是经济发展最好的哈萨克斯坦,其金融市场也并未形成完整的系统体系,该国的金融市场依然以传统的银行机构为主导,资本市场也主要是债券交易,证券交易的占比较低,这样的金融结构不足以支撑哈萨克斯坦的经济增长,甚至成了掣肘其经济高速发展的因素。乌兹别克斯坦的金融市场和其

---

[1] 王倩,胡颖.中国与中亚国家跨境贸易人民币结算:潜力、阻碍与策略[J].南方金融,2015(12):9—24.
[2] 费清,卢爱珍.丝绸之路经济带视阈下中亚国家投融资环境及对策研究[J].金融教育研究,2015,28(2):14—19.

经济市场一样,相对封闭自守,虽然稳定,但是体量太小,无法取得国际地位,助力经济腾飞。吉尔吉斯斯坦金融市场占主导地位的也是银行体系,其资本市场主要是国家电信和银行等十几家国家级支柱企业在交易,规模较小,平均年交易额一亿美元[1]。

从整个沿线国家的金融市场结构来看,中亚国家普遍以银行为主导,金融产品主要是短期贷款,较少使用金融工具,证券市场规模小。其中,哈萨克斯坦的金融结构稍好,发行二级债券和二级股票,但参与者单一,无法和我国等经济发达地区相比[2]。金融市场中另一个至关重要的领域——保险业,在中亚国家还处于萌芽阶段,亟待规模化发展。

综上所述,就丝绸之路沿线国家的金融市场现状来看,在开放程度和资源调动能力等方方面面都差距明显,尤其是开放程度严重制约了金融合作,虽然双边签订的协议众多,但是在实际操作中,由于大部分沿线国家金融市场的封闭保守,资本管控限制较多,导致合作的瓶颈难以突破,阻碍深层次的区域金融合作。

(四)沿线国家间金融一体化程度低

目前,中国与丝绸之路经济带沿线大多数国家的金融合作仍处在初级阶段,需要加强实质性的区域金融合作。经济带沿线国家间金融合作水平相对较低,各国金融联系不够密切、一体化程度很低[3],主要表现在以下两方面。

一方面,沿线各国金融活动一体化程度低。丝绸之路经济带沿线国家虽然已经搭起了本币结算代理的交易平台,但是由于结算业务主要集中在商品贸易上,所以结算方式多以托收和汇款以及信用证等一般国际贸易结算手段为主,金融服务较为单一,尤其是金融机构间投融资的结算业务涉及较少。但从中国在丝绸之路经济带沿线国家的金融合作现状来看,中国和哈萨克斯坦的区域金融合作较多,而与其他国家的金融合作开展极少,能把签订的合作协议落到实处的国家并不多。经济带上国家没有统一货币,我国同俄罗斯、哈萨克斯坦、吉尔吉斯斯坦的中央银行已经签署了有关边境贸易的本币结算协议,但不是和每个国家都用人民币结算;金融工具也有很大的差异,金融市场发达的国家已经有银行、股票、债券、基金、保险、信托、租赁、期货等金融工具及其衍生工具,金融欠发

---

[1] 马翔,李雪艳."一带一路"倡议背景下的资金融通问题研究[J].内蒙古社会科学(汉文版),2016(1):14—19.

[2] 彭澎.互联网金融深化丝绸之路经济带金融合作机制研究[J].国际融资,2016(8):63—67.

[3] 马广奇,王巧巧.丝绸之路经济带金融合作瓶颈与发展建议[J].商业经济研究,2015(1):108—109.

达的国家金融工具很少[1]。这说明中国与丝绸之路沿线国家的金融合作还处在初级阶段,经济带沿线国家的金融市场、机构、工具及货币都没有形成一体化,金融活动没有一体化。

另一方面,沿线各国金融制度没有实现一体化。这意味着沿线国家都还在践行着自己的金融模式和法律标准,然而要实现金融国际化合作,必须要在资金融通上有统一的标准和规范,尤其是在合同文本的沟通上需要标准化格式。然而,沿线国家没有统一的文本格式和标准规范,将会大大降低双方金融合作的效率,并加大交易成本。

(五)沿线国家政治不稳定

"一带一路"建设是一个整体工程,沿线任何一个国家、地区都是构成丝绸之路整体链条的重要一环,只要一个环节出现问题,就会影响到整个丝绸之路的通畅。丝绸之路经济带跨越亚、欧两洲,沿线部分国家处于地缘政治中的"破碎地带"和"争夺地带",使丝路金融合作面临着大国角力、地区矛盾、国际恐怖主义、领土争端、宗教文化冲突等众多风险因素,从其根源进行综合分析,可以归纳为地缘政治、地区安全、大国博弈、政策变动、宗教文化冲突五类风险。

1. 地缘政治风险

从丝绸之路经济带所涉及的国家来看,这一区域既是地缘政治冲突的热点地带,也是全球主要政治力量角逐的焦点区域。丝绸之路经济带沿线多为新兴及发展中国家,其中不少国家正处在政治、社会、经济、生态四种转型的过程中,各方面矛盾的不确定性上升。在地缘政治上,欧亚大陆由东向西正在逐渐形成一个"社会政治动荡风险弧"[2],与"一带一路"倡议重合,增加了丝路金融合作面临的政治风险。

2. 地区安全风险

丝绸之路经济带上的一些国家动荡、战乱与恐怖主义等安全风险问题十分突出,尤其是在中亚和西亚地区,在西方敌对势力支持下,民族分裂势力、暴力恐怖势力和宗教极端势力"三股势力"纠合在一起,变成了牵制一方的"可控混乱"。这些安全问题是"一带一路"倡议面临的切实困难之一,将会被西方列强国家拿

---

[1] 马广奇,赵亚莉.基于"最优货币区理论"的丝绸之路经济带货币一体化条件分析[J].福建金融管理干部学院学报,2014(4):3—9,29.
[2] Jean-Marc F B, Flint C. The Geopolitics of China's Maritime Silk Road Initiative[J]. Geopolitics, 2017(2): 225.

来作为掣肘中国在丝绸之路经济带发展的战略,对丝绸之路经济带的建设构成重大威胁,对丝路金融合作的布局和发展更是障碍重重。

3. 大国博弈风险

由于丝绸之路经济带的重要地理位置和战略价值,中亚和西亚一直都是大国角力的焦点区域。无论美国、日本、印度还是俄罗斯等,都在"一带一路"沿线存在利益诉求,并进行战略布局。因此,我国的丝绸之路经济带建设必然将导致一场利益博弈,甚至影响当下的地缘政治格局[1]。无论是美国的战略围堵、俄罗斯的战略猜疑,还是印度的战略不合作、日本的战略搅局,这些因素都对丝绸之路经济带沿线国家的金融合作安全提出了严峻的挑战。

4. 政策变动风险

"一带一路"沿线国家的制度体制差异大,政局动荡不稳,政权和领导人的更迭等政治风险是威胁企业投资的长期风险。大多数沿线国家都处于转型期,面临着新旧制度的交替,整个国家都处于摸索道路的动荡期。体制不健全、过渡期混乱、遗留问题众多等突出矛盾使这种动荡期常态化,领导人更迭快速化,民主化运动与民族分裂普遍化,甚至内战冲突不断[2]。"一带一路"倡议以经济合作为主,能够支持沿线国家的发展战略,但频繁的政策变动会给金融合作带来很大的不确定性。

5. 宗教文化冲突风险

丝绸之路沿线民族众多,文化多样,涉及领域广,沿线国家在参与的广度和深度上因自身对利益的不同判定而呈现出差异性[3]。文化异质性构成了丝绸之路经济带合作前景的巨大张力,同时也对达成各国共识提出了复杂命题。丝绸之路经济带国家处于东西方多个文明交汇的地区,基督教(天主教、东正教)、伊斯兰教、佛教等的矛盾与冲突,不同民族与种族的矛盾与冲突,呈现易突发、多样性、复杂化、长期化的特点,某一特定事件的爆发可能对周边国家乃至多个国家产生较强的国家风险外溢效应[4]。由于在宗教信仰、风俗习惯、思维方式、生活方式、行为规范、价值理念等方面存在较大不同,再加上历史恩怨、意识形态

---

[1] 保建云.论"一带一路"建设给人民币国际化创造的投融资机遇、市场条件及风险分布[J].天府新论,2015(1):112—116.
[2] 王卫星.全球视野下的"一带一路":风险与挑战[J].人民论坛·学术前沿,2015(9):6—18.
[3] 吴志成,李金潼.践行区域合作共赢与全球协商共治的中国方案——中央政府主导下的"一带一路"建设[J].当代世界,2015(5):18—22.
[4] Tracy E, Shvarts E. China's New Eurasian Ambitions: the Environmental Risks of the Silk Road Economic Belt[J]. Eurasian Geography and Economics,2017(1):56-88.

冲突等,容易导致宗教文化冲突风险,进而引发"蝴蝶效应",十分不利于丝绸之路金融合作的开展。

小结

本章从双边国家和多边国家、金融机构组织方面梳理了丝路金融合作进展情况,从开发性金融机构建立、合作沟通机制、货币流通合作和风险监管等方面介绍了丝路金融合作的进展情况。总体上说,丝路金融合作还处于初期阶段,进展缓慢,尚未进入实质性发展阶段。金融合作存在时空障碍,合作范围狭窄,合作机制不健全,合作的深度不够,下一步推进丝路金融合作需要以全新的思维借助互联网"线上"平台全面促进。

第五章

互联网：丝路金融合作的新平台与助推器

在丝绸之路经济带沿线国家互联网迅速普及和金融国际化、一体化的时代背景下，以互联网为切入点和技术维度，深入分析丝路金融合作的现有基础及制约因素，将互联网金融融入丝路金融发展，探讨促进丝路金融合作的新路径意义重大。也就是说，在传统"线下"丝路金融合作遇到较多时空障碍的现实情况下，借助于互联网"线上"技术平台，通过"线上"与"线下"相结合的"双轮驱动"机制，可以全面推动丝路金融合作的深化发展。

一、丝路沿线国家互联网发展水平

1996年，有一本名为《数字化生存》的书问世，作者尼古拉斯·尼葛洛庞帝（Nicholas Negroponte）在书中详细描述了未来几十年互联网对人们的生活可能造成的改变，他的核心思想就是要告诉人们，随着互联网的发展，任何时间、任何地点、任何事项（anytime, anywhere, anything），均可以通过互联网取得所需要的服务与信息。当时很多人都是将这本书当作科幻小说来看的，尤其是在我们中国，因为当时PC机（personal computer，个人电子计算机）还没有走入家庭，互联网也处于商业化应用的前夕，最快为33.6 kpbs的接入速度仅仅只能满足以文字内容为主的电子邮件收发和简单的页面浏览。要达到书中所描述的"数字化生存"在很多人看来都是遥不可及的梦想。弹指一挥间，25年过去了，今天我们回过头来看看这本书，不禁惊奇地发现，书中所讲的竟然都在一步步成为现实。看看我们周围：一台高速接入互联网的PC机已经成为很多人办公的标配，更多人开始使用笔记本电脑、平板电脑、智能手机。

（一）中国互联网区域发展情况

麦肯锡旗下研究机构麦肯锡全球研究院在2014年7月发布的题为《中国的

数字化转型:互联网对生产力与增长的影响》的报告指出:"目前中国已经形成了一个庞大而快速发展的互联网经济。虽然2010年中国的互联网经济只占GDP的3.3%,落后于大多数发达国家,但到了2013年,该指数已经升至4.4%,达到全球领先国家的水平,高于美国、法国、德国等发达国家。"报告还指出,中国的网民数量已经达到6.32亿,接入互联网的智能设备达到7亿台。换句话说,现在每两个中国人中就有一个人在使用智能设备接入互联网。由此可以看出,说互联网是一场生产力的革命没有丝毫夸张之处,这场革命正在改变我们的生活,"数字化生存"真的来了。

中国是丝绸之路经济带建设的倡议者和推动者,基于互联网的"线上"丝路金融合作由中国发起和推动,我们先分析国内丝路沿线各省份的互联网信息化发展情况。在电子商务的推动下,中国信息化进程加快。2016年,中国信息化发展指数为72.8,在世界的排名也从2012年的第36位迅速攀升至2016年的第25位[1]。中国互联网络信息中心发布的《国家信息化发展评价报告(2016)》介绍了中国各省区市信息化发展水平分布情况。对国内各省区市的评价结果显示,北上广等东部省市信息化水平最高,中部区域次之,西部地区相对落后。

据第39次《中国互联网络发展状况统计报告》,丝绸之路经济带囊括的省区市互联网普及率均较低(详见表5-1)。

表5-1 丝绸之路经济带国内省区市互联网普及率比较

地区	省(区、市)	网民数(万人)	互联网普及率(%)		网民规模增速	普及率排名
			2016年	2015年		
全国	—	73 125	53.20%	50.30%	6.20%	—
西北	陕西	1 989	52.4%	50.0%	5.5%	14
	甘肃	1 101	42.4%	38.8%	9.6%	30
	青海	320	54.5%	54.5%	0.8%	11
	宁夏	339	50.7%	49.3%	3.7%	20
	新疆	1 296	54.9%	54.9%	2.7%	10
西南	重庆	1 556	51.6%	48.3%	7.6%	17
	四川	3 575	43.6%	40.0%	9.7%	27
	云南	1 892	39.9%	37.4%	7.4%	31
	广西	2 213	46.1%	42.8%	8.8%	23

---

[1] 本刊编辑部.中国信息化发展指数首次超过G20国家的平均水平《国家信息化发展评价报告(2016)》在第三届世界互联网大会期间发布[J].信息化建设,2016(12):22—24.

续表

地区	省(区、市)	网民数(万人)	互联网普及率(%) 2016年	互联网普及率(%) 2015年	网民规模增速	普及率排名
发达地区	上海	1 791	74.1%	73.1%	1.0%	2
	江苏	4 513	56.6%	55.5%	2.2%	8
	浙江	3 632	65.6%	65.3%	1.0%	5
	广东	8 024	74.0%	72.4%	3.3%	3
	北京	1 690	77.8%	76.5%	2.6%	1

数据来源：中国互联网络信息中心发布的第39次《中国互联网络发展状况统计报告》。

而且，丝绸之路经济带囊括的省区市与互联网较为发达省份的差距较大。西北地区拥有的 IPv4 地址数、域名数和网站数最低，分别是 3.17%、1.80%、1.80%；西南地区略高，为 6.81%、6.40%、6.60%；相较而言，互联网发达省市（北京、广东、江苏、浙江、上海）的三个指标均为全国总量的 50% 左右，分别是 50.73%、46.80%、48.30%，与西部地区差距明显（详见表5-2）。

表 5-2　丝绸之路经济带国内省区市互联网发展程度比较

	IPv4 地址数	域名数	网站数
西北地区	3.17%	1.80%	1.80%
西南地区	6.81%	6.40%	6.60%
发达省市	50.73%	46.80%	48.30%

数据来源：中国互联网络信息中心发布的第39次《中国互联网络发展状况统计报告》。

此外，西部地区各省区市之间互联网发展水平的差距也较大。按照域名数多少排序依次是陕西，新疆和甘肃，青海和宁夏，其余省份都非常低。显然，中国信息化发展程度存在区域异质性[1]。

（二）丝路沿线国家互联网发展情况

丝路沿线国家的网络和信息化建设、各国间的互联互通水平是"一带一路"建设中的重要内容。在"一带一路"国际高峰合作论坛上，习近平提出，要"建设21世纪的数字丝绸之路"。网络互联、信息互通是"一带一路"沿线国家深化合作、加强沟通、扩大共识的强韧纽带；实现"一带一路"沿线国家信息基础设施全面升级与互联互通则是顺利推进"一带一路"创新发展及共建数字丝绸之路的必

---

[1] 赵强.西北地区中小企业应用电子商务策略[J].开放导报,54.882016(3):93—96.

然要求。互联网是中国在信息化浪潮中形成的优势领域和独特技术,这为丝绸之路经济带开启互联网金融合作提供了可行性[1]。

图 5-1 和图 5-2 展示了 2016 年"一带一路"沿线主要国家信息化发展的程度。从图中可以看出,丝绸之路经济带沿线国家的信息化程度差异较大。其中,欧洲地区及部分西亚国家排名比较靠前,中亚国家排名普遍靠后,而伊拉克等政治形势动荡的国家排名则在最后。

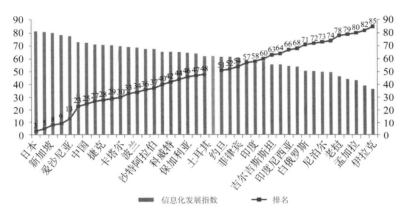

图 5-1 "一带一路"沿线主要国家信息化发展总指数对比

(数据来源:《国家信息化发展评价报告(2016)》)

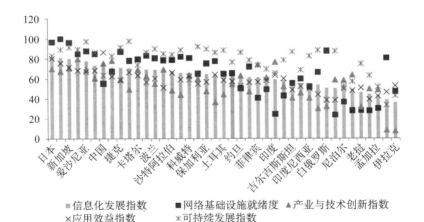

图 5-2 "一带一路"沿线主要国家各类指标实现情况

(数据来源:《国家信息化发展评价报告(2016)》)

---

[1] 姚雪,尚明瑞."一带一路"背景下河南省经济发展的 SWOT 分析[J].北方经贸,2016(11):65—69.

在国家网络设施建设中,除科威特、白俄罗斯、伊拉克、日本、新加坡等国可持续发展指数低于网络基础设施就绪度,其他国家可持续发展指数均一定程度上高于网络基础设施就绪度。其中,约旦、吉尔吉斯斯坦等国的可持续发展指数远高于网络基础设施就绪度。这说明,这些地区网络基础设施建设还不健全,应充分利用后发优势,在运用先进的技术力量的基础上开拓创新,保证国家互联网建设的可持续发展。

造成丝绸之路经济带沿线国家信息化水平差异的原因主要有国家的经济发展水平、高等教育的普及度以及信息通信基础设施建设的程度等。①经测算,信息化发展水平与一国的 GDP 呈现显著正相关,在人均 GDP 较低时,经济增长对信息化发展的拉动作用较大,随着人均 GDP 不断提升,经济增长对信息化发展的拉动作用会逐渐减弱。②高等教育普及率则为沿线国家的信息化发展奠定了基础,丝绸之路经济带沿线国家中,高等教育入学率大于 40% 的国家,信息化水平达到较高及以上的国家占 61.29%,高等教育的普及一定程度上有助于推进丝路沿线国家信息化的发展。③信息通信基础设施建设则包含较多方面,包括宽带普及率、宽带速度、电子计算机普及率等。丝绸之路经济带沿线国家的移动宽带相比固定宽带而言发展明显滞后。报告指出,在移动电话普及率高于 100% 的国家中,仅有 20% 的国家移动宽带普及率高于 80%。丝绸之路经济带沿线国家平均电子计算机普及率为 52.43%,远高于平均固定宽带普及率。

丝绸之路经济带沿线各国信息化发展水平不均衡,而且造成信息化水平不均衡的原因多种多样,因此,尽管互联网金融能够突破时间、空间上的限制,在丝绸之路经济带沿线的金融合作中发挥较大优势,但依旧不可避免地存在一些问题,导致互联网金融助力丝绸之路经济带沿线金融合作在实际操作中仍具有较大难度。

二、互联网金融主要业态

虽然中国的信息产业技术和制造业以及金融市场发展水平均落后于西方发达国家,但是中国的互联网金融却走在了世界前列[1]。互联网金融借助互联网技术,将传统金融业务与互联网相结合,产生了一个效率更高、服务范围更广、能够更好地适应金融市场需求的新兴领域。

---

[1] 李麟.利用互联网金融优势 助力打造网上丝绸之路[J].中国银行业,2015(3):31—34.

第五章　互联网：丝路金融合作的新平台与助推器

随着电子商务的蓬勃发展，以大数据、云计算、移动支付、社交网络、搜索引擎等新一代的互联网技术为基础的互联网金融活动迅速展开，互联网金融受到了广泛关注，并对金融行业特别是传统银行业产生了巨大的影响。互联网金融的定义目前在业界还没有统一的说法。2012年，谢平等在《互联网金融模式研究》一文中首次正式提出互联网金融模式的概念，他认为以互联网为代表的现代信息科技，特别是移动支付、社交网络、搜索引擎和云计算等，可能出现既不同于商业银行间接融资也不同于资本市场直接融资的第三种金融融资模式，称为"互联网融资模式"或"互联网金融模式"[1]。马云提出了金融互联网和互联网金融的区别，他认为金融互联网是利用互联网的思想和技术，让金融服务回归本质，互联网金融是金融行业的互联网化[2]。周宇认为广义的互联网金融分成两部分内容：一是金融互联网业务，由金融机构通过互联网进行传统业务，即将已有的线下业务转化成线上业务[3]；二是由电子商务企业依托于互联网技术创新而产生的新型金融业务，通常狭义的互联网金融指的便是此种业务。张晶在总结其他学者的观点时认为，互联网作为金融产品、服务和信息的业务媒介，运用信息技术对金融业务相关流程进行了重组，作为一种为客户提供全面金融服务的模式，既包括传统金融服务在互联网的延伸，也包括信息时代的互联网与金融相结合新业态的金融模式[4]。笔者认为，互联网金融不是互联网和金融的简单叠加，而是建立在大数据、云计算、移动支付及网络与通信技术等基础上，是金融活动借助互联网等先进技术进行的金融服务的延伸和普及，突破了传统的金融安全边界和商业可行边界，并带来一系列的创新实践活动。随着中共十八届三中全会提出"普惠金融"举措，以及2014年国务院政府工作报告中对互联网正面强调等新一轮全面深化改革的政策推进，未来的互联网金融活动将对我国传统金融领域产生更加广泛的影响。

互联网金融的主要业态大致如下。首先，从传统金融的角度出发，商业银行推出的网上银行、手机银行已经拥有大量用户，还有其推出的在线理财产品也相继有人购买；股民炒股早已无须拥挤在证券公司的交易大厅里，可以直接通过电子计算机或智能手机买卖股票。以上都是传统金融的互联网化，也称为金融互联网，实质上也是互联网金融发展的一种业态。其次，互联网支付体系的发展主

---

[1]　谢平,邹传伟.互联网金融模式研究[J].金融研究,2012(12):11—22.
[2]　马云.平台、金融和数据[J].中国企业家,2012(18):42.
[3]　周宇.互联网金融：一场划时代的金融变革[J].探索与争鸣,2013(09):67—71.
[4]　张晶.互联网金融：新兴业态、潜在风险与应对之策[J].经济问题探索,2014(4):81—85.

要有第三方支付平台和移动支付,大幅度提高了交易的速度,为消费者带来了便捷,最终促进了经济的发展。再次,各商品交易平台的创建既扩大了消费规模,又带动了互联网金融的发展,有学者将其定义为互联网供应链金融。还有2010年来发展迅速的P2P网络借贷和众筹融资,引领着互联网金融发展的浪潮。最后,一些新型的社交功能和生活软件的开发,如微信钱包、QQ钱包、美团网、滴滴打车等,预示着互联网金融正在悄然地改变着每个人的生活。这里选取一些代表性机构、平台和产品来说明互联网金融业态模式的发展状况(见表5-3)。

表5-3 主要互联网金融业态模式

机构、平台、产品	面向群体	主要功能	媒介技术
手机银行	网络用户、智能手机用户	支付、转账、结算	移动电话、无线网络、计算机、互联网
网上银行			
银联			
支付宝			第三方支付
余额宝		理财	
QQ钱包		生活服务	社交网络、搜索引擎
P2P平台	个人、小微企业	融资、理财	网络信贷、信息共享
众筹平台			

在支付领域出现了第三方支付、移动支付,尤其在第三方支付领域表现得尤为突出,我国的第三方支付机构数量已经超过了欧美等国企业数量的总和,第三方支付企业还创造性地起到了信用担保中介的作用。

了解互联网金融与传统金融的异同点(见表5-4),可以帮助我们更好地认识互联网金融及其在丝路金融合作中的作用。

表5-4 互联网金融与传统金融的比较

比较内容	传统商业银行	互联网金融科技公司
服务客户范围	致力于大众需求	普及率高
抵押贷款发放成本	2 000元左右	500~1 200元
理财门槛	5万~50万元	1 000元
获客成本	0.5万~1.6万元	300~800元
贷款审批时间	小额贷款发放贷款时间21天	3秒~45小时放款
数据处理能力	1.3万笔/秒	2万~4万笔/秒

数据来源:中信证券研究部。

2010年来,我国互联网金融百花齐放,出现了许多新业态,成熟的主要有以下几种[1]。

(一)第三方支付(third-party payment)

第三方支付广义是指第三方非金融机构为了相对降低网络支付的风险,作为中介向买卖双方提供资金结算担保和支付服务。美国的贝宝(PayPal)公司成立于1998年,在全球范围内拥有1亿多个账户,是全球最著名的第三方互联网支付平台之一。我国的第三方支付相较于欧美发达国家滞后了5~10年,但随着电子商务的迅猛发展,第三方支付已经成为我国电子商务交易中最主要的支付方式。它依托于消费者电子商务模式(C2C)、企业与消费者电子商务模式(B2C)以及企业间电子商务模式(B2B);具体支付流程是买方购入商品时,将货款打入第三方账户,第三方账户通知卖方发货,买方收到商品确认后将货款从第三方支付到卖方。

第三方支付的盈利通过两种渠道:一是收取支付服务费用,包括新商户接入所需支付的手续费和每笔交易应承担的服务费;二是收取金融服务费用,包括向客户提供的信用支付、基金、保险和机票等产品的服务费用。第三方支付还可以无偿使用暂时保留在账户里的客户备付金进行金融运作和投资,获得可观的投资收益。

我国第三方支付市场总体稳定,行业结构稳定,交易规模日益庞大,市场集中度较高。到2014年,我国已有250多家公司获得了第三方支付牌照,其中支付宝占有市场绝对优势。2013年年底,支付宝实名制用户达3亿,完成了125亿笔支付,通过手机支付宝完成了超过27.8亿笔、金额超过9 000亿元的支付。快钱、易宝支付、汇付天下、拉卡拉、支付宝、财付通等都是第三方支付的代表企业。常用的第三方支付模式如图5-3所示。

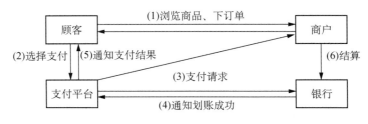

图5-3 第三方支付模式

---

[1] 马广奇,张欢.互联网金融主要业态及创新效应[J].人民论坛,2015(2):74—76.

(二) P2P 网络借贷(peer-to-peer lending)

互联网金融呈现出多种形式,而网贷行业2010年来持续火热,引领着互联网金融发展的浪潮。据网贷之家统计,截至2014年年底,P2P网贷平台达1 500多家,半年成交金额接近1 000亿元人民币,接近2013年全年成交金额,2014年年底全年累计成交额在3 000亿元左右。除此之外,2014年年底,P2P网贷行业的从业人员的数量约为39万人,服务的企业超过200万家,带动的相关行业就业人数有6 000多万人,行业存量资金为437.6亿元,比2013年增长近一倍。截至2015年,成交额超过1亿元的P2P平台有30家,占总成交量的52%左右。照此趋势,P2P网贷行业规模、成交量还将会不断扩大。P2P网络借贷平台基本运营流程如图5-4所示。

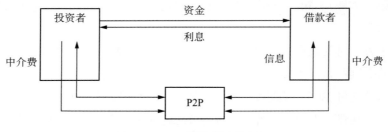

图 5-4　P2P 操作模式解析图

P2P网络借贷的第一种为无担保线上模式,其特点为资金借贷活动都通过线上进行,不结合线下的审核,代表产品为拍拍贷、人人贷;第二种为提供担保的P2P模式,代表产品为宜信、融易宝。此外,还有"类证券""类资产管理"等其他模式[1]。

从地区维度来看,有研究者通过因子分析法选取了三个得分因子,分别是成交因子(与该地区的成交量、贷款余额、政府政策扶持程度显著相关)、安全收益因子(由该地区综合收益率水平和累计问题平台发生率决定)、流动性因子(和平台借款期限相关),计算得到了各地区P2P网贷发展指数均值,科学地将全国各地区(港澳台地区数据暂缺)发展程度分为六大梯级,如表5-5所示。第一梯级为广东,该地区经济较为发达,小微企业、个体户数量比较多,有大量的借款需求。平台主要以个人信贷或抵押贷款为主,呈现出成交量较高、综合收益较高、

---

[1] 马广奇,黄伟丽.监管新规下P2P网贷平台转型路径研究[J].农村金融研究,2017(5):48—51.

借款期限较短的特点,安全性则是广东地区面临的主要问题。第二梯级为上海和北京,作为政治、文化、经济中心的北京和国际金融中心的上海,有着互联网金融发展人才和政策的优势,造就了互联网金融发展的优良生态环境。第三梯级为浙江、江苏、山东、四川、安徽、福建。其中很多都是东南沿海地区,成交规模和综合收益率相对较高,安全问题也逐渐出现。第四梯级包括陕西在内的这些地区问题平台极少,网贷综合收益率多数高于行业平均水平,虽然在成交量和流动性上低于行业平均水平,但随着互联网金融的普及也将会迎头赶上。第五梯级的这些地区P2P网贷发展低于行业平均水平。第六梯级为西藏、青海两地,仍然是网贷行业的空白地带,因而可推断是互联网金融欠发达地区。

表5-5 丝绸之路经济带国内省区市网络借贷发展程度比较

梯级	省区市
1	广东
2	北京、上海
3	浙江、江苏、山东、四川、安徽、福建
4	陕西、山西、宁夏、重庆、辽宁、吉林
5	河北、甘肃、贵州、天津、云南、新疆、内蒙古、河南、江西、黑龙江、湖南、广西、湖北、海南
6	西藏、青海

数据来源:网贷之家、盈灿咨询。

(三)众筹融资(crowd funding)

众筹(crowd funding)是大众筹资的简称,属于众包(crowd sourcing)的一种类型,大众通过互联网平台为自身项目获得资金支持,投资者通过少量的投资金额从融资者那里获得实物或股权回报。众筹的发展模式主要有三类:一是"团购+预购"模式;二是股权投资模式;三是债券投资模式。众筹最早起源于美国,代表是2009年成立的Kickstarter公司,属于"团购+预购"模式。创立至今,Kickstarter已为35 000个创意项目募得了5亿多美元的资金,其筹资项目偏向于小型的创意项目,投资回报主要为项目产品,包括音乐CD、电影海报和明信片等,而非提供股权和现金回报。2012年4月5日,美国颁布了《促进创业企业融资法案》,批准小微企业通过众筹模式获得股权融资,放宽了对众筹的限制,使其完全合法化。

我国的众筹发展较晚,但发展迅速,覆盖面广。目前,主要按照对投资人的回报种类进行划分,可分为产品众筹、股权众筹、公益众筹、债券众筹、混合众筹等。京东众筹是当前中国较为成熟的众筹平台,占据着众筹行业的大部分市场。京东众筹的项目覆盖文娱、科技、农业等众多领域。京东众筹的收入来源是对成功筹资的项目收取平台服务费。其中,产品众筹对除公益项目外的项目收取募集资金总额的3%作为平台服务费;股权众筹对敲资额1 000万以上的项目收取融得资金总额的3%,1 000万以下的项目收取5%的平台服务费。目前,我国的众筹已经逐步由"团购+预购"模式,向股权、债券、利息及分红回报等模式发展。众筹融资模式如图5-5所示[1]。

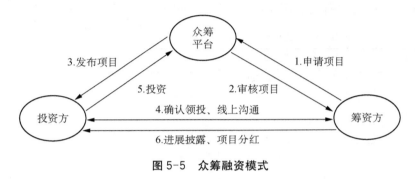

图5-5 众筹融资模式

三、互联网对传统金融的冲击与革新

(一)互联网对传统金融的挑战

互联网的高速发展使以互联网为载体和传播手段的金融活动迅猛发展。将互联网金融融入丝路金融合作中,不仅有利于金融机构利用互联网技术改造传统业务,而且有利于丝路沿线国家的互联网企业涉足金融业,使互联网深度融入金融活动,依赖互联网金融平台,采用"移动互联网""大数据""云计算"等技术,创新更多的金融服务模式和运行机制,从而促进丝路货币流通、贸易融资、证券投资等丝路金融合作活动的开展。

1. 挑战传统金融生态

第三方支付、P2P网贷、众筹等多种互联网金融模式的兴起,打破了传统金

---

[1] 马广奇,史梦佳. 我国互联网股权众筹融资的博弈分析[J]. 财会月刊,2017(15):108—113.

第五章　互联网：丝路金融合作的新平台与助推器

融机构之间长久以来的竞争壁垒[1]，颠覆了传统金融模式下的金融生态，一个互联互通的金融生态环境逐步建立起来。互联网时代下，金融市场环境将不再是某个金融机构"一家独大"的局面，也不再是大量金融机构"各自为政"的局面，取而代之的是更多企业开始借助互联网金融发展的东风参与到金融市场的竞争中来，各家传统金融机构也纷纷通过收购、建立或联盟的方式不断丰富网络金融产品，开展混业合作，形成了一种包含传统金融机构、第三方支付企业以及其他互联网金融服务企业在内的更加复杂的金融生态圈。只要简单回顾一下股票交易所里面的情景就可以直观地感受到互联网技术对金融行业的影响。十多年前，股民们都是聚集在大电子屏前看股票。几年前，更多的人选择在自己家里、办公室里的 PC 机前看行情并完成交易；现在，公交车上、站台上、出租车上、电梯里，凡是可以接入移动网络的地方，股民可以随时随地掏出智能手机，借助 3G 或 4G 移动网络，通过手机屏就可以看行情并完成交易。

传统的银行储蓄和理财产品在"余额宝"们面前不堪一击。在 2014 年一季度，仅"余额宝"一个互联网理财产品的规模就达到了 5 412.75 亿元，与此同时，2014 年 1 月银行人民币存款减少 9 402 亿元。短短几个月的时间，"余额宝"们从银行吸走了巨量的存款。之所以能做到这一点，是因为"余额宝"们的产品设计充分体现了"互联网思维"。首先，"余额宝"们贴近用户，基本上做到与用户真正实现"零距离"，它没有传统银行理财产品的门槛，哪怕只有一元钱，也可以进行投资理财。反观银行理财产品，各个银行理财产品的门槛是 5 万元起步，收益高的甚至有 100 万元起步的产品，让普通用户可望不可即，无形中拉开了与用户的距离。其次，"余额宝"们是免费的，用户投资、赎回均不产生任何手续费用。再次，"余额宝"们很方便，"T+0"的交易方式让用户随时能提取现金。不仅如此，在网上购物时，用户可以直接用来支付货款，不用先赎回再消费，极大地方便了用户。最后，"余额宝"们的收益要比银行活期存款利息高几十倍，2014 年 1 月 2 日，余额宝的七日年化收益率达到了 6.763 0%，是银行活期存款利率的近 20 倍。

在摩尔定律等理论的指导下，互联网的带宽、服务器、存储等基础服务都在无限接近于免费，互联网的技术结构也决定了互联网本身就是分布式的，是去中心化的，是平等的。平等就是互联网的基本原则。互联网时代商业形态也如同互联网一般，强调的是平等、开放，是一种真正的以人为本的商业形态。开放将

---

[1]　沈娜. 互联网金融对传统金融的影响及其应对策略[D].首都经济贸易大学，2016.

成为生存的必要手段,以往的以垄断生产、销售和传播来赢利的商业模式将彻底终结。互联网金融从本质上说就是不完全竞争的行业与完全竞争的行业碰撞到一起后所产生出的新的模式。互联网金融不等于互联网与金融的简单的相加,互联网金融是以互联网思维为指导、以互联网技术为支撑开展的金融活动,是互联网和金融行业的跨界与融合,既是一个过程,也是一种结果。面对这个过程和结果,金融企业必须吸收"互联网思维"中最精华的部分,要以贴近用户、提供免费的基础服务、帮助用户得到精准有效的信息、使用户能够获得更高的收益、降低投资的风险等服务内容为指导方针,设计出更合理的工作模式与服务流程。

金融企业必须正视互联网发展的大潮流,真正做到平等、开放、便捷,基础服务免费,提供更好的服务体验。只有这样,才能吸引更多的用户,而这也正是互联网金融的精髓所在。

2. 银行消费信贷潜在的客户和业务相对减少

蚂蚁花呗的用户群面向所有支付宝客户,几乎所有新兴消费者都会通过使用淘宝开启网购之路,而支付宝作为淘宝网购交易必不可缺的中介,其通过淘宝的发展壮大,抓住了互联网线上交易的发展趋势积累了数以亿万的用户。由于银行的信贷业务门槛较高,支付宝的用户中包含了一些收入较低或者没有固定收入来源的消费者。对于低收入群体特别是占近一半花呗开通数量的"00后"大学生新兴消费群体来说,很难从银行贷入资金。据统计,在蚂蚁花呗的用户中,有超过60%的用户此前没有使用过传统金融机构提供的金融服务,由此银行在培育潜在消费信贷的客户方面便先失一城。

就银行消费信贷业务量而言,自2014年蚂蚁花呗问世以来,商业银行存贷增长率逐年递减,这一现象一方面受到宏观经济周期的影响,另一方面就是由于互联网金融的快速发展蚕食掉了一部分银行业既有及潜在的信贷业务量。大部分商业银行提供的信用卡逾期利息是按照消费者所有借款金额计算的,并且从借款日起便开始以预定的利率计算罚息。蚂蚁花呗的逾期费用则是按照逾期金额从逾期日起以预定的利率计算罚息。相比较而言,蚂蚁花呗的罚息计算方式明显减少了逾期者的还款压力,理性消费者在同等信贷消费情况下,即便不存在逾期消费倾向,心理上也会偏向于选择蚂蚁花呗进行信贷消费,传统银行也就失去了可能会获得的罚息收入。以蚂蚁花呗为例,低门槛、低费用吸引了理性消费者,使得商业银行失去了很大一部分的潜在小额信贷消费利息收入。如果将信贷消费作为一块蛋糕,那么原先是各个银行在进行分割享用,互联网消费金融产品的出现让这块蛋糕出现了新的争夺者,自然原先分割者得到的量就变小了。

3. 挑战传统金融监管体系

我国的金融行业分业监管体制主要体现在两个层面：就横向而言，金融监管机构中，只有中国人民银行负责部分交叉功能；就纵向而言，中央监管部门监管不到部分互联网金融企业、各类准金融机构和民间融资，而地方政府也没有获得授权，造成了监管真空。与互联网金融的发展态势相比，中国互联网金融监管立法相对滞后。

互联网金融尚处于发展初期，过度监管和控制可能会抑制其创新性和市场活力，但是互联网金融也得本着一个监管原则，即不允许任何违法乱纪和欺诈行为。可以倡导互联网金融自律监管，适时推进立法进程和监管政策。具体可以从四个方面推进。一是完善互联网金融监管协调机制的法律依据，法律的修改应该与时俱进，对一些新兴的互联网金融创新要加以规范，明确违法行为的处罚。二是转变传统的金融监管方式，协调分业与混业监管模式。金融监管立法必须正确处理金融创新和金融监管的关系，既要有效规避创新风险，又要鼓励金融创新。从合规性监管向风险监管转变，从机构性监管向功能性监管转变；加强对网络信贷资金流向和借贷利率的动态监测，合理引导社会资金的有效流动。三是完善互联网金融监管的协调保障条件，建立信息共享的平台和机制，实现信息高度共享。四是健全金融消费者权益保护制度，促进互联网金融可持续发展。制定金融消费者权益保护法，明确交易过程中的风险分配和责任承担；成立金融消费者权益保护机构，负责交易过程中产生的纠纷、投诉等问题。

（二）互联网下传统金融发展契机

1. 消除融资不公平，促进普惠式金融发展

我国的金融部门（尤其是银行部门）在计划经济体制时期就形成了向大型国有企业部门倾斜的倾向，很长时间里中小企业（特别是小型企业和微型企业）一直处于边缘地带。改革开放以来，中小企业融资问题受到了广泛重视，政府和金融部门积极行动，提出了许多改进措施和政策法规。然而，中小企业融资难、融资贵的问题还是普遍存在。

如表5-6所示为2008—2011年中国人民银行公布的企业贷款按照大、中、小类型划分的统计数据。可以看到，就贷款规模而言，大型企业贷款占据主导地位，中型企业贷款次之，小型企业贷款长期受到歧视，从侧面反映出中小企业在贷款方面存在的融资难问题。

表5-6 金融机构对大、中、小企业贷款情况

		大型企业贷款	中型企业贷款	小型企业贷款
2008年	余额(万亿元)	10.12	6.95	3.97
	占比(%)	48	33	19
	增速(%)	21.6	17.9	7.2
2009年	余额(万亿元)	11.84	8.6	5.8
	占比(%)	45	33	22
	增速(%)	—	—	41.4
2010年	余额(万亿元)	13.42	10.13	7.55
	占比(%)	43	33	24
	增速(%)	13.3	17.8	29.3
2011年	余额(万亿元)	13.85	10.75	10.42
	占比(%)	40	30	30
	增速(%)	3.4	6.1	38

中小企业不仅融资难,而且融资贵,一个反映指标是获得融资的利息成本的高低。表5-7选取了2004年、2005年、2006年以及2010年我国工业企业按大中小型划分年度利息支付与年末负债总额的比例,可以近似地看作融资成本相对高低的反映。通过表5-7可以看到,2004—2010年,大型企业的利息支付/负债总额比例一直显著低于中小型企业。在利息支付/负债总额上大型企业的较低比例表明它们获得了一定的优惠,拥有相对于中小企业的融资成本优势,从另一个侧面反映出中小型企业融资成本高的问题。

表5-7 规模以上工业企业的利息支付率

		利息支出(亿元)	负债总额(亿元)	利息/负债(%)
2004年	大型企业	752.1	42 746.1	1.76
	中型企业	746.9	39 339.3	1.90
	小型企业	547.1	33 444.0	1.64
2005年	大型企业	897.4	525 888.6	1.71
	中型企业	888.6	45 869.2	1.94
	小型企业	697.8	41 794.6	1.67
2006年	大型企业	1 103.6	62 737.3	1.76
	中型企业	1 046.4	52 713.3	1.99
	小型企业	883.2	49 731.1	1.78

续表

		利息支出（亿元）	负债总额（亿元）	利息/负债（%）
2010年	大型企业	1 931.3	129 584.0	1.49
	中型企业	1 724.4	103 865.9	1.66
	小型企业	1 700.8	100 309.0	1.69

如今，随着互联网金融的发展，金融服务的对象、方式、市场和调控机制都发生了巨大改变。互联网时代下的新型金融模式能够令供需双方直接在线交易，这很大程度上弱化了实体金融机构的中介作用，加速了金融脱媒。现阶段，许多互联网金融平台都能够提供转账、理财等服务，这不仅提高了金融服务的成交量，而且吸收了大量的社会闲散资金，大大提高了经营效益。互联网金融基于海量的客户数据和大数据处理技术，以较低的成本快速分析海量客户的行为特征，包括信用等级和风险评估等，可以大幅度降低市场信息不对称和交易成本。互联网金融有望成为缓解中小企业融资难、融资贵的新生力量，能够打破金融排斥，消除金融不公平，走向普惠式金融，使金融真正实现平民化、民主化、普惠化，平等满足经济社会多层次、多样化的需求。

2. 提高资源配置效率，推动利率市场化

传统金融系统关注的是"二八定律"中20%的所谓优质客户，而互联网金融的服务目标群体主要是80%的"长尾群体"，包括中等收入群体和中低等收入群体，可以大大满足低端客户的投资和融资需求，有效减少金融交易的中间环节，提高全社会资源配置效率，实现信息资源共享。此外，互联网金融客观反映了资本市场的风险偏好和价格需求，资金供求双方可以实现在资金信贷、利率、期限、风险、还款方式等方面的动态匹配，交易完全市场化。互联网金融理财产品的推出必然会对银行存款造成一定的分流，这就要求商业银行不得不相应提高存款利率，最终使得我国金融监管部门放松利率管制。

3. 优化既有产品，开展有序竞争

我们应认识到传统银行的消费信贷业务受到国家优惠政策的支持，信贷市场的稳定关乎国家金融安全，如果未来互联网消费金融产品的发展严重威胁到银行的利益，原先的利益格局被打破，银行也将会采取相应的措施来反制互联网消费金融产品。消费信贷是传统银行在当时的经济发展环境下推出的一种产品，在当时来看，它也是一种创新，为传统银行带来了新的利润增长点，在为广大客户提供了生活便利的同时也促进了经济的不断发展。现在，很多消费者对信用卡的需求已明显降低,互联网消费金融产品以势不可当的发展趋势正在倒逼传统银行紧跟互联网时代的发展步伐,对其自身信贷消费产品进行再次优化创新,促使其增添互联网便利高效等属性与互联网企业提供的金融产品进行有序竞争,稳定并发展自己的既有市场份额。

4. 创新金融企业营销与服务工作模式

如果说传统的营销与服务方式类似于战争中的大面积炮火覆盖的话,未来的模式一定是如同高精度狙击步枪般的精确点射。这将是两种完全不同的工作模式。互联网时代的金融企业营销和服务工作应体现出以下特点及要求。一是以大数据为基础的数据分析,即以现代化的大数据分析技术为基础,建立更有成效的客户关系管理(customer relationship management,CRM)系统,精准地分析每一位客户的消费和投资习惯,进而发现其核心需求,尤其是对大客户更要如此。金融企业的核心服务内容之一就是数据的提供,要充分发挥企业的长处,将"死数据"变成"活信息",为用户提供更准确的分析数据,以帮助用户获得尽可能高的收益,降低投资风险。二是推出安全性好、功能强大、易操作的客户端软件。在互联网金融时代,用户安装的客户端软件尤其是手机客户端软件是否好用将成为一个企业成功的关键所在,换句话说,是否能在用户的手机屏幕上占有一个图标,将成为一个金融企业是否得到广泛认可的标志。首先,一个好的客户端应该是一个安全的软件,客户可以放心使用而不用担心自己的资金受到网络安全方面的威胁。这是第一位的,也是客户最关心的。其次,功能应该足够强大。很多金融企业将手机客户端当作业务的补充或者拓展,功能设计简单,不能完全满足客户的需求,这样的做法也必须改变。用户使用的客户端应该是全功能的,能够为用户提供查询、交易、转款、消费、数据分析等各种功能。再次,界面友好,方便操作。一款好软件的人机界面必须友好,操作简单易用,提示信息准确易懂。换句话说,应该为客户提供"傻瓜化"的操作界面,不必专门去学习就可以方便地上手使用。因此,金融企业应该为用户提供一个可以达到任何时间、任何地点、任何事项要求的客户端软件。这个软件将成为继客户经理后又一个紧密联系企业与客户的纽带。最后,提供更贴心的顾问式服务。以前那种一个客户经理为几十名、几百名甚至上千名客户服务的方式明显不适用于今天的发展。客户所需要的是更贴心的顾问式的服务,客户经理要改变工作方式,不再是为了完成任务而去做推销员,更应该是以专家、顾问的身份紧抓客户需求,尤其是面对大客户的时候,要主动为客户解决实际问题,形成解决问题的方案,最终将方案内容产品化,达到营销的目的。

四、互联网对丝路金融合作的支持与助推

互联网金融是促进货币流通、构建网上丝绸之路必不可少的利器。我们应该充分利用互联网金融技术特点,将我国领先的互联网金融技术充分融入丝路金融合作中,这样不仅有利于金融机构利用互联网技术改造传统业务,而且有利于丝路沿线国家的互联网企业涉足金融业,使互联网深度融入金融活动,依赖互联网金融平台,采用"移动互联网""大数据""云计算"等技术,创新更多的金融服务模式和运行机制,从而促进丝路货币流通、贸易融资、证券投资等丝路金融合作活动的开展[1]。

(一)助力丝路金融合作去中介化

利用互联网、移动互联网、大数据和云计算技术,促进丝路沿线国家投融资双方的信息发布、交流、匹配,逐渐降低丝路金融合作对丝路沿线国家传统银行、证券、保险部门的依赖,以回归融资本源的形式,为丝路金融合作探索出一条新路径。图5-6描述了基于互联网的丝路金融网贷平台的融资运作模式,丝路网贷平台收集、整合借款人的信用数据,构建完善的信用评估模型,利用大数据和云计算技术分析客户的信用数据,客观评定客户的信用等级。一旦客户通过审核,丝路网贷平台将完全公开借款人的征信信息和投标信息,贷款人可根据融资方的信息,选择自己满意的借款人进行竞标。值得一提的是,丝路网贷平台只是充当信息流的汇集地,并不直接向借款人提供资金。

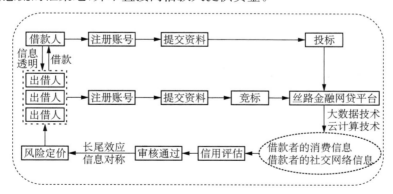

图5-6 基于互联网的丝路金融网贷平台的融资运作模式

---

[1] 马广奇,黄伟丽."互联网+"背景下深化丝绸之路经济带金融合作的路径研究[J].经济纵横, 2018(1):100.

其中，数字化评级是指应用信用信息图谱、偏离度、偿债来源与负债平衡、信用工程学、最大安全负债数量、最佳负债组合等核心信用评级技术，构建一个数据标准化、分析数字化、应用矩阵化的工业化信用信息产品生产系统。互联网有助于建立满足丝绸之路经济带投融资需求的信用风险管控体系，可从债务人公开信息、债权人公开监督、评级专业监控、黑名单公示等四个方面应对债权人与债务人通过互联网构建信用关系所形成的信用风险信息不对称的新形态，奠定丝绸之路经济带金融创新前行的基石。同时，丝绸之路经济带金融合作可以利用互联网进行资产全程在线信用管理，即通过对借贷资本运动过程信用信息的全面、真实、专业、规范、及时和可持续公开管理，将债权资产增值置于一个完全的信用管理环境中。互联网风险揭示与风险管控技术将成为新一轮丝绸之路金融合作的突破口，而基于互联网的区块链加密技术能够预防金融欺诈风险。区块链技术采用的是非对称加密算法，利用每个节点的公钥和私钥进行加密和解密。不同于一般的加密解密安排，公钥和私钥的定位可以依据情况变化而变化：若公钥用于加密，则私钥用于解密；若私钥用于加密，则公钥用于解密。通过信息加密、数字签名和登录认证等方法确保信息的真实性、安全性。在实际操作中，信息发送者用信息接收者的公钥对信息进行加密，信息接收者以私钥解密信息；数字签名可以方便信息发送者以自己的私钥对信息进行加密传输，信息接收者以公钥解密信息；信息发送者和接收者均须通过登录认证才能完成信息的加密、传输、接收、解密等环节。显然，这是以多层保障防范金融欺诈、信息泄露等风险，并在一定程度上抵制黑客攻击。在丝绸之路经济带区域，区块链技术的这一功效能够帮助各国以极低的成本杜绝金融欺诈，但需要各国均使用这一技术，否则会降低防范效果[1]。

（二）降低丝路金融合作成本

由于在传统金融模式下，不论是金融机构获得用户信息、资质、不良信贷记录等情况，还是获取用户信息后，金融机构对信息的加工、处理，均需要花费较多的时间成本与较高的人力成本，信息不对称问题尤为凸显。此外，丝绸之路经济带区域缺乏统一的跨境支付平台，不同地区锁定于不同的跨境支付平台，这不利于丝绸之路经济带区域的经济区发展目标的实现。将互联网融入丝路金融合作

---

[1] 王娟娟，宋宝磊.区块链技术在"一带一路"区域跨境支付领域的应用[J].当代经济管理，2018（7）：8—10.

活动,有效地推进了交易主体共识机制的完善,跨境支付平台的自身实力甚至垄断性对交易和支付的支配力降低,交易主体仅需要从自身供求实际选择合作伙伴,无须因为交易平台和伙伴可信度而耗费交易成本,有助于交易主体趋近帕累托最优。例如,基于互联网的区块链技术将不同时间戳发生的所有交易及时精准地发布于各区块节点,经过严格审核后,信息存储于各节点,之后各节点共同对信息进行校验。在这一流程中,任何跨境支付平台或商务平台在这些信息面前是平等的,很难对某一信息进行更改或添加。

图5-7描述了互联网金融公司运用"云计算""大数据"等技术,对通过电商平台、社交平台和搜索引擎等途径获取的海量客户数据信息进行处理,建立客户信用数据库,成立跨境第三方支付平台,支持贸易双方直接通过该平台进行实时结算,并将贸易双方留存在该平台的交易资金存管在金融机构以便保障贸易双方的资金安全的过程。与线下金融服务模式相比,跨境第三方支付平台突破了实体网点时空的限制,降低了人力、物力、财力等方面的经营成本。在贷款过程中,融资方由于不用排队等待,不需要提供担保和抵押,只需要通过网上审批认证就可获取资金,因而降低了时间成本,规避了汇率波动带来的风险,提升了客户体验。互联网丝路金融能够有效降低用户决策和交易过程成本[1]。

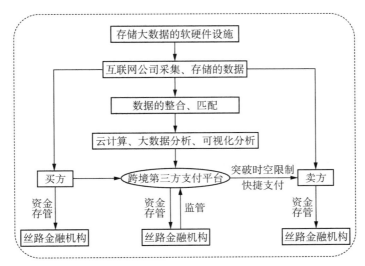

图5-7 基于互联网的丝路金融支付方式

---

[1] 马广奇,黄伟丽."互联网+"背景下深化丝绸之路经济带金融合作的路径研究[J].经济纵横,2018(1):98—105.

(三) 扩大丝路金融合作范围

首先,通过互联网证券市场、互联网保险市场、互联网理财市场及互联网融资租赁市场等的建设,构建基于互联网的多层次金融市场,将金融合作的范围拓宽至金融衍生品领域。其次,丝路金融合作可依托全天候覆盖全球的互联网络,突破时空局限,不仅将合作区域扩大到欠发达国家和地区,还将合作群体扩大到传统的丝路金融服务机构无法覆盖或难以覆盖到的中小企业,有利于在缩小区域金融发展差距的同时满足各类人群的需求。最后,基于互联网的丝路金融平台还可将目标客户定位于"二八市场"里80%的小众客户,即"长尾市场"。贷款项目数量多,户均贷款额度小,把零售领域的"薄利多销"法则运用到丝路金融合作领域,真正将"开放、平等、协作、分享"的互联网理念落实到位,彰显丝路金融的普惠精神。传统金融服务模式下,区域内资金流动主要依赖以银行为代表的金融机构,数据获取方式主要是吸收基本信息,因而空间布局对金融服务覆盖面有很大的影响。

虽然丝绸之路经济带自然资源储量丰富,但资源开发需要大规模、长时间的资金投入,而经济带沿线多为发展中国家,开发自然资源的资金能力有限。互联网金融依托网络平台,具有信息汇总、交易结算等功能,能够汇集社会闲散资本,形成庞大的资金网络,为"丝绸之路经济带"能源项目提供及时、大量的资金支持。同时,多样化的金融服务避免了资金使用的非持续性问题,能够为丝绸之路经济带能源项目提供持续的资金流。例如,为了帮助中小微出口企业和农户将农副特色产品推向全球市场,中国人民银行西安分行首创"跨境人民币+精准扶贫"模式,设立"丝路通"陕西跨境电子商务人民币结算平台,搭建了一条便捷的"网上丝绸之路"。因此,我国应利用互联网先行优势,推进"丝绸之路经济带"信息化进程,使互联网金融与实体贸易深度融合,互为补充,深化丝路沿线国家间的金融合作。

(四) 提高丝路金融合作的信息化程度

基于互联网构建的丝路金融平台,运用"大数据""云计算"等技术,处理从电商平台、社交平台、搜索引擎收集的大数据,包括客户过去的商品和货物交易记录、账户数量、还款情况及行为习惯等,推测客户的经济能力,评定客户的信用等级,匹配合适的贷款产品。基于互联网的丝路金融平台的"轻资产"的特点,在解决传统丝路金融机构难以解决的弱势群体信用评估问题的同时,优化了资源配置,有效规避了逆向选择和道德风险的发生。例如,阿里金融对通过淘宝平台获取的海量客户数据信息进行处理,量化客户的信用等级,成立"芝麻信用"平台,根据客户的信用水平,对客户进行精准贷款。此外,基于互联网构建的丝路金融合作云监管平台,以公开化和透明化的方式,督促双方诚信交易,降低其信息不对称程度,推动人民币法定数字货币支付业务发展,推动人民币国际化进程。

由于历史原因,我国各界对中亚、西亚国家普遍缺乏了解,对丝绸之路经济带沿线国家的基本国情、资源环境、金融状况等信息知之甚少,信息不畅成为制约我国与沿线各国金融合作的首要因素。互联网技术在信息甄别、传递和处理等方面具有准确、快速、便捷等特点,削弱了传统金融中投资者与融资者信息不对称的问题,有效控制了信用风险,与传统金融相比效率较高。将互联网与各部门、各产业紧密结合,促进传统部门和传统产业转型升级,打造"丝绸之路经济带"建设的新生态,是实现各国金融合作的基础。互联网金融不仅能服务线上贸易活动,还可以利用O2O等模式支持线下商业活动。随着互联网时代的到来,日后丝绸之路经济带金融合作必将是线上、线下的结合。以信息通道为起点来实现丝绸之路经济带电子商务、网上金融的健康发展,对加速沿线各国的金融合作具有重要意义。

小结

本章在丝路金融合作的主题下插入了全新的互联网视角,起着承上启下的作用。本章在描述互联网金融的基本业态和发展动态的基础上分析了互联网对传统金融的冲击,接着阐述了互联网对传统的丝路金融合作升级的优势和推动作用,并进一步展望了区块链在丝路金融合作中的应用前景。互联网的高速发展使以互联网为载体和运行手段的金融活动迅猛发展。互联网金融不仅是建立在互联网技术之上的金融,更是建立在互联网思维之上的金融。将互联网金融融入丝路金融合作,不仅有利于金融机构利用互联网技术改造传统业务,而且有利于丝路沿线国家的互联网企业深度融入金融活动,采用"移动互联网""大数据""云计算"等技术创新更多的金融服务模式和运行机制,从而促进丝路货币流通、贸易融资、证券投资等丝路金融合作的拓展与深化。

第六章

基于互联网的丝路金融合作可行性分析

利用互联网信息技术与平台将"平等、开放、共享、协作"的精神融入丝绸之路经济带金融合作已具备一定的基础[1],是完全可行的。首先,线下丝路金融合作的顺利开展为基于互联网的线上丝路金融合作打下了根基;其次,沿线国家逐步提高的信息化水平为基于互联网的线上丝路金融合作提供了前提条件;再次,跨境电商及社交平台的迅速发展为完善基于互联网的丝路金融征信系统做了大数据铺垫;最后,中国在互联网金融领域的比较优势为基于互联网的线上丝路金融合作提供了技术支撑和模式借鉴[2]。

一、政府间金融议事机制逐步建立

(1) 中国人民银行和东亚及太平洋中央银行行长会议组织(Executive Meeting of East Asia Pacific,EMEAP)、东盟与中日韩"10+3"领导人会议的这种区域合作机制,使各个国家的对话协商机制落到实处,增强了我国区域金融合作的实际影响力。

(2) 中国人民银行自 2011 年加入了中亚、黑海以及巴尔干半岛地区的央行领导人会议组织,使我国在丝绸之路沿线国家的金融领域打开了深化合作的新局面。

(3) 中国与俄罗斯总理的定期会晤委员会,以及中国与俄罗斯和哈萨克斯坦的金融合作委员会在双边货币结算和贸易以及融资等合作领域一直在积极洽谈,并取得了新进展。

(4) 上合组织第二次财长与中央银行行长会议期间,成员国就继续推进上

---

[1] 马广奇,李洁."一带一路"建设中人民币区域化问题研究[J].经济纵横,2015(6):41—46.
[2] 马广奇,黄伟丽."互联网+"背景下丝绸之路经济带金融合作:基础、障碍与对策[J].云南财经大学学报,2018(9):13—22.

合组织开发银行筹建和专门账户、上合组织财经合作机制化、成员国间本币结算便利化等问题进行了深入讨论,标志着我国与丝绸之路沿线国家的金融合作关系更加深入[1]。

二、现有的线下丝路金融合作基础扎实

线下丝路金融合作的顺利进展有力支撑了基于互联网的线上丝路金融合作。

(1) 货币流通合作已成气候,主要表现在双边货币互换规模扩大,人民币流通范围扩大,计价、结算与支付规模扩大等方面。中国人民银行发布的2017年人民币国际化报告表明,截至2017年5月,中国人民银行已与36个国家和地区的中央银行或货币当局签署了双边本币互换协议,协议总规模超过3.3万亿元人民币。此外,跨境贸易人民币结算额累计约27.6万亿元,直接投资人民币结算额累计约6.9万亿元,对外直接投资累计约2.2万亿元。

(2) 中国与沿线国家互设互派金融机构,为金融合作提供便利。目前,中资银行已在"一带一路"沿线设立了约80家一级分支机构。其中,中国银行早在1993年就在哈萨克斯坦设立了全资子公司,截至2017年中国银行已覆盖"一带一路"沿线20个国家和地区,成为中资银行之最。目前,丝路沿线国家境内使用人民币进行跨境结算的企业已达30万家。与此同时,沿线国家也纷纷在中国设立分支机构。尤其是中亚国家,借助地缘优势纷纷在新疆设立分支机构。

(3) 人民币加入SDR为其成为国际储备货币铺平了道路。2016年10月1日,人民币正式加入SDR货币篮子,成为继美元、欧元之后的世界第三大货币,占比为10.92%,这一契机使得人民币的国际影响力迅速提升。我国作为世界第一大贸易国和第二大经济实体国,是第一个加入SDR的新兴市场经济国家,这也是我国融入世界经济金融体系的重要标志。人民币加入SDR后,各国央行持有的人民币资产被IMF承认作为外汇储备,所有IMF成员的央行都将通过其SDR份额自动获得人民币,这将有利于人民币逐渐发挥国际货币职能。人民币加入SDR将成为中国与亚非欧等国进一步合作的"润滑剂",能有效促进我国与沿线国家的投融资及贸易的繁荣发展,据统计,2017年我国企业对沿线国家新增投资111.8亿美元,同比上涨了4.7%,贸易方面对沿线国家进出口7.37万亿元,同比

---

[1] 中国人民银行金昌市中心支行课题组,刘勤昌.我国与丝路经济带沿线国家金融合作模式研究[J].甘肃金融,2017(2):19—22,71.

增长了17.8%,占我国外贸总值的26.5%。人民币加入 SDR 后,沿线各国对人民币的接受度和需求度迅速提高,为人民币的逐渐升级奠定了良好的基础。

(4)一批具备积极影响力的代表性新兴金融机构和项目正在逐步建成。目前已经有77个成员国加入了亚投行。丝路基金作为最具代表性的金融合作方式,主要以股权投资为主,同时兼具了基金和债权的投资功能,其规模已经累计达到400亿美元。丝路基金这种金融合作方式发展十分迅猛,截至2017年年底,已经签署了17个项目,累计投资金额高达70亿美元。同时,丝路基金还下设了资金规模高达20亿美元的中哈产能合作基金。丝绸之路经济带上的金融代表机构有丝路基金、亚投行、金砖国家新开发银行、中国-亚欧经济合作基金、中俄投资基金以及上合组织开发银行。这些多边或双边合作金融机构都集中在贷款、股权投资、直接投资及担保等金融业务方面,以银行或基金形式居多。上海合作组织开发银行旨在促进上海合作组织成员探索共同出资、共同受益的新方式,扩大本币结算合作,促进区域经贸往来;丝路基金主要通过以中长期股权为主的多种投融资方式投资于基础设施、能源开发、产业合作和金融合作等方面,是一个中长期的投资开发基金;亚洲基础设施投资银行主要援助亚太地区国家的基础设施建设;金砖国家新开发银行主要资助金砖国家以及其他发展中国家的基础设施建设;中国-亚欧经济合作基金解决上合组织成员投资需求,将双边产能合作经验拓展到上合组织更大范围,并在各成员国建立工业园区[1]。

三、中国金融市场的国际化程度不断深化

(1)在国际资本市场融资比重不断扩大。1992年起,我国开始在上海、深圳证券交易所发行境内上市外资股(B 股);1993年,境外上市外资股(H 股、N 股)也逐步推出。

(2)开放国内资本市场。中国证监会主席易会满2019年宣布了进一步扩大资本市场对外开放的9项政策措施:①推动修订 QFII/RQFII 制度规则,进一步便利境外机构投资者参与中国资本市场;②按照内外资一致的原则,允许合资证券和基金管理公司的境外股东实现"一参一控";③按照内外资一致的原则,合理设置综合类证券公司控股股东的净资产要求;④适当考虑外资银行母行的资产规模和业务经验,放宽外资银行在华从事证券投资基金托管业务的准入限制;⑤全面推开 H

---

[1] 俞正樑,高品.一个重点 两条主线——2015年中国外交[J].国际观察,2016(1):6—23.

股"全流通"改革,更好服务企业发展;⑥加大期货市场开放力度,扩大特定品种的范围;⑦放开外资私募证券投资基金管理人管理的私募产品参与"港股通"交易的限制;⑧研究扩大交易所债券市场对外开放,拓展境外机构投资者进入交易所债券市场的渠道;⑨研究制定交易所熊猫债管理办法,进一步便利境外机构发债融资。

(3)我国还有条件地开放境内企业和个人投资境外资本市场。2007年5月,印发《中国银监会办公厅关于调整商业银行代客镜外理财业务境外投资范围的通知》;同时,我国香港和澳门特别行政区对内地证券市场进一步开放,2008年1月1日起,允许符合条件的内地基金管理公司在香港设立分支结构。2014年4月,我国开始启动"沪港通",实现了上交所与港交所的互联互通,"沪港通"不仅方便了内地投资者直接投资于香港市场,也为境外人民币持有者投资内地提供了机会,拓宽了人民币"走出去"和回流的通道。在此基础上,又开通了"深港通""沪伦通",进一步提升了国际化程度。

四、沿线国家信息通信技术逐步提高

沿线国家信息化建设总体处于中等水平并呈逐步增长态势,这为充分利用互联网信息技术和平台促进丝路金融合作提供了基本的网络环境。

(1)丝路沿线国家的网络基础设施建设尤其是互联网普及率和每百万人口安全互联网服务器数量正在稳步提升。一是沿线国家互联网普及率保持高速增长态势。以沿线部分核心区国家为例:哈萨克斯坦的互联网普及率由2010年的31.66%增长到2017年的61.28%,年均增长率保持在9.92%;吉尔吉斯斯坦的互联网普及率由2010年的16.31%增长到2017年的31.56%,年均增长率保持在11.64%;乌兹别克斯坦的互联网普及率由2010年的20.00%增长到2017年的59.61%,年均增长率保持在16.88%。二是沿线国家每百万人口安全互联网服务器数量保持高速增长态势。哈萨克斯坦每百万人口安全互联网服务器数量由2010年的349.22万台增长到2017年的123 225.61万台,年均增长率为131.18%;吉尔吉斯斯坦每百万人口安全互联网服务器数量由2010年的183.56万台增长到2017年的10 303.96万台,年均增长率为77.78%;乌兹别克斯坦每百万人口安全互联网服务器数量由2010年的7.00万台增长到2017年的20 217.86万台,年均增长率为212.15%(见图6-1)。信息通信技术水平的提高将为信息通信技术与金融的深度耦合与协同发展创造条件,并将推动互联网金融的发展,进而推动基于互联网的丝路金融的开展。

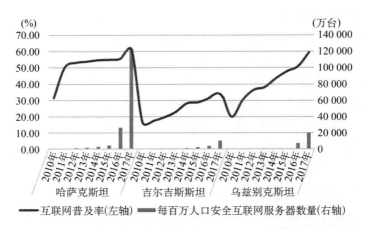

图 6-1　中亚国家互联网普及率和每百万人口安全互联网服务器数量
（数据来源：根据"中国一带一路网"和世界银行官网数据整理而得）

（2）移动电话成为丝路沿线国家的主要通信工具。2017 年发布的《"一带一路"大数据报告》显示，2007—2016 年中亚国家的平均移动电话普及率由 2010 年的 10.13％增长到 2016 年的 128.79％，年均增长率保持在 37.42％（见图 6-2）。移动终端普及率和移动通信技术的提高为移动支付的发展提供良好的前提条件，手机银行、第三方支付等移动支付方式将为丝路金融合作提供快捷的支付服务，并带来规模优势，降低基于互联网的丝路金融合作成本[1]。

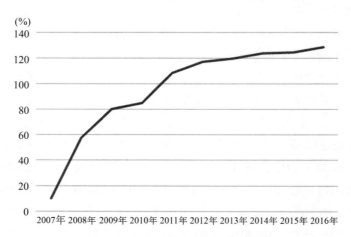

图 6-2　中亚国家平均移动电话普及率
（数据来源：《"一带一路"大数据报告（2017）》）

---

[1] 谢平，邹传伟. 互联网金融模式研究[J]. 金融研究，2012(12)：11—22.

（3）沿线国家逐步提高的信息技术推进了基于互联网的丝路金融合作的顺利进展。例如，在丝路金融合作的支付领域，央行可考虑通过大数据和互联网等科技创建一个虚拟的货币体系。虚拟货币体系必须由参与各方制定协议规则，其信用要建立在多方联合协议的基础之上，由政府部门保障其合法性，从而保证虚拟货币体系的有效运行和基本安全。创建这样的一个虚拟货币体系，可以为丝绸之路经济带沿线各国打造出一个国际化的网络交易平台和便利的交易环境。对企业而言，虚拟货币体系可以免除现有支付方式所面临的跨境、跨行支付和兑换结算的复杂操作程序，为丝绸之路沿线各国的企业提供更低风险、更加快捷、更加安全，还能有效节省交易成本的新兴网络交易方式，这样的方式也能应用于沿线国家普通民众在跨境股票和银行账户上的交易。在丝路金融合作的投融资领域，中国企业面临到海外投资的诸多问题，主要涉及投资国当地的具体营商环境和相关的税务、法律条例，以及投资国的文化背景和拟投资企业的具体情况等，由于这些实际问题的困扰，很多企业错失了海外投资的机遇。针对这些问题，可以将丝绸之路经济带沿线国家的经营环境信息充分披露，并对其拟进行农业、能源、资源等交易的被投资者的相关资料进行数字化处理，再通过互联网技术进行加密操作。一方面，可以把这些投资相关的信息快速、广泛地对外传播出去，供中国乃至全球的潜在投资者进行参考[1]；另一方面，通过互联网科技中区块链技术的高安全性、互相监察验证和公开透明等优势作为信用背书，可以增强投资者与被投资者之间的信任基础，帮投资者扫除后顾之忧，签订具有信用背书的合同，就无须担心欺诈问题[2]。与此同时，中国的产能输出也可以如法炮制，通过互联网技术向丝绸之路沿线国家的潜在投资者进行数字化的展销。这样既可以减轻相关双方的交易与营销成本，也为向丝绸之路经济带沿线国家进行国际化的网络众筹提供了可操作性，甚至可以在互联网平台上进行数字货币首次公开招股(initial coin offering，ICO)，虚拟货币体系将有效地解决中国产能过剩问题。

五、丝路征信系统必备的大数据基础正在建设

以互联网促进丝路投融资合作，关键在于建立完善的丝路征信系统[3]，利用

---

[1] 梁海明."一带一路"中的区块链技术运用[N].企业家日报,2016-01-08(W04).
[2] 王娟娟,宋宝磊.区块链技术在"一带一路"区域跨境支付领域的应用[J].当代经济管理,2018(5)：8—10.
[3] 马广奇,陈静.基于互联网的共享经济：理念、实践与出路[J].电子政务,2017(3)：16—24.

大数据、云计算、人工智能等技术对双方的贸易历史、社会资本等数据进行有效甄别和计算分析,在此基础上对其信用进行精准评级,进而根据其信用评级限定其投融资额度,以求在解决传统金融存在的逆向选择和道德风险等问题的同时,将金融合作的范围拓展到"长尾"市场,达到发挥小众的力量促进合作的目的。跨境电商的迅速发展、因跨境商贸往来而形成的社交互动、搜索引擎强大功能的发挥、各国的征信信息系统的配合为构建丝路征信平台打下了良好的大数据基础(见图6-3)。

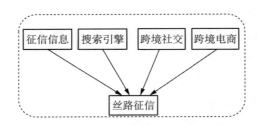

图6-3　丝路征信平台

随着以社交网络为主的新人际关系建立,信息搜集和处理的效率大幅提高,深刻改变着互联网金融的生态。社交网络作为一种新型人际关系的载体,它将真实世界里错综复杂的社会关系进行数字化,并利用互联网的技术进行拓展,形成了一个可以便捷地在朋友之间进行信息传递和共享的网络化平台机制。信息的内涵就是联系彼此的关系,社交网络上蕴含了大量的关系数据,人与人之间的接触、关系、互动、活动和圈子等方方面面的信息都被网络记录,这些信息使人与人(机构)之间的"社会资本"可以较快积累,是新型的"财富"[1],而这些"财富"可以降低现实中人们彼此之间的防备心理,从而降低金融交易的成本,这对现代金融交易的发展有着至关重要的作用。

在云计算的保障下,通过社交网络的揭示和传播、搜索引擎的组织和标准化,最终可形成关于资金供需双方的时间连续、动态变化的信息序列,特别是一些个人或机构没有义务披露的信息[2]。在社交网络时代背景下,网络借贷这种简洁、快速的金融服务似乎在一夜之间让他们聚集到了一起,形成了爆发式增长。也因此,金融领域在层层监管的传统体系中硬挺挺地增生出了一种完全独立于商业银行的间接融资和资本市场的直接融资的新型金融模式。这种金融模式深深依赖于互联网的开源本质,诞生在网络平台"分享、合作、平等"的精神之上,打破了金

---

[1] Hansen G D, Prescott E C. Malthus to Solow[J]. American Economic Review, 2002, 92(4): 1205—1217.
[2] 谢平,尹龙. 网络经济下的金融理论与金融治理[J].经济研究,2001(4):24—31,95.

融的资本壁垒,把金融变成了一个低门槛、高透明、更自由的开放形式。

在中国,微信、支付宝等第三方支付平台正以惊人的速度发展,其中,微信作为新型社交渠道,依托其社交网络的用户群体,从微信红包到微信支付,将触角伸向了炙手可热的金融领域,而且经过数年的发展,微信支付现在已经达到了线上和线下交易场景的全覆盖,为近十亿微信用户提供便捷的零售、餐饮、出行和民生等方方面面的高效支付体验,打造了不仅是支付的智慧生活体验,完成了从社交软件到第三方支付平台的跳跃式发展。支付宝这个第三方支付平台软件开发了具有社交网络意义的生活圈功能之后,也走向了金融的网络效应阶段。

社交网络金融模式是一场新的金融革命,社交网络的最大价值在于社交关系图谱。社交网络可以为互联网金融带来网络外部性,形成规模收益递增效应。网络金融服务产品对某一客户的价值依赖于接受网络金融服务的其他客户的数量[1],这就是信息网络发展过程中存在的网络效应。因此,互联网金融的服务规模越大,这个平台体系的价值也就相应增加越多。互联网金融符合数字经济中低边际成本的典型特点,固定成本一定,说明其平均成本是无穷递减的曲线,而且总是大于其边际成本。社交网络的出现使金融的发展趋向普通大众,催生了普惠金融的发展,进一步丰富了金融服务体系的多样化。

对于丝路金融合作来说,利用社交网络的无界化,将沿线各国与中国紧密联系在一起,纵然是不同的语言、不同的文化,也能通过中国先进的网络、语音识别等数字技术,在同一社交软件上进行沟通和交流,同享中国社交网络金融模式的快捷支付方式和信用借贷以及智慧生活体验,这不仅有助于中国的互联网巨头公司"走出去",传播中国的先进技术,发扬优秀的中华文化,而且社交网络上民间点对点的交流也将催生出双边代购等个体商业行为,真正地做到民心相通,并将丝绸之路经济带建设的红利释放到大众中去。

2013年来,跨境电商抓住"一带一路"倡议契机迅速发展,仅2016年市场交易规模就达6.7万亿元,同比增长24%。2016年9月5日,马云在G20峰会上倡议建设电子世界贸易平台(Electronic World Trade Platform,eWTP)。2017年3月22日,第一个eWTP跨境数字中枢在马来西亚成立。快速发展的跨境电商为丝路征信系统的构建提供了庞大的用户信息,包括消费者的个人基本信息、消费偏好、消费数量、消费水平、消费商品的类别和档次、支付手段以及社会地位等用户信息。例如,阿里根据跨境电商大数据编制了意在反映中国与

---

[1] 李印,钟军委.互联网金融、风险定价与利率冲击效应[J].学术论坛,2016,39(8):48—53.

"一带一路"沿线主要国家在跨境电商方面的连接紧密程度的跨境电商连接指数（E-Commerce Connectivity Index，ECI），并在"一带一路"国际合作高峰论坛会上发布了《eWTP助力"一带一路"建设——阿里巴巴经济体的实践》报告。根据报告中的ECI指数排名可知，2016年，中国与俄罗斯之间的跨境电商连接指数最高。俄罗斯的ECI出口指数最高，是中国跨境电商出口金额最大的国家。其进口量最多的中国商品是手机、电子计算机和网络产品、电子配件、家居用品、茶叶、厨房和餐厅用品、智能商品、服饰。与此同时，俄罗斯也是中国进口其商品最多的国家之一。这些网络交易数据不仅可以帮助我们判断商贸往来企业的信用水平，也可作为量化彼此之间投融资合作程度的基准。

六、中国领先发展的互联网金融可以提供模式借鉴

虽然中国的金融发展水平整体上与发达国家存在差距，但在互联网金融这一新领域却具有领先优势。网贷之家数据显示，截至2018年1月，中国网贷平台数量累计6 016家，月成交量稳步增加（见表6-1）。中国互联网金融的业务模式已涵盖了支付、融资、投资理财、风险管理四大领域。在支付领域，典型代表是第三方支付、移动支付；在融资和投资理财领域，典型代表为P2P、网络银行、网络基金、网络证券、互联网理财和互联网融资租赁等；在风险管理领域，相继出现了互联网保险、互联网证券等[1]。

表6-1 中国网贷发展情况

日期	累计平台数量（个）	成交量（亿元）
2015年1月	2 918	357.82
2015年6月	4 053	659.56
2015年12月	5 121	1 337.48
2016年1月	5 238	1 303.94
2016年6月	5 678	1 713.71
2016年12月	5 877	2 443.26
2017年1月	5 881	2 209.92
2017年6月	5 909	2 454.91
2017年12月	5 970	2 248.10
2018年1月	6 016	2 081.99

数据来源：根据"网贷之家"官网数据整理而得。

---

[1] 吴昌刚，马广奇.关于促进我国互联网金融健康发展的实践探析[J].时代金融，2017(8)：64，67.

如果将第三方支付、移动支付融入丝路金融合作,那么便可以实现 24 小时无障碍的国际支付。尤其是我国的支付宝,作为一个在全球具有普适性的支付工具和支付平台,可以在突破时空约束的同时,为人民币的跨境电商结算打下良好基础。如果将互联网证券、互联网保险、互联网理财融入丝路金融合作,便可将丝路金融合作的内容从货币合作延伸至投资合作。此外,如果将互联网众筹、互联网融资租赁等融资模式应用到丝路金融合作中,将在一定程度上有效解决目前丝路建设资金不足的难题。以丝路优质项目融资为例(见图 6-4),除了利用亚投行与丝路基金等合作组织得到融资以外,还可以使亚投行、丝路基金扮演线上信息中介角色,在其平台上公布智能筛选后的优质项目以供用户选择。通过丝路征信系统对众多竞标机构或企业进行信用评级,根据信用评分筛选出信用最高的几个领投人。领投人可以借助丝路征信系统对众多跟投人(跟投人权衡项目的风险收益后确定跟投项目)进行信用评级。根据信用评分并结合双方国家的跨境投融资法案筛选和限定跟投人的最大投资额度(跟投人可投资技术、原材料、能源、场所等),对于利润的分配,则由线上信息中介及领投人根据国际惯例商量彼此的提成比例。

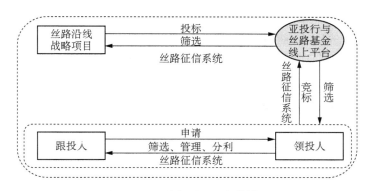

图 6-4　丝路优质项目众筹模式

大数据时代促进了商业模式发生根本性的变化。在互联网金融的思维模式下,大数据通过庞大而详细的数据处理技术能够更加准确地描绘出用户或企业的信用轮廓,这种数据处理可以通过动态行为轨迹——资产、收入、消费、性格、习惯、社交圈等完成对用户或企业信用预期的准确描述[1]。

互联网金融竞争的关键在于"数据"控制权。与传统金融相比,大数据给互

---

[1] 万建华.金融 e 时代:数字化时代的金融变局[M].中信出版社,2013.

联网金融带来了金融服务和产品创新以及用户体验的变化,创造了新的业务处理和经营管理模式,还对金融服务提供商的组织结构、数据需求与管理、用户特征、产品创新力来源、信用和风险特征等方面产生了重大影响。腾讯微信、新浪微博、阿里巴巴等庞大的用户数据,则给互联网企业杀入传统金融业以十足的底气。

互联网金融可以通过大数据满足金融最核心的定价要素。金融的核心要素可以分别概括为定价和信用以及风险控制。其中,定价是三要素的基础,在这个基础上才能创建出信用体系,从而进行引资,最后由风险控制来监管资金的具体流动和配置,促进金融循环的良性发展。随着利率自由化的推进和资金从银行脱媒,风险定价的基础性作用将逐步得到发挥,P2P就是将定价要素发挥到极致的商业模式,而互联网结合大数据可以解决最核心的风险定价问题。

借助于大数据手段中的分析工具、数学建模、处理框架和算法等技术,就可以将大数据时代的各类形形色色的数据串起来,从而对整个金融行业进行重构。互联网金融最直接的特点就是网络平台会记录下潜在交易双方的相关信息,这是一种全新的金融信息获取模式,使得金融客户的相关交易信息和每一笔交易的价格,以及交易当下的经济环境信息等数据都透明、详细,便于金融利率的市场化操作。交易行为和信息数据的掌握为互联网金融企业提供了更多的话语权,也就是说,在互联网金融环境下,数据的价值在于深挖并研究网络下的金融交易行为及其产生的数据痕迹,只有这样,才能做到精准定位和营销[1],才能从数据挖掘的技术层面跳转到更高附加值的深层次业务的开发,并由此衍生出可以按照客户和市场具体需求去定制的金融产品和服务。金融数据的分析是复杂的,但是借助大数据技术,可以快速挖掘出潜在的金融产品交易供需双方的需求,这是金融企业切实需要的重要商机。

大数据技术在金融领域的应用使互联网金融实现了在高频交易和社交情绪分析以及信贷风险管理三项金融行为上的创新。高频交易就是指战略性的顺序交易,是一种深入分析金融大数据,识别特定的数据痕迹,然后利用机器学习的规律进行程序设定,从而实现快速高频次的买卖交易,获取利润。社交情绪分析则是利用社交网络上关于金融市场的相关情绪信息的发布进行大数据搜集,然后通过计算机算法进行深入分析。国外的对冲基金就已经开始针对推特、脸谱网和博客等密集活动的社交媒体进行情绪信息的提取,然后开发相应的金融交

---

[1] 曾圣舒.互联网金融,小微企业的新选择[J].纺织服装周刊,2013(45):9.

易算法。信贷风险管理主要是针对小微企业的金融行为分析,强化小微企业贷款的审查程序与管理力度,有助于金融机构实现精益求精的管理模式。它主要是通过网络金融平台对小微企业的金融交易行为进行数据的采集和分析,通过大数据技术对其实际的经营情况、信用体系和市场定位、资本体量以及相关行业的经济发展态势进行判定。

在互联网技术的支撑下,可以将整个用户群的信息流、资金流、物流、商流整合起来,从而形成基于客户交易行为的大数据库[1]。针对该数据库的信息进行深层次的发掘和研究分析,有助于塑造整个金融客户群体在互联网上的商业信用体系,这就是信息的潜在价值[2]。随着时间的推移,互联网金融平台会积累海量的用户数据,为后期建立大数据库、通过大数据技术挖掘用户信息、有效掌握用户特点和需求特征提供可行性,并据此开展全面与个性化的互联网金融服务[3]。现有的大数据处理技术,已经足以实现在海量用户数据中进行深度挖掘,并使用相应算法对逐个用户进行特征性、行为和社交关系分析的要求,计算机甚至可以通过机器学习,实现自动评估用户的信用情况和在风险、投资上的偏好,这有利于金融机构对用户进行定制化的金融服务推荐。

对丝路金融合作来说,培育和助推以互联网和大数据融合为基础的新型金融机构,能够完善当前我国的金融体系和财富管理业态,从而引来以新金融为主的国际投资机构的集聚,并提升我国金融产品的组合配置能力,丰富丝路金融合作产品的综合性和多元化程度[4]。大数据、云计算等高效信息处理技术淡化了各金融业态的分工和专业性,推动丝路金融合作构建基于互联网的技术架构、组织结构、商业模式、投资流程、营运体系与合规风控机制,创造普惠金融和私人定制互补结合的新模式。在大数据时代的背景下,数据共享是打破信息不对称的关键,否则很可能会出现新的信息霸权,出现更严重的信息不对称[5]。丝路金融合作可以通过传统金融机构和支付企业以及互联网企业的有效融合,构建出丝绸之路经济带沿线国家的数据共享管理体系和大数据平台,将数据整合成资源,而不再是"孤岛",从而将金融数据进行科学的数字化和标准化,奠定新型

---

[1] 常帆.大数据时代商业银行信息化发展之道[J].数字通信世界,2014(1):39—41.
[2] 李良.《互联网金融健康发展指导意见》,看上去很美[J].银行家,2015(8):18—19.
[3] 王柯.互联网金融环境下 CMS 公司昆明营业部客户关系维护策略研究[D].昆明理工大学,2015.
[4] 张祥建,赵素君."一带一路"倡议下上海建设跨国财富管理中心模式研究[J].科学发展,2017(8):87—95.
[5] 赵素君,张祥建,涂永前.上海国际金融中心对接"一带一路"的突破口及措施[J].科学发展,2017(6):78—85.

社会信用体系与金融合作模式创新的基础。

小结

　　中国同丝路沿线国家已经具备开展金融合作的基础和条件：一是丝路沿线各国政治上的互信提供了开展金融合作的保障；二是丝路沿线各国频繁的经贸往来助推了金融合作的开展；三是各大金融组织积极参与成为丝路建设的重要力量；四是沿线国家的信息通信水平逐步提高；五是丝路征信系统必备的大数据基础正逐步完善；六是中国领先发展的互联网金融为网上丝绸之路金融合作提供模式借鉴。因此，大力推进丝绸之路经济带金融合作是完全可行的。

第七章

基于互联网的丝路金融合作影响因素的实证分析

在信息技术日新月异的发展背景下,随着与丝路经济带沿线国家金融合作领域的逐步拓展,合作涉及领域的范围越来越广,规模也逐步扩大,但进一步加强金融合作的难度也随之加大。那么,究竟有哪些因素会直接影响丝绸之路沿线经济带地区的金融合作呢? 我们对此问题要做进一步的理论和实证分析。

本章基于丝绸之路经济带沿线 46 个国家 2015 年 34 个指标的公开数据,探究影响基于互联网的丝绸之路经济带金融合作的关键因素[1]。通过构建经济基础、金融基础、互联网基础、政治基础四大基本方面、三个层级的指标体系,运用熵值法测量每一层级、每一指标对互联网丝路金融合作的影响程度。研究发现:一级指标中,金融基础所占比重最大,成为影响互联网丝路金融合作的核心因素,政治基础次之;二级指标中,经济发展规模、金融合作水平、互联网基础设施、国内政局分别在其一级指标中占比较大,在设计互联网丝路金融合作机制时须给予一定的重视;三级指标中,跨境通信设施建设、人民币清算行是否建立所占比重最大,因而在互联网丝路金融合作中要注重通信设施的互联互通以及构建人民币清算网络。

一、主要影响因素

2013 年来,我国与丝绸之路经济带沿线一些国家的金融合作取得了一系列突破性的重大进展,与其金融合作关系越来越密切,金融合作的范畴及程度正在

---

[1] 马广奇,秦亚敏.互联网时代丝路金融合作的影响因素与推进建议[J].广西财经学院学报,2020(3):56—67.

得到进一步的扩大与深入,区域金融合作正在进一步成为我国促进该区域金融与经济一体化的有力保障和支撑。然而,全球自 2008 年金融危机以来,国际金融在遭受了重创之后发展低迷,发展态势也渐缓,金融危机所产生和留下的新问题和后遗症也严重地影响着丝绸之路沿线经济带的区域金融合作,许多发达国家也在积极探索新的区域金融合作方式和发展方向。

(一)政治因素:丝路金融合作的环境和起点

(1)政局动荡、恐怖主义加大了我国与丝路经济带互联网金融合作的政治风险。丝绸之路沿线国家金融合作涉及欧亚大陆 50 多个国家和地区,国情复杂,文化特别是传统宗教信仰纷繁多样,在丝绸之路沿线经济带金融国际合作的核心区内部,除了我国的政局稳定之外,中亚国家的整体政治经济局势复杂多变,加之各国长期都处于大规模的战争、动乱之中,使得贸易和对外投资等经济活动都面临着较大的政治风险。此外,各国的政治立场很有可能不同,都将极有可能成为丝绸之路沿线经济带国际金融合作的潜在障碍和威胁。同时,中亚和非洲以及中东地区也是亚洲和全球极端恐怖主义的中心和发源地,极端宗教恐怖主义势力和极端暴力恐怖主义势力长期活跃于此,影响了丝绸之路沿线经济带的社会治安。

(2)大国博弈、利益争夺恶化了互联网丝路金融合作的政治环境。长期以来,中亚都是俄罗斯和西方国家争取的焦点区域,双方都想维持和扩大在该区域的势力范围,所以经常试图干涉我国在中亚地区的贸易投资和文化交流活动,目的是防止其在中亚地区的政治主导权和话语权被撼动。因此,中亚地区常常被卷入大国的博弈和较量中,造成暴力和战争事件频发,社会动荡不安。稳定的政治环境是双边合作和交流的前提,而中亚地区动荡的社会环境会导致互联网丝绸之路经济合作面临较大的政治风险。

(二)经济因素:丝路金融合作的前提和基础

产业关联、贸易投资依赖加大了对于互联网丝路金融领域合作的现实需求。我国实际上是一个人口与资源总量多,人均资源占有量却十分有限的国家,石油、天然气、铁矿石、铜和铝土矿等重要资源的占有量分别仅相当于世界人均资源水平的 11%、4.5%、42%、18% 和 7.3%。截至 2020 年,中亚的石油探明储量 160 亿吨,占世界石油探明储量的 7.03%,天然气探明储量 528.41 千亿立方米,占世界天然气探明储量的 28.22%,并且其矿产资源的储量丰富,种类多样,如哈萨克斯坦已经探明的重要矿产资源储量达 90 多种,钨的储量位居世界第 1 位,铬、磷等重要矿物质的储量居世界第 2 位。但是,中亚各个国家的现代化工业发展水平较差,矿产资源的综合开发技术较为落后,正因为如此,其与我国较为发达的现代工业技术体系可以形成很强的优势互补。随着我国现代互联网金融技术的发展,利用互联网金融平台可以加快与丝路沿线国家的互联网金融交流和合作,不仅能促进中亚各国工业和矿产资源的综合开发和利用,而且通过平台可以有效解决我国现代工业经济在高速发展过程中面临的能源和矿产资源日益短缺的问题,实现产业的转型和推动经济结构调整,促进工业和经济的健康可持续发展。

(三) 金融因素:丝路金融合作的主体和内容

在进行区域金融合作时,区域内金融差异化会加大金融合作的复杂性和协调性。丝绸之路沿线发展中国家众多,其经济发展水平悬殊、差距较大,区域经济发展不均衡,这些问题致使沿线国家和地区的区域金融合作协调发展根基不稳。一方面,沿线国家金融体系的差异明显,金融监管合作的难度大。与中亚五国相比,中国的互联网金融机构的体系具有业务种类齐全、规模庞大的优势,而且业务的种类、服务的对象及体系结构对沿线国家经济和社会发展具有重要的支撑作用。另外,金融监管与合作的博弈理论研究者认为,由于"一带一路"沿线的国家数量众多,金融发展的水平也不一,这些国家与我国的经贸联系的程度也不等,开展全面的金融监管及区域合作的难度较大,成本却会很高,这将严重地制约未来我国与丝路沿线国家在金融领域合作的推进步伐。另一方面,区域内国家的金融政策选择不同,汇率制度存在显著差异。在选择经济发展的路径与政策措施应对经济危机时,沿线国家往往会采取不同的金融路径与政策,进而使沿线国家产生意见分歧与利益冲突。

(四) 技术因素:丝路金融合作的基础设施和硬件支撑

网络设施等基础设施的不完善加大了开展丝路沿线互联网金融领域合作的复杂性和技术难度。丝路沿线国家和地区之间要想进一步实现信息的互联、互通,加强金融领域的合作,必须建立完善的金融网络和设施,前者以互联网为基础,后者则涵盖了全方位的基础设施。中亚地区各国由于经济发展的水平相对比较滞后,对于中国的互联网和基础通信设施的投资和支持力度较小,很难在短期内实现与其基础设施的互联互通,这进一步加大了互联网丝路沿线国家在金融领域合作的成本和技术难度。习近平总书记在第二届世界互联网大会上也曾明确指出中国要与"一带一路"沿线各国合作,加速发展和建设"网上丝绸之路",重视推进包括移动互联网、通信网、物联网在内的现代化网络和基础通信设施的建设[1]。

二、影响因素实证分析

(一) 样本与数据来源

为了全面、客观地反映和分析影响基于互联网的丝路金融合作的主要因素,我们分别选取了丝绸之路沿线46个主要国家作为丝路金融合作影响因素研究的样本,包括:东北亚的俄罗斯和蒙古国;西亚北非20国,包括伊朗、伊拉克、土耳其、叙利亚、约旦、黎巴嫩、以色列、巴勒斯坦、沙特阿拉伯、也门、阿曼、阿联酋、卡塔尔、科威特、埃及、格鲁吉亚、阿塞拜疆、亚美尼亚、阿富汗和巴林;中亚五国,包括哈萨克斯坦、乌兹别克斯坦、土库曼斯坦、塔吉克斯坦、吉尔吉斯斯坦;中东欧19国,包括波兰、立陶宛、爱沙尼亚、拉脱维亚、捷克、斯洛伐克、匈牙利、斯洛文尼亚、克罗地亚、波黑、塞尔维亚、罗马尼亚、保加利亚、北马其顿、乌克兰、白俄罗斯、摩尔多瓦、黑山、阿尔巴尼亚。

数据主要来源于世界银行、Wind行业资讯、《中国统计年鉴2016》、《2015年度中国对外直接投资统计公报》、外交部中国官方网站、财政部网站、中国人民银行网站、证监会网站、中国"一带一路"网、国际电信联盟等,全部为2015年度统计数据。

(二) 方法与模型选择

研究互联网丝路金融合作的影响因素,可以通过量化不同因素对互联网金融合作的重要性程度,重要程度越大,影响作用越强。我们的分析就是要从以上四方面选取若干指标,通过构建评价体系,测量这些因素分别对互联网丝路金融合作的影响程度。

我们先对数据进行了相关性分析,得到大多数变量之间没有显著相关性的判断,因而利用变量的相关性对变量进行降维,继而求得各变量的权重即因子分

---

[1] 陈静,马广奇.互联网丝路金融合作的影响因素与建议[J].现代企业,2020(4):90—91.

析法并不合适。另外也表明,我们选取的变量涉及丝路互联网金融合作的方方面面,具有代表性。

在使用熵值法时,指标间信息无须存在显著的相关性。熵值法是一种系统的客观赋权法,是通过特定的指标信息熵的分析和计算,根据特定指标的相对信息变化程度对系统整体的客观影响程度来确定指标的权重。这种客观赋权方法具有从少量的信息中分析并找出变化规律且客观性较强的特点和优势,其计算得到的指标权重也同样具有极高的客观性和可信度。因此,我们选用熵值赋权法对基于互联网的丝绸之路沿线国家金融合作的影响因素进行分析。

在熵值法中,假设有 m 个样本待评,n 项评价指标,形成由 m 个样本、n 个指标组成的原始指标数据矩阵 X_{ij}。其中,X_{ij} 表示了第 i 个样本的第 j 个指标数值,其一般的步骤如下所述[1]。

鉴于所选指标数据数量级和量纲的不同,我们采用极差法对数据进行初始的标准化处理。另外,根据各评价指标对于评价目标的影响不同,评价指标可分为正向指标与负向指标。正向指标表示该指标对于评价目标具有正向的促进作用;负向指标表示该指标对于评价目标具有负向的影响机制。由于本文选择的评价变量对于评价目标均具有正向的影响机制,因而这里采用正向的极差法对原始数据进行标准化处理。具体如下:

$$A_{ij} = \frac{[X_{ij} - \min(X_j)]}{\max(X_j) - \min(X_j)}$$

标准化处理后,计算确定各指标的权重。

(1) 利用标准化后各指标数据构建 m 个评价样本、n 个评价指标的判断矩阵 R。其中,A_{ij} 表示空间单元 i 对应指标 j 的标准化数据。

$$R = \begin{pmatrix} A_{11} & \cdots & A_{1n} \\ \vdots & \ddots & \vdots \\ A_{m1} & \cdots & A_{mn} \end{pmatrix}$$

(2) 按照信息熵的计算公式,可得出每一个指标的信息熵值如下:

$$H_j = -\sum_{i=1}^{m} \frac{P_{ij} \ln(P_{ij})}{\ln(m)} \quad (j = 1, 2, \cdots, n)$$

---

[1] 龚遥,顾晓安.互联网金融发展影响因素实证分析[J].经济经纬,2016(11):10.

其中，$P_{ij}=A_{ij}\Big/\sum_{i=1}^{m}A_{ij}$，因而当 P_{ij} 为 0 时，其取对数无意义。不过，本文借鉴拉普拉斯平滑定理，将每一个 A_{ij} 加上一个常数值 λ，这里取 λ=1。因此，熵值计算公式在存在 $P_{ij}=0$ 情况下有意义，同时又可保证估计的概率变化对于结果的影响可忽略，最终定义式如下：

$$P_{ij}=(1+A_{ij})\Big/\sum_{i=1}^{m}(1+A_{ij})$$

（3）计算各评价指标的权重值如下：

$$W_j=(1-H_j)\Big/\left(n-\sum_{j=1}^{n}H_j\right) \quad (j=1,2,\cdots,n)$$

（三）评价指标体系的构建

1. 选取原则

评价指标的确定和选择应兼顾典型性、全面性、主导型、科学性、可操作性等基本原则。同时，尽可能多地选取宏观指标，尽量采用相对量指标，不纳入很难及时获得的数据和非公开的数据。

2. 指标选取与说明

选取丝绸之路沿线 46 个国家的经济基础、金融基础、互联网基础及政治基础等四方面的 34 个指标作为影响互联网丝路金融合作的因素。具体衡量指标的选取与说明如下所述。

（1）经济基础。从可以反映国家经济发展的经济发展规模、经济发展速度、进出口国际贸易规模和直接投资规模四方面综合选取相关经济指标。

在经济发展规模的衡量方面，选取了 GDP 与人均 GDP 两个指标。GDP 的指标是按市场价格计算的一个国家（或地区）其所有常住居民或单位在一定时期内的生产经营活动的最终经济成果，是用来衡量一个国家或地区社会经济总体发展状况的一个重要指标，它可以反映一个国家或地区的社会经济发展实力和市场规模。人均 GDP 指标是用来衡量一个国家或地区经济和人民生活水平的重要标准，可以比较客观地反映一国的经济发展水平和经济发展程度。

经济发展速度方面，选取 GDP 年增长率与 GDP 人均年增长率指标。GDP 年增长率是宏观经济的重要观测指标之一，它反映一个国家或地区不同年度总体经济状况变动的情况。GDP 人均年增长率反映一个国家或地区不同年度人民生活水平的变化情况。

进出口贸易规模和直接投资规模方面,选取了我国对该国直接出口的总额、进口总额、进出口总额及我国对该国直接投资的净额、截至 2015 年对该国直接投资的存量、外商直接投资。两国进出口贸易规模及直接投资规模是否保持快速增长,可以客观地反映彼此经贸交流与外商直接投资两个领域的交流与合作进展的情况,反映相互间的合作关系是否日趋密切。

（2）金融基础。从金融化程度、资本市场水平、银行信贷效率、金融合作等方面选取指标。

金融化程度方面,选取了 $M2/GDP$ 这一衡量指标。它主要用于反映一国经济发展的金融化程度,通常来说这一评价指标的数量比值越小,经济发展的货币化程度越低。

资本市场水平方面,选取了股票市值$/GDP$、股票交易额规模$/GDP$ 两个指标。股票市值$/GDP$,可以直接反映资本市场的投资机会和风险程度。股票交易额规模$/GDP$,即股票交易率,可以直接体现资本市场的规模是否与股票交易规模相匹配。

银行信贷效率方面,选取私人信贷$/GDP$、存贷款利差指标。私人信贷$/GDP$ 可以衡量其负债水平、资金配置效率,反映金融深化的程度。存贷款利差的大小可以反映融资效率的高低。

金融合作方面,选取我国在货币互换、投资银行、金融监管三个方面的国际金融合作发展情况作为衡量现有的金融合作水平的指标,同时,选取是否在该国建立了人民币海外清算行及我国银行在该国分布的数量作为衡量金融合作水平支撑环境的一个重要指标。货币双边互换协议,即中国与该国是否签订《双边货币互换协议》,是为 1,否为 0。金融监管合作,即是否与该国签署《金融合作监管备忘录》,是为 1,否为 0。投资银行合作,即其是否为亚投行、金砖国家新开发银行意向的成员国,是为 1,否为 0。人民币海外清算行,考察其是否在该国设立了人民币海外清算行,开展对人民币的跨境汇兑结算业务,反映了人民币跨境汇兑结算的便利和安全程度。我国银行海外分布考察了我国各大中资银行在该国设立海外分支机构的数量,反映我国银行在该国的影响力和金融服务水平。

（3）互联网基础。从互联网基础设施、风险控制、网络环境等方面选取指标。互联网基础设施方面,选取通电率、安全互联网宽带服务器的数量、固定宽带普及率、互联网普及率及跨境的通信网络基础设施五个部分作为分析指标。我国跨境互联网通信基础设施建设的完备为互联网丝路金融合作的顺利推进提供基本的保证。其中,跨境互联网通信基础设施建设的完备情况主要考察是否与我国合作建设了相应的跨境互联网通信基础设施,是为1,否为0,它反映跨境通信网络基础设施的联通水平。与我国有跨境通信网络和设施联通的国家主要有俄罗斯、哈萨克斯坦、蒙古国、波兰、阿联酋、吉尔吉斯斯坦、塔吉克斯坦、乌克兰等,跨境通信光缆建设正在稳步地推进。

风险控制方面。风险控制水平方面的指标可以从相关人才的培养入手,相关领域人才是风险控制水平提高的保障,受教育程度越高越能为互联网金融的稳定运行提供保障,若全社会能形成良好规范的体系,互联网金融合作的风险将大幅降低。因此,选取公共教育支出/政府支出、高等院校入学率作为风险控制的间接衡量指标。

网络环境方面,选取私营部门参与的电信投资作为衡量环境优劣的指标。私营部门参与的电信投资额越高,说明环境越活跃,越有利于提高互联网发展水平。

(4)政治基础。从合作机制和国内政局两方面选取指标。

在合作机制方面,选取驻我国使领馆的总数、双边签署重要文件的数量等作为具体衡量的指标。这种合作关系机制的建立可以为两国建立长期多方位的合作关系提供保障,合作期间双方通过互设使领馆,可以有效推进国家间长期多层次、多维度的政策交流与战略合作。对方在我国设立使领馆的规模和数量可以直接反映其与我国政治关系的深厚程度。合作双方签署的双边合作重要性文件,如联合声明、联合公报、合作发展规划等,体现了两国的政策沟通与战略合作历程,也为双方的合法权益与安全提供切实保障。与我国签署的双边重要性合作文件的形式和数量直接体现了两国的政策沟通、战略合作的程度[1]。

国内政局的变化决定着该国与我国政策沟通与合作的有效性和长久性。这里我们选取国家政治的稳定性和清廉指数作为主要衡量指标。一个国家的政治体系动态的有序性和连续性可以通过政治经济稳定性的分值来加以体现,该指标值越高,相关国家的政权结构更迭和民族关系将更加有序和稳定[2],是相关国家开展多方双边合作的一个重要前提,该指标的取值为0~100分,分值越高,稳定性越强。政府功能的充分发挥程度可以通过清廉指数分值来加以体现,该指标的分值越高越清廉,相反,政府腐败可能会直接引发国际社会矛盾甚至是动

---

[1] 陈向阳,徐进. 政策沟通:建立互信合作的制度框架[N]. 中国经济时报.2016-07-11.
[2] 财经频道. 政策沟通:建立互信合作的制度框架 政策沟通的内涵和外延[EB/OL]. http://finance.eastmony.

乱,影响国际双边合作[1],该指标取值区间为0~100分。

综上所述,本文研究影响互联网丝路金融合作的因素时采用的34个指标如表7-1所示。

表7-1　影响互联网丝路金融合作的指标体系

一级指标	二级指标	三级指标
经济基础	经济发展规模	GDP
		人均GDP
	经济发展速度	GDP年增长率
		GDP人均年增长率
	进出口贸易规模	我国对该国出口总额
		我国对该国进口总额
		我国对该国进出口总额
	直接投资规模	我国对该国直接投资净额
		截至2015年对该国直接投资存量
		外商直接投资
金融基础	金融化程度	M2/GDP
	资本市场水平	股票市值/GDP
		股票交易额/GDP
	银行信贷效率	私人信贷/GDP
		存贷款利差
	金融合作	货币互换合作
		金融监管合作
		投资银行合作
		人民币清算行是否设立
		我国银行海外分布数量
互联网基础	互联网基础设施	通电率
		安全互联网宽带服务器
		固定宽带普及率
		互联网普及率
		跨境通信网络基础设施建设

[1]　李超."一带一路"互联互通:建立深层次政策沟通机制[N].中国经济时报.2015-06-01.

续表

一级指标	二级指标	三级指标
技术基础	风险控制	公共教育支出/政府支出
		高等院校入学率
	网络环境	私营部门参与的电信投资
政治基础	合作机制	驻我国使领馆数
		双边重要文件数
	国内政局	政治稳定性
		清廉指数

(四) 计算过程与分析

1. 数据处理

我们先对于本次选取的34个主要指标进行描述性统计和分析,结果如表7-2所示。通过统计分析对比各指标的最大值、最小值以及平均值,我们发现,变量之间的平均值和统计单位之间存在较大的差异,同时由于各研究指标的数量级和量纲不同,若将其直接纳入模型中计算,将直接对模型计算的结果和准确性造成比较大的影响,因而要先对于各指标的数据进行数据标准化预处理。我们采用极差计算方法对各指标数据进行预处理,使得标准化后的各指标数据在[0,1]的范围内。

表7-2 原始数据的描述统计

变量	最小值	最大值	平均值	标准差
$X1$	1 365 865.3	717 879 788.6	126 660 659.8	168 355 717.3
$X2$	590.0	73 653.4	11 340.4	12 962.2
$X3$	−28.1	8.0	1.8	5.3
$X4$	−29.8	6.1	0.8	5.4
$X5$	5 998.0	3 702 016.0	528 257.9	842 227.2
$X6$	44.0	3 325 866.0	384 048.7	723 946.8
$X7$	6 969.0	6 801 554.0	912 306.5	1 459 008.4
$X8$	−251 027.0	296 086.0	109 99.2	63 040.0
$X9$	4.0	1 401 963.0	95 219.2	230 038.7
$X10$	2.0	27 774.0	1 439.3	4 264.9

续表

变量	最小值	最大值	平均值	标准差
X11	22.3	1 662.6	132.4	269.8
X12	0.1	67.6	8.0	13.7
X13	0.1	86.6	22.4	22.3
X14	4.0	111.9	49.1	22.1
X15	−2.1	21.6	5.6	4.6
X16	0.4	627.0	44.3	105.5
X17	6.1	391.1	72.6	75.5
X18	0.0	1 500.0	85.0	251.0
X19	0.0	1.0	0.4	0.5
X20	0.0	1.0	0.4	0.5
X21	0.0	1.0	0.1	0.2
X22	0.0	6.0	0.5	1.1
X23	72.0	100.0	98.7	4.8
X24	0.6	1 142.6	185.6	254.2
X25	0.0	28.9	14.2	9.2
X26	6.4	91.5	55.5	22.0
X27	0.0	1.0	0.2	0.4
X28	5.0	20.8	12.2	3.5
X29	6.0	95.0	49.0	24.0
X30	11 900 000.0	5 494 800 000.0	440 651 388.4	859 965 849.0
X31	1.0	7.0	1.4	1.0
X32	2.0	62.0	8.6	9.8
X33	11.0	70.0	40.3	15.3
X34	0.0	96.0	43.0	27.4

2. 权重计算结果

对各指标的原始数据进行了标准化分析处理后,使用信息熵模型计算各级指标的权重,其中影响因素的权重是衡量该因素的每个指标权重的直接累加,结果如表7-3所示。通过分析表7-3中各个指标的权重可以简单地反映互联网丝路金融合作的直接影响因素和衡量指标关系的等式,其中,Z表示互联网丝路金融合作指数。这一合作指数直接反映了每一个因素影响互联网丝路金融合作的重要性程度,即建立了互联网丝路金融合作的机制。具体计算方法如下:

$$Z = 0.224\ 2 \times 经济基础 + 0.365\ 3 \times 金融基础 + 0.152\ 5 \times$$
$$互联网发展水平 + 0.258\ 0 \times 政治基础$$

首先,可以看到四个基本方面的权重大小:金融基础的指标权重最大,为0.37;政治基础指标权重为0.26;经济基础的指标权重为0.22;互联网基础的指标权重相对较低,为0.15。可以看到金融基础因素对互联网丝路金融合作起到了最为重要的作用。

其次,在衡量金融基础的二级指标中,金融合作水平和资本市场水平的指标权重相对较大,分别为0.39和0.21,说明其对于互联网金融合作具有较强的作用。在衡量政治基础的二级指标中,国内政局这一指标所占比重较大;在衡量经济基础的二级指标中,经济发展规模指标权重最大(0.38),进出口贸易规模和投资规模的影响程度相当,权重分别为0.29和0.26,经济发展速度的影响程度最弱(0.07);在衡量互联网基础的二级指标中,互联网基础设施这一指标权重最大,为0.44。

最后,通过计算34个三级指标的权重发现,跨境通信设施建设指标权重最大,固定宽带普及率、人民币清算行是否设立、政治稳定性、股票交易额/GDP、GDP、我国对该国出口总额、高等院校入学率等指标的权重相对较大,说明其对于我国与丝绸之路沿线各国之间的互联网金融合作具有较大的影响作用。

表 7-3　各级指标权重

一级指标	二级指标	二级权重	三级指标	三级权重
经济基础 0.224 23	经济发展规模	0.384 34	GDP	0.032 29
			人均 GDP	0.019 08
	经济发展速度	0.066 47	GDP 年增长率	0.006 58
			GDP 人均年增长率	0.006 69
	进出口贸易规模	0.288 52	我国对该国出口总额	0.031 41
			我国对该国进口总额	0.029 63
			我国对该国进出口总额	0.028 34
	投资规模	0.260 67	我国对该国直接投资净额	0.005 45
			截至 2015 年对该国直接投资存量	0.017 79
			外商直接投资	0.015 60

续表

一级指标	二级指标	二级权重	三级指标	三级权重
金融基础 0.365 27	金融化程度	0.107 73	M2/GDP	0.017 66
	资本市场水平	0.210 01	股票市值/GDP	0.025 93
			股票交易额/GDP	0.034 73
	银行信贷效率	0.125 02	私人信贷/GDP	0.018 60
			存贷款利差	0.017 96
	金融环境	0.160 39	总储备量	0.018 51
			总储备/外债总额	0.022 70
	金融合作	0.396 85	货币互换合作	0.018 78
			金融监管合作	0.109 28
			投资银行合作	0.108 96
			人民币清算行是否设立	0.039 75
			我国银行海外分布数量	0.023 40
技术基础 0.152 45	互联网设施	0.441 50	通电率	0.008 13
			安全互联网服务器	0.029 70
			固定宽带普及率	0.043 10
			互联网普及率	0.025 02
			跨境通信设施建设	0.082 50
	风险控制	0.310 88	公共教育支出/政府支出	0.019 81
			高等院校入学率	0.030 51
	网络环境	0.247 62	私营部门参与的电信投资	0.015 92
政治基础 0.258 03	合作机制	0.321 26	驻我国使领馆数	0.017 62
			双边重要文件数	0.016 59
	国内政治	0.678 74	清廉指数	0.027 11
			政治稳定性	0.034 86

3. 计算结果分析

将标准化数据处理后的 46 个丝路沿线国家和地区的数据代入互联网丝路金融与合作指数的表达式,得到各国互联网丝路金融合作指数、影响因素与衡量指标的具体分值(详见标准化表 7-4)。

(1) 互联网丝路金融合作指数。由表 7-4 可知,阿联酋、俄罗斯、卡塔尔、沙特阿拉伯等国的互联网丝路金融合作指数相对较高,而叙利亚、伊拉克、土库曼斯坦、也门、阿富汗等国的互联网丝路金融合作指数处于相对较低的水平。

表 7-4　互联网丝路金融合作指数

序号	国家	指数	序号	国家	指数
1	阿联酋	0.818 1	24	拉脱维亚	0.324 6
2	俄罗斯	0.795 8	25	乌克兰	0.321 2
3	卡塔尔	0.749 9	26	白俄罗斯	0.318 2
4	沙特阿拉伯	0.731 6	27	埃及	0.273 9
5	波兰	0.713 1	28	保加利亚	0.269 5
6	以色列	0.609 9	29	格鲁吉亚	0.269 5
7	科威特	0.602 9	30	罗马尼亚	0.265 0
8	土耳其	0.595 4	31	黑山	0.260 0
9	蒙古国	0.528 5	32	阿塞拜疆	0.256 0
10	捷克	0.504 9	33	波黑	0.255 7
11	哈萨克斯坦	0.499 3	34	乌兹别克斯坦	0.235 6
12	伊朗	0.462 6	35	巴勒斯坦	0.229 4
13	匈牙利	0.458 7	36	塞尔维亚	0.215 7
14	阿曼	0.434 0	37	阿尔巴尼亚	0.203 8
15	立陶宛	0.429 8	38	北马其顿	0.181 7
16	斯洛伐克	0.420 3	39	黎巴嫩	0.181 5
17	吉尔吉斯斯坦	0.398 6	40	亚美尼亚	0.181 1
18	爱沙尼亚	0.396 9	41	摩尔多瓦	0.178 6
19	塔吉克斯坦	0.373 8	42	叙利亚	0.170 3
20	斯洛文尼亚	0.355 4	43	伊拉克	0.131 8
21	巴林	0.344 3	44	土库曼斯坦	0.129 3
22	约旦	0.326 1	45	也门	0.103 9
23	克罗地亚	0.325 2	46	阿富汗	0.063 0

（2）各影响因素国别贡献度。影响因素的得分反映该因素对于互联网丝路金融合作的重要性程度，计算的结果显示不同的国家影响因素的得分排名次序存在明显的差异。如表 7-5 所示为针对本文研究中所选择的经济基础、金融基础、互联网基础、政治基础四个一级指标进行计算得出的得分排名前十位的国家，反映了不同的国家影响因素得分的次序，可以为确定与这些国家的交流和合作重点领域及薄弱环节提供参考。对比各一级基础指标得分排名靠前的国家，横向比较来看（指标角度）：沙特阿拉伯、阿联酋、俄罗斯在经济基础指标下的得分领先；沙特阿拉伯、卡塔尔、科威特、阿联酋在其金融基础指标下的得分领先；

俄罗斯、波兰、乌克兰在互联网基础技术指标下的得分领先；沙特阿拉伯、卡塔尔、波兰、阿联酋在其政治基础指标下的得分领先。纵向来看（国别角度）：波兰四个基础方面均处于领先水平；俄罗斯、土耳其、以色列在三个方面即经济基础、金融基础、互联网基础方面处于相对领先的水平；阿联酋、卡塔尔在不同的三个方面即经济基础、金融基础、政治基础方面处于相对领先水平；沙特阿拉伯、伊朗、哈萨克斯坦等国分别在不同的两个方面处于相对领先位置。

表7-5　各一级指标得分较大国家

序号	经济基础	金融基础	互联网基础	政治基础
1	沙特阿拉伯	卡塔尔	俄罗斯	卡塔尔
2	阿联酋	科威特	波兰	波兰
3	俄罗斯	阿联酋	乌克兰	阿联酋
4	土耳其	以色列	蒙古国	捷克
5	伊朗	俄罗斯	哈萨克斯坦	斯洛伐克
6	波兰	沙特阿拉伯	爱沙尼亚	立陶宛
7	卡塔尔	土耳其	土耳其	爱沙尼亚
8	以色列	波兰	吉尔吉斯斯坦	斯洛文尼亚
9	埃及	伊朗	斯洛文尼亚	匈牙利
10	哈萨克斯坦	塔吉克斯坦	以色列	拉脱维亚

三、实证结论与合作启示

（一）实证结论

我们的研究借助熵值法，利用现有的数据，构建了互联网时代下的丝路金融合作影响因素指标体系，计算分析得出各影响因素的权重大小，并在此体系的基础上计算得到46个丝绸之路经济带沿线国家的互联网时代丝路金融合作指数，最后对各影响因素与平衡指标的贡献度进行了综合衡量，可以客观地得出以下结论。

（1）依据熵值法计算得出的四个影响因素的权重，"金融基础"对互联网丝路金融合作起到了最为重要的作用，"政治基础"次之，"经济基础"第三，而"互联网基础"的影响作用最小。再从二级指标来看，金融合作水平、国内政局、经济发展规模、进出口贸易规模、投资规模、互联网基础设施分别在其一级指标中占有较大比重。具体到三级指标,跨境通信设施建设指标权重最大,固定宽带普及率、人民币清算行是否设立、政治稳定性、我国对该国出口总额等指标的权重相对较大,说明其对于我国与丝绸之路沿线各国之间的互联网金融合作具有较大的影响作用。

(2) 根据指标计算得出的各个国家的互联网丝路金融合作指数,并同时参考一级指标权重计算结果得分情况(分别见表 7-4 和表 7-5),可以将样本中的国家分为合作均衡型的国家、合作次均衡型的国家以及合作具有潜力型的三个国家类别。本文将一级指标三个及以上领先的国家划分为合作均衡型的国家,将一级指标两个以上领先的国家划分为合作次均衡型的国家,剩余的国家均划分为合作具有潜力型的国家。根据这一划分的标准,均衡型的国家分别有波兰、俄罗斯、土耳其、以色列、阿联酋、卡塔尔,占比 13.04%;次均衡型的国家分别有沙特阿拉伯、伊朗、哈萨克斯坦、爱沙尼亚、斯洛文尼亚,占比10.87%;剩余的国家为潜力型的国家,占比 76.09%。

(二) 合作启示

根据实证分析以及得出的结论,对丝路金融合作有以下启示。

(1) 金融基础方面,提升金融合作的水平,扩大人民币在国际跨境使用的规模。首先,充分发挥各类金融机构(包括政策性的金融机构、多边合作性金融机构等)在推动金融一体化与金融合作中的重要基础性作用,使得丝路沿线地区和国家的经济与金融一体化的水平得到提高,并且进一步提升我国企业参与丝路沿线金融合作的针对性、有效性。其次,人民币在 2017 年 9 月 30 日被国际货币基金组织正式宣布纳入其特别贸易提款权的国际货币篮子并于 10 月 1 日正式运行生效,人民币的可靠性和国际信用地位由此进一步得到提升,为我们搭建和利用互联网金融开展国际合作提供了基础性的条件。最后,要为境外人民币的结算使用以及回流提供更加便利的条件,以更大力度和规模支持和促进境外企业对人民币的结算、清算以及人民币的回流,使我国与沿线国家和地区的本币互换的范围得以进一步扩大,同时根据实际需要进一步建立人民币的清算安排,提升人民币国际化的水平[1]。

(2) 政治基础方面,重点关注沿线国家的政治稳定情况,加强与其沟通、协调。丝路沿线很多国家国内政局并不稳定,地缘政治风险较大,政治冲突频发,

---

[1] 雷曜.资金融通:助推经贸合作深化发展[N].中国经济时报,2016-07-14.

在参与的经济联盟中面临复杂的利益关系。我们要利用现有双边、多边合作平台，同时积极搭建互联网信息共享平台，借助互联网技术开展各种层次的人员交流和政策交流，本着互利共赢的原则加强与沿线国家的沟通和协作，与其国家发展战略进行有效对接。同时，监管要与合作同步推进，包括扩大区域监管合作范围和深度、提升与监管当局沟通的效率，为全方位的丝路金融合作提供可能。

（3）经济基础方面，基于"一带一路"倡议，本着互利共赢与自主自愿的原则，鼓励沿线国家和地区与我国的企业进行更多领域的技术与项目交流合作，对与沿线国家和地区的战略性贸易投资结构也应进行优化与调节，构建更为完善的开展贸易与投资的合作体系与机制[1]。在充分了解沿线国家和地区的自身利益与诉求基础上，积极地消除重大贸易投资合作项目的贸易和投资壁垒，寻求战略性贸易投资的增长点。对此，我们建议可以积极地搭建互联网贸易与战略性投资的大平台和互联网自动化支付的平台，使我国的贸易投资模式更加多元化，提升与沿线国家的贸易与投资自由度和便利度。同时，积极与沿线国家的区域经济发展与战略合作项目对接，比如，我们建议可以积极进行"一带一路"国际合作倡议与欧亚国家区域经济合作联盟或其他东南亚国家联盟的发展战略对接等。

（4）技术基础方面，须推进跨境网络建设，它的完善与否直接关系到互联网金融合作平台的顺利搭建。加强基础设施包括信息基础设施和跨境通信设施的建设是互联网金融合作的必备条件，这就要求我国的信息技术企业"走出去"，与沿线国家的信息化建设形成合作，取长补短，改善与丝路沿线国家的信息联通状态。我国作为"一带一路"倡议国，要牵头开展跨境通信设施建设的总体规划研究，在规划中充分考虑沿线国家的利益关系，始终坚持互利互惠的原则，对需要与有关国家共同建设与运营的项目，要注重发挥市场的主导作用和政府的引导作用，同时要明确权责划分，做到有利同享、有险共担。

（5）根据每一类国家的金融合作特点，我国在积极推行互联网丝路金融合作时应该分别具有不同的合作侧重点。对于第一类的国家，应对其予以重点突破，因为第一类国家的综合实力较强，金融差异化的程度较弱，可以继续加大与其合作的力度和范围；对于第二类的国家，要针对具体的国家具体分析与其合作的薄弱环节，扬长避短，趋利避害，稳步地推进；对于第三类的国家，合作的空间大，但在积极推进丝路金融合作的同时，也应根据该国的实际需求和其态度继续

---

[1] 赵静,于豪谅."一带一路"背景下中国-东盟贸易畅通情况研究[J].经济问题探索,2017(7):1.

保持应有的合作谨慎性。

小结

　　互联网丝路金融合作的主要影响因素分为政治因素、经济因素、金融因素、互联网技术因素等；我们基于熵值法对这些因素进行了科学实证的分析和预测，利用丝绸之路经济带沿线46个主要国家2015年34个主要指标的公开统计数据，探究了影响基于互联网的丝绸之路沿线经济带金融合作的关键因素。研究构建了经济基础、金融基础、互联网技术基础、政治基础四个基本因素和方面、三个层级的金融合作指标体系，运用熵值法准确测量每一层级、每一指标对于互联网环境下的丝路经济带金融合作的影响程度。我们的研究结果发现：一级金融合作指标中的金融基础所占的比重最大，成为影响互联网背景下的丝路经济带金融合作的核心影响因素，政治基础因素次之；二级指标中，经济发展总体规模、金融合作水平、互联网基础设施、国内政局分别在其一级指标中占比较大，在设计互联网丝路金融合作机制时须给予一定的重视；三级指标中，跨境通信设施建设、人民币清算行是否设立所占比重最大，因而在互联网丝路金融合作中要注重通信设施的互联互通以及构建人民币清算网络。总体上看，影响丝路金融合作的因素很多而且复杂并互相关联，根据每一类国家的特点，中国在推行丝路金融合作时应该有不同的侧重点。

第八章

基于互联网的丝路金融合作的关键内容分析

丝路金融合作是一个综合性系统大工程,主要包括哪些内容,或者说合作的关键点有哪些呢?我们认为,应该有效推动丝绸之路经济带沿线各国在货币流通、资本项目、金融业务、金融市场和国际储备等方面的金融合作,可以利用互联网技术和平台创新合作方式、拓宽合作领域、深化合作内容、推动合作进程,从而进一步释放"一带一路"倡议构想的合作潜力。

一、加快形成"人民币区",人民币率先变成"丝路货币"

加快推进人民币丝路区域化,推进"人民币区"的形成与发展,努力增加人民币在国际市场中的占有份额,使人民币率先变成"丝路货币",稳步实现走向"世界货币"的战略目标[1]。

(一) 扩大人民币流通能力,使其率先变成"丝路货币"

人民币国际化必须匹配一定的流通速度和规模,而丝路贸易规模的扩大以及贸易水平的提高可以加速这一目标的实现。为此,我国应进一步加强与丝路沿线各国之间的经济贸易往来与合作,可以借鉴中国-东盟自由贸易区(China and ASEAN Free Trade Area, CAFTA)的发展经验,进一步建立中国-中亚自由贸易区、中国-非洲自由贸易区、中国-西亚自由贸易区以及中国-欧盟自由贸易区等,对亚洲地区部分国家实施以劳动密集型产品为主的交易活动,对欧洲地

---

[1] 马广奇,姚燕."一带一路"背景下人民币由"丝路货币"走向"世界货币"的推进策略[J].经济学家,2018(8):60—66.

区部分国家实施以技术密集型产品为主的交易活动,扩大国际贸易规模,优化贸易结构。在贸易中采用人民币结算,使沿线国家形成使用人民币的习惯,扩大人民币的流通范围,提高人民币在沿线国家的使用量及投融资比例,从而使人民币率先变成"丝路货币"。

(二)积极推进"人民币区"的形成与发展

目前,具备形成"人民币区"条件的主要是东盟国家,缅甸、老挝、柬埔寨已经可以实现人民币的自由流通,可以在当地以人民币直接购买商品,人民币在该区域已经成为"区域核心货币"。我国应借鉴与东盟国家的合作发展经验,积极采取"由近及远"的策略,下一步在中亚、非洲建立"人民币区",最后发展到欧洲地区,借助"一带一路"建设的东风一步一步稳健提升人民币的国际影响力和国际货币地位。第一,应该保持我国经济持续稳步发展,扩大出口和进口,以商品带动货币、以实体经济带动金融部门走出国门;第二,应该运用好亚投行和丝路基金这一类金融平台,提高人民币在沿线国家的使用量及投融资比例,使沿线国家形成使用人民币的习惯,进而推动人民币国际化的进程;第三,在沿线国家省会城市设立专业的丝路合作开发银行,对沿线各国的金融资源进行聚集,促进各国的资金流动和金融合作;第四,积极培养复合型人才并输出,充分发挥中国智慧,在输出大量基础设施建设方面专家的同时,后期着重扩大输出金融人才,真正做到金融无国界[1]。

(三)努力提升人民币在国际市场中的占有份额

美元和欧元在国际市场中占有份额很大,要想取得更多的独立性和话语权,必须稳步持续提升人民币在国际市场中的占有份额,并保持人民币币值稳定或升值。第一,积极建立沿线"金融中心""金融交易所""丝路经济特区"以及"境外经济合作区"等金融平台,不断提高人民币在沿线范围内的使用率,使得人民币在国际市场中更受欢迎,开拓海外市场规模,增强人民币的通货能力,提升人民币的"含金量"。第二,以人民币加入 SDR 为契机,增加"一带一路"沿线国家对人民币的接受程度,通过投融资等金融活动由东向西依次增加沿线各国对人民币的储备量,与亚洲国家协商实行以人民币结算为主的货币政策,与欧洲国家实

---

[1] Liu T, Wang X, Woo W T. The Road to Currency Internationalization: Global Perspectives and Chinese Experience[J]. Emerging Markets Review, 2019(38): 73-101.

行以签订货币互换协议为主的货币政策。第三，向美元看齐，保持人民币对美元汇率基本稳定或者稳中有升，增加其他国家对人民币的持有意愿和信心。

（四）借力互联网金融发展，助推人民币国际化

21世纪是互联网时代，"一带一路"建设必须依赖互联网平台，丝路金融合作也必须依托互联网金融技术，形成"线下合作"与"线上合作"整体机制和平台，才能紧跟时代不落后，促进我国金融机构和企业"走出去"，与沿线国家进行投资贸易和共赢发展，助推人民币国际化。第一，积极在"一带一路"沿线经济走廊建设各具特色的产业园区，鼓励金融机构、金融科技公司及互联网金融企业进驻产业园区，努力提高人民币在当地的使用份额。第二，积极促进大宗商品用人民币支付结算，积极发展大宗商品人民币期货市场和金融产品，通过大宗商品交易扩大人民币使用范围和流通量。第三，积极搭建跨境电子商务平台，寻求跨境贸易人民币结算的机会，利用线上第三方支付在批发和零售两个方面大力推动人民币的使用，如积极增加阿里巴巴"支付宝"、腾讯"微信支付"等国内互联网企业在沿线国家的渗透率，从而激发市场活力，助推人民币国际化。

总之，"一带一路"背景下人民币升级为"丝路货币"具有逻辑可能性，既是机遇也有挑战，只有采取更积极有力的措施，充分发挥"一带一路"建设和人民币国际化的"双轮互促"作用，形成合力，才能稳步实现人民币变成"丝路货币"并最终走向"世界货币"的战略目标。

二、努力推进"线上"丝路货币流通合作

（一）推动人民币成为丝路电子商务计价结算货币

中国许多互联网企业在丝绸之路经济带沿线国家已达到了很高的渗透率，如阿里巴巴等知名电商网站和支付宝、财付通等跨境支付系统。电子商务从基层开始使用，一旦扩展开来，根基牢固，不仅代表了民间对人民币的接受与认可，同时也具有广泛性和不可替代性。

在推动人民币成为电子商务计价结算货币方面，我国需要从国家政策和企业战略两方面同时推动。在国家政策层面，与中亚国家就国际税收和市场准入问题进行积极商谈，并积极成立商业银行的海外分支机构，给予跨境电商金融方面的支持，鼓励我国第三方支付平台与跨境电商结成战略同盟，从而能在跨国电

子商务的业务上提供一体化的服务。中国政府应尽快与丝绸之路经济带沿线国家签署税收协议,切实解决税收争端、跨国逃避税与信息交换、境外所得的税收抵免、转让定价与风险管理等深层次多层面的税收问题,从而确保中资跨国公司能够依法享受到政策优惠、解决税收争端和维护正当权益。在企业战略层面,跨境电商在产品的研发和服务的提供上,需要多参考沿线国家的文化传统和支付习惯,使本国企业提供的产品和服务更容易被外国消费者接受,提高人民币跨境结算的吸引力。

(二) 推动人民币离岸金融交易中心及其网络的形成

随着丝绸之路经济带建设的逐渐深入,沿线国家之间的合作程度也在逐步加深。人民币作为结算货币、投资货币、储备货币的职能不断强化,此时,人民币离岸金融交易中心的构建十分重要。通过构建人民币离岸金融交易中心并形成相关网络,可以使沿线国家更好地完成自己的分工,可以使沿线国家之间的金融合作更加密切便利。

人民币离岸金融交易网络中心可以在丝绸之路经济带沿线国家的重要城市里进行选择。重要城市一般基础设施较为完善,网络通信状况良好,具有作为金融交易网络中心的一般性特征。根据丝绸之路经济带发展的实际情况,中亚地区的阿拉木图、塔什干,南亚地区的卡拉奇和孟买,西亚地区的迪拜和德黑兰,俄罗斯的圣彼得堡,欧洲的法兰克福和伦敦都可以作为人民币离岸金融交易网络中心的选址地点。丝绸之路经济带合作中,中亚地区的位置至关重要,可将中亚地区的阿拉木图和塔什干作为重点对象。但由于中亚五国中对中国贸易量哈萨克斯坦独占72%,是毫无疑问的地区大国,中亚地区人民币离岸金融交易中心的选取更应该选在哈萨克斯坦第一大城市阿拉木图[1]。

(三) 完善"线上"丝路货币合作的配套条件

首先,完善互联网企业入驻的配套设施。很多中亚国家基础设施建设不健全且对我国的货物通关方面的便利程度也比较有限。交通方便和物流顺畅是电子商务存活下来的关键,如果这方面得不到保障,就仿佛抽掉了跨境电商的血液,跨境电商的生存就会比较困难。其次,完善互联网法律体系。在关于外国互联网企业的治理方面仍存在很多盲区,甚至在外国互联网企业与本国互联网企

---

[1] 程贵. 丝绸之路经济带国际核心区货币金融合作的困境及其破解[J]. 经济纵横,2015(11):35—39.

业的交叉业务方面存在很多模糊不清的中间地带,这些问题亟待解决。最后,完善互联网监管体系。只有监管体系的保障,才能让外国的民众放心地输入自己的信息,集成我国跨境电商在异国的大数据网络,才能以更低廉的成本提供更优质的互联网金融服务。

三、拓展丝路资本项目合作

投融资合作是以互联互通推动丝绸之路经济带建设的重要部分,在与经济带沿线国家资本项目合作时,应优先选择国内生产总值、劳动力规模、自然资源禀赋、双边投资协定和投资便利化较高,税负水平、距离成本较低的国家。在同等水平下,优先考虑商业投资环境、基础设施质量、制度供给质量和信息技术服务较高的国家。此外,在基于互联网的投融资业务发展的过程中,还需要理顺某些行业的监管体制,健全完善相关的法规制度,积极拓宽我国融资渠道,健全外汇管理政策。在互利互惠的基础上,积极开发和拓展丝路资本项目合作,逐步建立起自己的销售和服务网络,提高资本流动的国际化程度。

(一)完善我国互联网借贷体系

网络借贷指在互联网上实现资金借贷,借入者和借出者均可利用这个网络平台,实现借贷的"在线交易"。网络借贷分为 B2C 和 C2C 类型,此处主要针对 C2C 下的 P2P 模式作出分析。

根据相关数据,我国的 P2P 平台主要分布在上海、广东、北京、浙江等地,四者 P2P 平台数量占据了全国的 85% 以上。从成交量方面来看,民营系、上市公司系、风投系占据了我国 P2P 平台成交的主市场。其中,原本市场上独占鳌头的民营系逐渐被风投系超越,上市公司系也毫不示弱,有缓慢上涨的趋势。银行系一般成交量低于前三者,国资系成交量最低。网络借贷丰富了市场资金融通的形式,对此,我国政府也应予以支持。在"一带一路"背景下,可发挥网络借贷在丝路金融合作中的作用。具体讲,鼓励 P2P 网络借贷模式参与跨境融资,支持非 P2P 网络小额贷款为境外电子商务融资,加大众筹融资力度,加快互联网基金多币种销售[1]。

---

[1] 赵树梅. 丝绸之路经济带互联互通战略研究[J]. 中国流通经济,2015(29):62—69.

（二）鼓励投融资新产品的开发

中国已经初步具备发行人民币国际债券的环境，可以进一步借助上海自贸区平台促进人民币区域国际化，设计出人民币"丝路债券"[1]。

在自贸区创建人民币国际债券发行平台，主要针对"一带一路"国家（或者与中国贸易密切的国家，中国与其贸易顺差、资本账户逆差的国家），这些国家或者所在地企业可以在自贸区设立特别账户，从人民币国际债券发行平台获得资金。主要设计思路是允许中国对其投资较大的国家通过自贸区国际债券发行平台，发行针对基础设施建设等方面的债券，发行债券募集的款项可以存放在中国境内银行或者购买短期国债，融资所获得的资金只允许购买中国的设备和产品。因此，债券发行可以有针对性地配合"一带一路"倡议（中国企业"走出去"战略）进行，发行高铁债、发电站债、基建债等实业性债券。

（三）优化直接投资结构

整体而言，尽管上市公司对沿线国家直接投资的绩效趋势良好，但针对不同类别的投资事件，绩效水平有一定差异。不同行业类型绩效走势差异明显。制造业投入大量资金进入市场，投资完成后投资财务指标下降，绩效比投资前一年大幅降低；以服装及食品为代表的轻工业的绩效缓慢提高，该行业利润较小，竞争大，同时前期的投入也比较大，绩效走势还须进一步观察；反观电子信息产业，绩效变化较大，其有较强的核心竞争力，盈利能力较好，前期的投资虽然也较大，但是进入更大的市场后，企业绩效比投资前的绩效已经有大幅度改善。对于这些行业中有条件的企业，政府积极引导可以加快对外投资的步伐。

首先，加大对外直接投资的政策及法律的支持，营造良好的投资环境。"一带一路"倡议还处于上升发展期，沿线国家投资市场潜力巨大。与发达国家相比，我国企业想要进一步对外投资，提高中国公司在国际上的市场地位，需要政府的宏观制度保障、政策指引及国家层面的政治保护。政府要有条件地鼓励更多企业参与"一带一路"建设。健全行政机构的管理，完善法律体系，从宏观上对企业进行指导，并营造出良好的法律环境，树立中小企业的信心；出台一些财税优惠政策，完善涉外税收制度，使企业享受一定补贴，同时为企业扩大融资渠道，

---

[1] 李忠.在上海自贸区发行"丝路债券"初探——基于人民币国际化的视角[J].证券市场导报，2015(12)：51—57.

加大对企业的支持力度。健全法律体系是企业对外开展直接投资的重要保障,也是跨国交易的重要前提,我国应健全跨国投资的法律体系,保护我国企业在对外投资中的合法利益,同时使我国企业实施对外直接投资时有法可依,使投资活动健康发展。

其次,积极推动PPP模式的投资方式。PPP模式通常译为公共私营合作模式,即政府和企业(一般指民营企业)合作的模式,旨在帮助解决企业投资时的资金问题。在以往投资中,国企以雄厚的综合实力处于对外投资的先锋,引起一些国家的猜忌,以致一些开发项目遭遇投资失败。除此之外,我国对"一带一路"国家的投资仅靠单独一家企业难以承担巨额资金投入,不利于非国企对外投资的发展。积极推动PPP模式,以合作经营的模式进入沿线企业,使一些有实力的非国企进入国际市场,拓宽非国企分享"一带一路"倡议红利的渠道。PPP模式在国际上认可度较高,沿线各国也都抱有接受欢迎的态度,未来我国可积极推动该模式对外直接投资。

最后,增强资源整合能力,树立风险防范意识。就整合而言,企业需要着重两方面:一是对外部优势资源的吸收,通过资源流动实现效益最大化;二是被投资公司与母公司之间制度、管理、人才、技术等方面的融合,加强两者的配合。投资后的企业绩效情况可以直观地说明投资效果,为了使海外投资达到预期效果,企业自身要快速调整,充分利用优势资源,加强自身核心产品及服务的水平,保证客户和市场的扩张,使企业经营及管理产生协同效应。国企更需要加强这方面的能力,非国企则要保持自身优势,因地制宜地进行调整。投资之后企业会面对不同的政治、经济、文化、法律环境,对一些敏感事件,企业管理层应予以关注。另外,企业要制定灵活的经营策略,实现营销多元化,尊重各国的宗教民族习惯,严格遵守当地法律,积极承担企业责任,树立良好的企业形象。企业须关注投资国政治、经济政策变动,如果出现不利因素,企业要善于化解危机,减少利益损失。

四、深化丝路金融市场合作

有效深化丝路金融市场合作[1],需要从以下三个方面突破。

(一)促进沿线各国证券交易所的互联互通

实现沿线各国金融市场的融合发展,具体可从以下四个方面做起。

---

[1] 马广奇,邢开欣.丝路沿线国家金融发展水平测量与深化合作建议[J].时代金融,2018(36):30—31.

第一,参考沪港通、深港通、沪伦通互联互通的实践经验,创设资金双向流动的渠道和平台。可通过区域内证券交易所之间的并购整合、证券交易所之间交叉持股建立联盟、境外证券交易所在境内设立代表处等方式逐步扩大在证券领域的合作。沪港通、深港通、沪伦通目前主要是在二级市场上的互联互通,还可以尝试将证券交易所之间的互联互通延伸到一级市场、新股的发行市场和债券市场等,这样不仅可以在相关交易所同时进行交易,还可以推动新股的发行,从而动员和吸引全世界各个行业最优秀的上市公司到联合交易所上市,极大地增强对全球范围内一流上市公司的吸引力。

第二,香港交易所已经是世界金融市场上重要的交易市场,作为新兴证券市场的典范,资本自由出入国际化程度极高,市场环境优越,法律监管和会计制度与国际惯例融合,是亚洲主要的融资中心[1]。因此,为节省构建成本,台北交易所也可通过香港交易所的联网进入亚洲统一证券市场,与上交所、深交所一道实现其证券的国际化交易。

第三,可依托沪深交易所,在西安、天津、广东、福建自贸区、深圳前海和丝路经济带沿线重要城市设立国际板,允许境外公司,特别是丝路沿线国家公司,发行股票并上市交易。如果国际板推出时机尚不成熟,可依托科创板、新三板,设立丝绸之路经济带离岸交易中心,先行先试。同时要突出重点,政策上要把亚投行、丝路基金支持的相关项目,对所在国经济具有系统重要性的沿线国家企业、和中国业务往来密切的相关企业,优先安排上市。

第四,未来要进一步推动丝绸之路经济带区域金融市场相互开放和金融互联互通。金融开放需要更多规则制度的整合,亚欧基金规模庞大,但分布零散,规则标准不统一,未来需要进一步扩大亚欧地区基金护照互认范围,推进亚欧资本市场互联互通,促进跨境相互投资。

(二)深化发展区域金融市场

"一带一路"沿线国家金融发展差异较大,区域金融市场不发达,只有共同合作、深化区域金融市场发展才能促进各个国家共赢。第一,发展"一带一路"区域债券市场,丰富债券品种,不仅仅局限于"点心债""熊猫债"这类金融债券,我国属于高储蓄国家,因而可以把剩余储蓄运用到丝路沿线国家,促进沿线国家区域内资金相互融通,同时增加人民币计价债券的发行规模。第二,大力发展 QFII、

---

[1] 李若谷.金融合作五举措助力丝绸之路经济带建设,中国经济网,2014 年 5 月 27 日。

债券通等,为债券市场注入新动能,一方面可以增加人民币的投资渠道,另一方面可以拓宽人民币回流路径,从而使得人民币成为部分国家的储备货币,有利于沿线国家增加对人民币的持有意愿和信心。

(三) 推进丝路区域金融一体化

针对丝路沿线国家间金融市场发展不均衡、金融环境不协调、我国金融市场有待进一步完善制约着区域金融一体化进程的现状,我国应积极行动,加强金融市场的建设并完善其监管机制,构建完善的金融宏观审慎监管体系,主动促成与沿线国家金融的深度融合,加强风险预警观测,有效防范潜在的金融风险。应当调整金融市场的相关制度,使其与国际市场更好地接轨;应当协调推进资本项目开放,加快汇率机制改革以及利率市场化改革的步伐,使得汇率和利率相对稳定,同时加快货币政策框架转型,保证我国货币政策的独立性;应当加快离岸市场的建设以及人民币跨境支付系统的进程,为人民币国际化提供便捷通道;应当与"一带一路"沿线更多国家签署金融市场合作协议,形成稳定的金融市场合作机制,同时加强区域宏观经济政策和金融政策协调,推进丝路区域金融一体化进程。

小结

丝路金融合作是一个综合性系统大工程,主要包括沿线各国在货币流通、资本项目、金融业务、金融市场和国际储备等方面的金融合作。应该创造条件建立丝路"人民币区",使人民币率先变成"丝路货币",加快推进人民币区域化,最终实现国际化目标。并且努力推进货币流通合作,大力拓展资本项目合作,创新丝路金融业务合作,深化金融市场合作,一步一步实现丝路区域金融一体化。

第九章

基于互联网的丝路金融合作机制与平台设计

为更好地服务丝绸之路经济带金融合作,满足沿线国家、企业、客户跨境业务金融需求,加快区域化、国际化经营步伐,大力开展跨境金融产品创新,必须对互联网丝路金融合作机制进行整体设计。必须建立"互联网丝路金融综合服务平台",完善服务管理体系,创新丝路金融服务模式,这是丝绸之路经济带建设的关键之举。通过积极搭建"互联网丝路金融综合服务平台",加速互联网与金融深度融合,全面打通理财、电商、结算、融资等多重渠道与业务,打破时间与空间的限制与银行卡归属权的限制[1],向丝路附近众多的互联网用户提供金融服务,同时将更多生活化的场景融入其中,带给沿线国家广大用户优质的金融产品与服务,最终大力支持丝绸之路经济带建设。

一、设计原则

(一) 丝路版图与全球视野相结合的原则

丝绸之路经济带附近的国家以古代丝绸之路的范围为基础又不仅仅局限于原有范围,各个国家和地区组织都可以参与,让丝路的共建成果能够更加广泛地惠及各个区域。据统计,丝绸之路经济带贯穿亚欧非大陆,涉及 65 个国家、7 000万家企业、45 亿人口,一端是在世界经济中比较活跃的东亚经济圈,另一端是经济发展相对比较成熟的欧洲经济圈,在这两端的中间各个国家在经济发展方面具有巨大的潜力。纵观丝绸之路经济带上各个国家的情况,中国和欧洲

---

[1] 马腾跃. 光大银行网络世界翩跹起舞[J]. 中国金融家,2016(2):103—104.

各国拥有完备的制度和丰富的金融资源,但是在自然资源方面相对缺乏,与之相反的则是中亚的一些国家,这对双方进行合作、实现不同资源之间的互补提供了现实基础[1]。与此同时,丝路金融合作的内容具体包括金融基础设施建设、创新金融服务、贸易投融资、防范化解金融风险等多个方面。所以,我们设计丝路金融合作机制和平台必须首先坚持丝路版图和全球视野相结合的原则,倡导文明宽容的精神,尊重不同国家的发展道路和模式,促进不同文明之间的对话和交流,求同存异、和平共处、兼容并蓄、共生共荣,既有效避免同质化竞争,又有效满足差异化金融发展需求。

(二) 利益差异与合作共赢相结合的原则

资金融通是丝绸之路经济带"五通"中的重要"一通"。丝绸之路经济带沿线各个国家的货币金融体系和相关管理制度及其框架存在着较大的差异,其中数量可观的国家在这两个方面存在着发展缓慢及落后的问题,对发达国家金融体系依附性较大。同时,与已有的区域间或者政府间组织不同,丝绸之路经济带的建设更多依赖于组织较为松散的政府或区域间的倡议或合作。因此,推动丝绸之路经济带金融合作将面临多方面的压力,必须坚持利益差异与合作共赢相结合的原则。尤其是当不同国家利益出现分歧时,需要各国携手努力,妥善解决不同国家间利益摩擦,朝着互利互惠、共同安全的目标相向而行,提供对各方均有利的公共金融产品,在推动金融系统化的过程中秉持包容开放的精神,同时对域内域外不同国家之间复杂的利益进行整合,建立适合的整合机制对各方利益和预期进行汇集,并将这种资金融通的强力支撑提供给丝绸之路经济带上的国家,持续打造域内外双赢、多赢及共赢的新局面。

(三) 线上与线下模式相结合的原则

"线上与线下模式相结合"指的是顺应当今"互联网+"技术趋势,积极拥抱互联网,充分发挥互联网金融业务优势,打造以互联网电商平台为基础,与银行、证券、保险、基金公司等金融组织相结合的一种立体式"互联网+"金融服务模式。该服务平台凭借互联网能够更加方便地跨越时间和空间的界限,涵盖的国家与区域更加宽广,在政府参与、市场主导的情况下,提供全方位、跨币种、跨市场、全生命周期的综合金融服务,实现"沿丝路、无时差、线上+线下"的跨境金融交易网络。

---

[1] 马广奇,王巧巧.丝绸之路经济带金融合作瓶颈与发展建议[J].商业经济研究,2015(1):108—109.

这种服务平台以促进丝路金融合作为主旨,贯穿于整个丝绸之路经济带合作的生态链体系,即在对跨境电子商务网络平台和产业交易链的建设的基础上,把整个的互联网金融服务、电子银行金融服务,以及线下的银行服务和线上的银行服务很好地结合起来,运用"互联网+"技术优势构建"双轮驱动"的互联网丝路金融服务体系,形成整个丝路金融服务的闭环,充分发挥金融服务效能,促进国内国际金融市场深度合作。

(四) 操作性与渐进性相结合的原则

为丝绸之路经济带进行专业服务的金融合作平台,可以通过以国内现有的金融业基础设施为基础,以各个国家的政策性金融机构为主要参与者共同进行组建,充分发挥政策导向的作用,共同为丝路金融合作提供保障[1]。

互联网和新一轮信息技术时代来临,丝绸之路经济带沿线的国家在金融合作方面也面对着新兴金融形态对传统金融形态的冲击与共存的问题,怎样充分发挥两种金融资源的作用,对现有的金融资源进行整合配置,是现阶段金融系统化所面临的新难题。其中,互联网金融的快速发展使得金融业孕育了"互联网+"的新型模式和新的行业状态,这些新金融模式涉及各个行业,如零售业、制造业、批发业、农业、金融、外贸等,对于工业互联网、贸易互联网、能源互联网等经济网络化产生了巨大的推动作用。

现如今,中国在互联网金融方面已经取得了巨大的成功,如支付宝和中国银联通过在丝绸之路经济带沿线国家的推广使用,使得中国游客在丝路沿线国家进行消费时十分方便。在2013年韩国刷卡消费额统计中,银联卡排名第一,占据了40%。在日本、俄罗斯、新加坡、哈萨克斯坦等国,中国银联的市场份额及发展速度也十分迅速。因此,在进行金融系统化的过程中,需要将互联网金融、传统金融和传统行业相结合,共同参与丝绸之路经济带金融系统化的规划,以"互联网+"作为指导,打造出一个更加保险、更加便捷和更为畅通的金融支持系统,为丝绸之路经济带进行深度合作提供强大的相关金融服务支撑[2]。

因此,基于已有的领先的中国互联网金融生态系统,发挥互联网金融的技术优势,促进丝路金融合作,大力打造网上丝绸之路,促进丝路金融合作方式多样化,可以为丝路金融合作提供关键保障。

---

[1] 马广奇,王巧巧.丝绸之路经济带金融合作瓶颈与发展建议[J].商业经济研究,2015(1):108—109.
[2] 周阿利.基于金融视域下的丝绸之路经济带建设研究[J].当代经济,2015(27):8—10.

(五)"五性"具体原则

（1）先进性原则。在满足金融业务需求的基础上，充分考虑合作平台的先进性，反映当今技术的先进水平，所选用的技术、设备和开发工具应当是最普及通用和成熟的，能与最新技术接轨，对市场的任何变化具有极强的适应性。

（2）经济性原则。充分考虑合作平台建设的性价比，充分利用已有软硬件投资，在一定的成本预算规模下达到最好的、先进的性能，满足丝路金融业务发展需求。

（3）扩展性原则。合作平台必须具有很强的扩展能力，能随着丝路金融业务的发展不断添加扩充新的业务功能，有效地保护现有的资源和系统投资的长期效应，满足系统功能不断扩展的需要，能提供多样化的数据接口，与系统内外各交易、数据、账务系统无缝连接。

（4）可靠性原则。丝路金融合作系统的建设和实施将成为丝路金融主要的业务系统，系统故障将会造成较大影响。因此，平台在设计时必须综合考虑系统结构、技术措施、设备选型以及技术服务和维修响应能力等因素，确保系统运行的可靠性。

（5）安全性原则。作为丝路金融合作的重要基础设施，平台系统上流转的大量数据和信息都是沿线国家金融业务机密，所以平台系统的设计和实施必须充分考虑安全性底线。

二、互联网丝路金融合作机制设计

由于丝路沿线国家的不同国情、各国在互联网基础设施建设方面的差距，以及各国国内金融业发展水平、实体经济的实力等因素的影响，为了更好、更顺畅地开展丝路金融合作，必须建立政府沟通机制、业务运作机制、金融服务兼容机制、风险监管与防范机制、金融人才合作机制等几大关键性机制，共同形成完整的、综合的、长期的生态金融合作体系。

（一）政府沟通机制

丝路沿线国家金融合作首先要建立"政府沟通机制"，这是丝路金融合作的"上层建筑"。政府沟通机制主要包括官方会议机制、双边磋商机制、多边协商机制（见图9-1）。

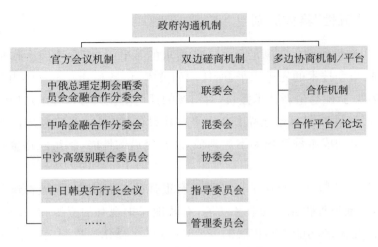

图 9-1　政府沟通机制示意图

1. 官方会议机制

中国通过"高层领导人会议机制"与丝路沿线许多国家就金融合作方面已经建立了亲密关系,以该机制作为交流与沟通的平台,中国与丝路沿线国家的金融界实现了多方面的合作。自该机制成立以来,其导向性在中国与其他国家金融领域的经验交流、全方位的金融务实合作方面有着十分重要的作用,并对沿线国家在经济发展和金融建设领域的合作与发展起着重要的推动作用。

2013 年来,为了促进和加强沿线国家之间的交流与合作,更好地促进本地区的金融稳定,中国成立了专门的金融合作协商机制与俄罗斯、哈萨克斯坦形成亲密关系,此外还通过与日本、韩国进行中日韩央行行长会议(2009 年开始,每年一次)来促进三国的发展合作。正是通过这些相关会议和交流机制实现了各国金融机构之间的相互合作,使得各国之间的信息和经验实现流通,共同推进经济金融的协调发展,进而促进跨境经济金融合作的升级。

2. 双边磋商机制

双边磋商机制包括丝路沿线国家政府高层的宏观金融信息共享平台、相关主管部门的政策沟通渠道,就重大问题进行有效协调,建立突发金融问题快速反应机制。其主要功能具体包括:①加强双边合作,开展多渠道、多层次沟通磋商,推动双边关系全面发展。②建立完善双边联合工作机制,研究推进丝绸之路经济带建设的实施方案、行动路线图。③推动签署合作规划或合作备忘录,建设一批双边合作示范。④尽可能地发挥已有指导委员会、协委会、联委会、管理委员会等双边机制作用,共同协调推进合作项目实施[1]。

3. 多边协商机制

丝路沿线国家拥有众多的多边合作框架和交流论坛,为继续广泛、深入开展金融合作提供了可能(见图9-2)。例如,上海合作组织(SCO)、亚太经合组织(APEC)、中国-东盟"10+1"、东亚及太平洋中央银行行长会议组织(EMEAP)、东盟与中日韩金融合作机制、亚欧会议(Asia-Europe Meeting,ASEM)、亚洲相互协作与信任措施会议(中文简称"亚信会议",Conference on Interaction and Confidence Building Measures in Asia,CICA)、亚洲合作对话(Asia Cooperation Dialogue,ACD)、大湄公河次区域(Greater Mekong Subregion,GMS)经济合作、中阿合作论坛、中亚区域经济合作(Central Asia Regional Economic Cooperation,CAREC)、中国-海合会战略对话等,与此有关的国家应该多多发挥已有的多边合作机制的作用,多多沟通,让沿线更多的国家和地区共同参与丝绸之路经济带建设。

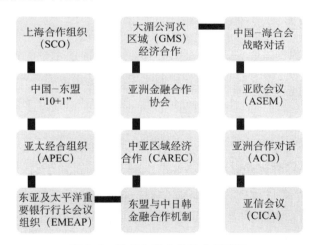

图 9-2 政府多边合作平台示意图

继续发挥沿线各个国家和区域、次区域的相关国际展会、论坛,以及丝绸之路经济带国际高峰论坛、中国-亚欧博览会、博鳌亚洲论坛、欧亚经济论坛、中国-东盟博览会、中国-南亚博览会,以及中国国际投资贸易洽谈会、中国-阿拉伯博览会、中国-俄罗斯博览会、前海合作论坛、中国西部国际博览会、伊塞克湖经济论坛等平台的建设性作用,成为促进中国与沿线国家探讨金融合作的交流平台(见图9-3)。

---

[1] 国家发展改革委,外交部,商务部. 推动共建丝绸之路经济带和21世纪海上丝绸之路的愿景与行动[N]. 人民日报,2015-03-29(004).

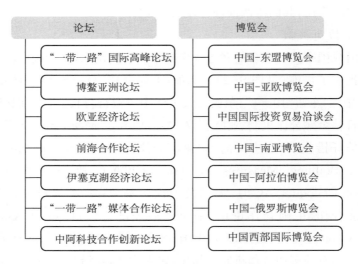

图9-3 民间金融沟通合作平台示意图

(二)金融业务运作机制

金融业务开展是丝路金融合作的主体内容,金融业务运作机制是丝路金融合作的关键基础平台。丝路金融业务运作机制主要包括货币流通合作、经常项目合作、资本项目合作、金融市场合作、政府外债合作、国际储备合作等子平台(见图9-4)。

1. 货币流通合作

货币流通合作是丝绸之路经济带国际核心区建设的首要之举,而且符合核心区各国利益。在开展丝绸之路经济带金融合作的过程中,丝路沿线将呈现为一个区域整体,整个区域内货币流通问题将会更加突出,如人民币作为"丝路货币"流通问题、货币互换问题、货币结算问题、货币稳定问题、货币流通风险的预警与控制等一系列问题。尽管当前核心区货币合作还处于初级阶段,离成熟的货币金融体系还有很大的差距,但是已有的货币合作进展正在为促进核心区经济金融发展提供有力的支撑,如人民币计价、双边货币互换、本币结算与支付等。因此,为了促进丝绸之路沿线国家的货币流通合作,增强周边国家持有人民币的信心,强化双边和多边金融关系[1],积极应对潜在的国际金融危机、改革国际金融治理体系,建立共同丝路金融中心,必须首先建立和推进货币流通合作平台,确保货币流通顺畅和安全。

---

[1] 马广奇,陈雯敏.丝绸之路经济带货币流通的路径选择[J].西南金融,2014(8):8—11.

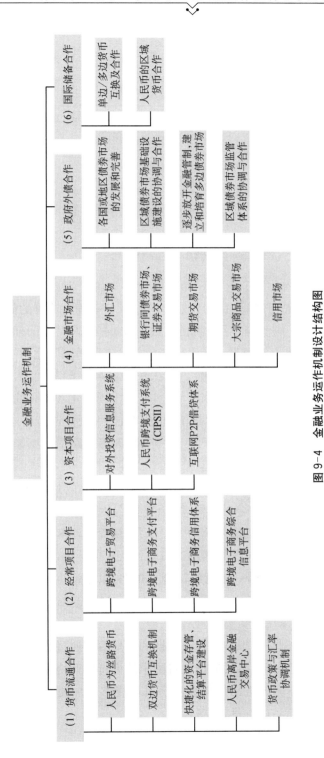

图 9-4 金融业务运作机制设计结构图

丝路货币流通合作平台设计如图 9-5 所示。

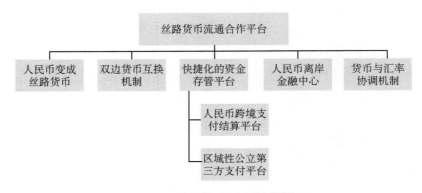

图 9-5　丝路货币流通合作平台

（1）人民币变成"丝路货币"。人民币国际化指人民币不局限于本国，能够跨越国界，在中国境外进行流通，并成为处理国际事务中普遍认可的储备、计价及结算货币的过程。由于丝绸之路经济带沿线国家众多，人民币国际化不可能一蹴而就，实现的过程漫长而困难。人民币区域化是人民币国际化的第一步，这一步就是率先使人民币成为"丝路货币"。在人民币区域化的基础上，扩大人民币的使用范围，使人民币得到更多国家的认可，人民币国际化才有可能实现。

因此，在人民币已经加入 SDR 背景下，根据"先近后远、先易后难、循序渐进"的发展原则，扩展人民币在中亚、西亚、北非、欧洲等丝路沿线国家的流通范围，打通丝绸之路经济带货币流通渠道。

（2）双边货币互换机制。在丝绸之路经济带货币流通的过程中，货币互换是一种重要的路径。作为一种金融策略，货币互换在货币流通中起着十分重要的作用，它能够在一定程度上提高两国的外汇储备，从而控制两国由于汇率波动所引起的汇率风险，促进双方国家之间的经贸合作及双边金融，达到保护本国甚至国际金融市场的稳定的目标。跨境经济合作的各国之所以签署货币互换协议，一是为了解决短期资金流动性问题，二是对货币互换的方式进行创新，使得通过互换得到的资金可以用于贸易融资。

货币互换的运行机制是指拟进行货币互换的交易双方通过签订货币互换协议，确定进行货币互换的金额，然后通过各自国家的央行按照协议将对方货币注入国内金融体系，使得本国的进出口相关贸易机构能够更加便利地使用对方国家的货币，从而对进口商品进行货款支付。

根据中国人民银行的相关资料，自 2013 年至今，中国已与 28 家央行签订了货币互换协议,对人民币国际债券进行了大力推广,得到丝绸之路经济带沿线国家的高度认同,使丝绸之路经济带逐渐成为人民币国际化的重要载体。为了促进丝绸之路经济带金融合作的深入,进一步保证人民币货币互换协议的实际实施是至关重要的。

(3) 人民币跨境支付结算平台。跨境贸易人民币结算的含义即在跨境贸易中直接使用人民币对相关订单进行支付结算,人民币国际结算、资金理财、贸易融资等相匹配的相关服务业务均由银行负责完成,而进行跨境贸易的公司则直接使用人民币进行相关结算,通过这种方式可以大大降低由于跨境贸易所增加的交易成本。除了这些,将人民币作为跨境贸易的支付货币,将在一定程度上减少使用美元进行结算所带来的高额汇兑成本,从而使公司在面对汇率变动时,降低相关汇率风险。这在跨境经济合作中是十分必要的金融支持手段。服务于丝路国家间的国际贸易的清算,人民币作为丝路货币,必须大大提高货币支付和贸易结算的效率。

中国人民银行建立的人民币跨境支付系统(CIPS)一期于2015年10月8日正式投入运营,为人民币跨境清算、结算业务提供更为精确的服务,是重要的金融基础设施。为了深入推动和确保丝路沿线国家的金融合作,保障货币快捷、安全、高速的流通,CIPS运营机构应当对市场进行深入调查,了解当前市场需求,对CIPS的各项功能进行强化完善,加强内部管理,对CIPS的竞争力和清算效率进行提升。同时,应该对金融基础设施的运营机构和国际其他清算组织的现有关系进行巩固,加大沟通与合作力度,努力开拓完善国际市场。

(4) 区域性公立第三方支付平台(regional public third party payment platform,RPTPPP)。丝路沿线国家尤其是中亚、北非等地区的国家经济发展落后,再加上诸如内战、选举动荡、政府官员腐败、社会经济失衡、大国在地区的利益博弈等因素对部分国家的内部稳定造成威胁、干扰,存在明显的第三方干预和内部不稳定导致的政府违约风险。政治的潜在不稳定导致中国和中亚、北非等地区的国家在进行金融合作时存在着严重的政治风险,使得中国与丝绸之路经济带沿线的部分国家在金融合作方面存在着巨大难度。

互联网技术的提高可避免政治风险带来的贸易合作受阻。在贸易过程中涉及贸易支付结算,建立区域性公立的第三方支付平台,将贸易资金的周转由第三方管理,待商品交易完成后,由第三方进行资金调拨,可避免由于政治风险导致的违约风险。

(5) 人民币离岸金融交易中心(RMB offshore financial trading center)。人

民币离岸交易中心是中国政府认可和担保的境外大宗人民币的交易机构。离岸金融业务指的是国家为非本国居民提供的以非本币作为交易货币的相关金融服务。它有利于提高人民币海外交易的效率和流动性,并降低投资者用人民币进行海外支付的风险。

随着丝绸之路经济带建设的逐渐深入,沿线国家之间的合作程度也在逐步加深。人民币作为结算货币、投资货币、储备货币的职能不断被强化,此时,人民币离岸金融交易中心的构建十分重要。通过构建人民币离岸金融交易中心并形成相关网络,可以使沿线国家更好地完成自己的分工,可以使沿线国家之间的合作更加密切便利。

人民币离岸金融交易网络中心可以在丝绸之路经济带沿线国家的重要城市里进行选择。重要城市一般基础设施较为完善,网络通信状况良好,具有作为金融交易网络中心的一般性特征。

(6) 货币政策与汇率协调机制。未来一段时期,随着丝绸之路经济带的持续推进和外部市场的扩大,区域货币合作进程将不断加快、不断深化,对外依存度将不断上升,人民币跨境业务需求将不断增长。同时,丝绸之路经济带沿线国家币种多样化,各国的汇率政策和货币政策差异较大,部分中亚国家的货币汇率波动频繁,经常出现不可预期的汇率大幅度变化,显然不利于货币领域的深层次合作,汇率及货币的相关政策操作正面临着愈来愈多的挑战[1],特别是在实践中所面临的冲突。因此,有必要建立丝路沿线国家货币政策与汇率协调机制。

建立货币政策与汇率协调机制,既有利于保持和提升人民币的国际地位、抵御外部冲击,又对人民币在沿线国家的跨境跨区域使用有着助推作用,对人民币国际化的进程具有正向推动作用,形成较为稳定的货币区域,防止投机资本的冲击,保障双边和多边之间贸易活动的汇率安全。从宏观方面来看,在实行货币及汇率政策协调机制时要对当地情况做好调查,特定的区域实行特定政策,如以"10+6"、CAFTA 等为基础,通过多边或者双边磋商、谈判与协调等,共同促进协调机制的建立与运行。

首先,从务实的方面来看,可以将区域双边金融合作为首要突破点,在划定范围内进行货币与汇率协调机制的试点建设。其次,以境内自贸区建设为参考

---

[1] 谢平,张晓朴.货币政策与汇率政策的三次冲突——1994—2000 年中国的实证分析[J].国际经济评论,2002(5):30—35.

蓝本,对国际上现存的货币与汇率协调机制进行考察借鉴分析,构建使更多丝路沿线国家受益的协调机制。最后,在技术层面,通过将"稳增长、稳币值"作为政策协调目标,把"资本市场不完全开放"和"管理浮动汇率制度"作为制度约束,以"货币政策独立性和有效性"为核心内容,以"国际收支抵补机制"为重点,以金融发展、创新和稳定为政策机制保障[1],从而成功构建出丝路金融合作的货币政策与汇率政策协调机制框架。

在协调框架下,应该重点注意以下四个方面的内容。

① 短期内加强货币政策工具间的协调中应该兼顾内生性和动态性,并以汇率政策的相容性和稳健性作为基础,加快利率市场化进程,在货币政策规则的制定方面,将汇率因素作为重要因素进行考虑,如澳大利亚、加拿大等国家实行的通过使用货币状况指数(monetary condition index,MIC),达到对各政策工具进行调整的目的。

② 逐步推进人民币浮动汇率制度,对其他国家因经济不稳定或政策调整等因素对中国可能的影响及传染路径进行分析,从而达到"内外兼顾"的对货币及汇率政策的有效协调[2]。

③ 发挥金融创新工具及财政政策等在货币与汇率政策协调中的作用,各国央行应根据财政购汇政策和金融工具创新等的具体情况对国际收支进行调整,积极寻求灵活浮动调节国际收支平衡的长效机制对被动收支抵补操作进行替代。

④ 在风险控制中,发挥金融审慎监管的重要作用,对货币政策与汇率政策进行协调,加强金融系统在汇率波动方面的反应及化解能力,对金融监管制度在协调货币政策和汇率政策方面进行完善,使用最低资本金要求、逆周期等审慎监管工具对汇率与货币政策的协调进行监控。

2. 经常项目合作

经常项目是指在国际收支中经常发生的交易项目,主要包括贸易收支、劳务收支和单方面转移等。为了打造开放透明、市场驱动、共赢的金融项目合作市场,形成系统性的经济战略架构,帮助丝路沿线各国中小企业参与区域性贸易往来、劳务项目合作与资金融通,沿线各国应该积极开展系统性、战略性、多层级的跨境电子商务经常项目合作(见图9-6),最终塑造稳定、健康的跨境电子商务生态合作体系。

---

[1] 贺光宇.建立货币政策与汇率政策的有效协调机制[J].经济纵横.2013(9):101—102.
[2] 陈六傅,刘厚俊.人民币汇率的价格传递效应——基于VAR模型的实证分析[J].金融研究,2007(4):1—13.

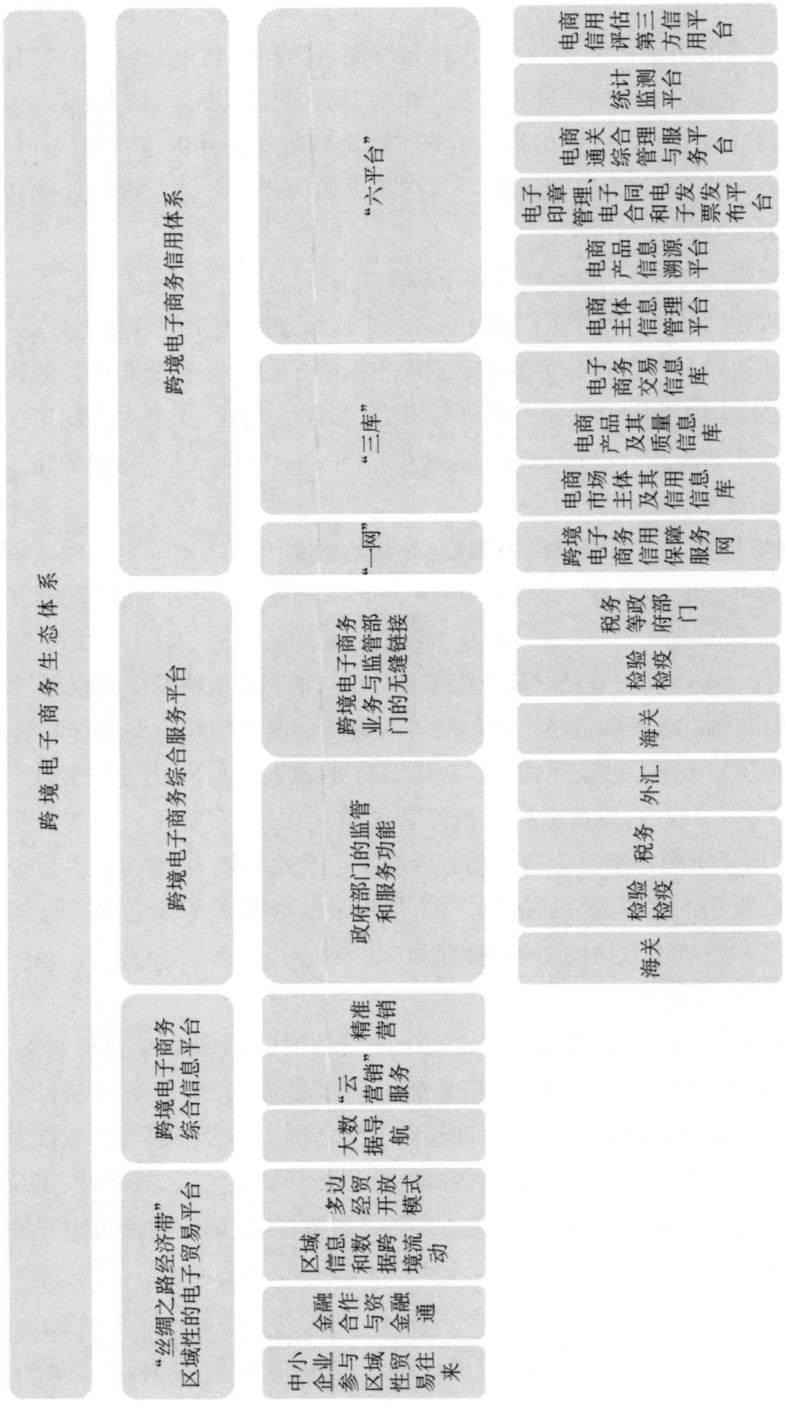

图 9-6　跨境电子商务生态合作体系

该体系是跨境电子贸易平台、跨境电子商务综合服务平台、跨境电子商务信用体系、跨境电子商务综合信息平台的有机结合体。该体系的建立旨在打通丝绸之路经济带沿线国家间城市、企业和社会组织间的国际贸易沟通协作通道,构建起立体化、多维度、高效率的协作服务平台,促进电子口岸的结汇、退税与跨境电商平台、跨境物流、电子支付等多个环节之间互联互通,以跨境贸易的发展作为支撑,共同促进丝绸之路经济带沿线国家的经贸发展和金融合作。

3. 资本项目合作

资本项目是指国际收支中因资本的输入和输出而产生的外汇资产与负债的增减项目,包括直接投资、各类贷款、证券投资等。如何创新金融投资合作模式,以激发沿线国家和地区的内生资本合作意愿,是亟待解决的重要现实问题[1]。在这个基础上,我们引入互联网,通过构建一个基于互联网的多边投资信息综合服务平台,创新投资合作模式。

我们设计的资本项目合作平台如图 9-7 所示。

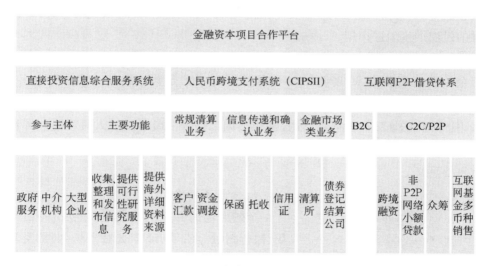

图 9-7 资本项目合作平台

(1) 直接投资信息综合服务系统。为了应对丝绸之路经济带倡议海外直接投资中信息不对称所带来的投资风险和阻碍,在丝绸之路经济带沿线的国家和地区应提供以高效完善的政府服务作为基础,中介机构和大型企业充分参与的直接投资信息综合服务系统(foreign investment information service system,

---

[1] 郑周胜.丝绸之路经济带金融合作:进展、前景与策略[J].吉林金融研究.2016(3):36—42.

FIISS），以此收集、整理和发布信息，提升海外投资项目合作的精准性，进行对外投资的相关可行性研究，并将研究结果向该地区的企业提供，从而建立起完备的可以提供海外详细资料的直接投资信息库。

（2）互联网 P2P 借贷平台。网络借贷是指在互联网上实现借贷，借入者和借出者均可利用这个网络平台，实现借贷的"在线交易"。网络借贷丰富了市场资金融通的形式，再加上中国互联网支付系统发展较快，业务也涉及较广，应充分发挥这一优势，通过政府扶持，鼓励 P2P 网络借贷模式参与跨境融资，支持非 P2P 网络小额贷款为境外电子商务融资，将中国互联网借贷机构发展成为丝路沿线国家跨境融资的主要支付平台，从而提升中国互联网金融影响力。大众融资模式（mass financing model），即众筹，是互联网金融创新的一种模式，是指以互联网为筹资融资平台，资金需求者通过发布其项目的基本情况，向社会公众广泛募集资金，并以股权、分红、利息、债权等方式回馈投资者。众筹融资模式能够解决在我国西部欠发达地区和丝绸之路经济带附近发展中国家，低收入人群、小微企业等弱势群体进行小额融资存在困难的问题，有效降低融资门槛，对普惠金融的发展产生促进作用。

构建丝绸之路经济带众筹平台，通过该平台向全社会公布将合作项目，并向资金的供给者提供回收期的结构组合信息和"建设—经营—转让"（build-operate-transfer，BOT）模式的预期收益率，在一定程度上对区域货币流通和人民币国际化的速度产生促进作用，加快丝绸之路经济带沿线的人民币跨国界流通，这些对于丝绸之路经济带沿线国家和地区的创新创业活动、经济民生发展具有重要意义。

4. 金融市场合作

金融市场的开放与合作主要包括外汇市场、银行间债券市场、证券交易市场、期货交易市场、信用市场及大宗商品市场等方面（见图9-8）。通过金融市场合作，建立一个沿线国家间的区域金融合作机制或有效的区域性金融市场，不仅可以撬动更多国际资金，打破国家间金融市场的隔离，逐渐减少丝路建设对传统银行贷款的过度依赖，更可以帮助沿线国家形成层次合理、产品丰富、功能互补的一体化金融市场体系。

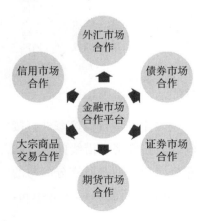

图 9-8　金融市场合作平台

在推动丝路沿线国家金融市场的"互联互通"方面,政府的作用主要是搭建平台,金融机构和实体企业才是真正的演员。为此,中国政府及丝路沿线的国家需要建立区域金融机构、政府间金融议事机制、区域金融合作交流平台等渠道和机制,以业务特色和自身优势为立足点,向丝路沿线国家及相关企业提供多元化、综合化的金融服务方案,延伸金融服务外延,积极支持实体企业"走出去"和"引进来",积极促进丝路沿线国家间金融市场融通交流,真正消除丝路沿线国家之间的金融市场隔离,打造区域化或国际化的金融合作平台。

5. 政府外债合作

(1) 各国或地区债券市场的发展和完善。丝绸之路经济带沿线各国应该以发展好本国的债券市场为基础,对市场逐渐走向交易标准化、国际化和规范化进行积极引导,逐步完善评级、清算、交易、担保等市场基础设施,为区域的债券市场发展提供良好基础。一般有以下四个方面:一是强化债权人的意识和权利;二是建立有效的信息供应及评估系统;三是建立有效的清偿和结算体系;四是促进多样化的债券跨境交易与发行。

(2) 区域债券市场基础设施建设的协调与合作。对区域内的债券市场进行研究分析,制定相关发展措施,对于各个国家由于发展不均衡所导致的市场分割进行协调。努力实现债券托管、清算结算等"服务后台"技术设施的连接,如考虑将债券托管结算系统与即时支付结算系统和中央国债登记结算系统联网对接,对债券交易合作及信息的快速流通提供相应的技术保障。具体方案如下:一是建立区域性信用担保机构,增加市场资本流动性;二是建立区域性权威评级机构;三是建立区域性清算系统;四是建立区域性审慎监管制度。

(3) 逐步放开金融管制,建立和培育多边债券市场。一方面,丝绸之路经济带沿线国家放宽债券的准入条件,以提升债券市场的对外开放程度;另一方面,要加大不同种类政府债券的供应量,丰富政府债券的品种,从而建立适合的基准收益曲线。对于中国来说,要重视人民币债券市场,对丝路沿线国家的政府和机构发行人民币债券的行为予以肯定和鼓励;对于沿线国家在中国境内所发行的人民币债券给予相关优待,并对在人民币合格境外投资者试点范围中纳入沿线国家重要机构可行性进行研究;同时,加强与丝绸之路经济带沿线国家的沟通机制,以国债为主体构成部分,将内地发行的人民币债券直接到境外相关市场进行交易,进一步对外开放债券市场。

(4) 区域债券市场监管体系的协调与合作。丝路沿线各国可以考虑加强债券市场管理机构的合作与沟通,如通过构建多层次的交流制度,分别就行政管理、监管情况、立法、债券交易所建设等问题展开讨论,使用国际会计准则作为上市公司进行信息披露的标准。除此之外,沿线各国投行管理人员之间可以通过开展交流,对潜在的合作领域进行讨论,让各国家的从业人员互相交换考察学习,共同提升专业素养和业务技能。对于研究人员来说,则可以通过不定期召开研讨会等方式,对影响国际金融市场及债券市场的重大问题进行讨论,协商解决办法,交流相关的理论研究成果,对有价值的信息进行共享[1]。

6. 国际储备合作

随着金融全球化的发展,为了维护国际清偿力、防范金融危机,持有充足的国际储备似乎是大多数国家和地区的最佳选择[2]。因此,依托丝绸之路经济带倡议的实施,沿线各国必须围绕国际储备加强合作,共同推进国际储备货币体系改革,从而在国际货币体系中争取更大的权利和话语权。

中国已经与丝绸之路经济带沿线的多个国家签署了货币互换协议,并积极参与清迈协议等区域性货币合作框架,再加上人民币正式加入 SDR 货币篮子,以及中国拥有数额庞大的外汇储备和相对较低的外债,这就使中国拥有非常好的偿债能力,为人民币在中亚、欧盟地区乃至全球的流通奠定坚实基础。

丝路沿线各国可从以下两个方面来加强国际储备合作。

(1) 单边/多边货币互换及合作。区域货币合作对于国际储备具有明显的替代效应,丝绸之路经济带沿线国家国际储备分布的不均匀性和巨额高昂的机会成本为国家间区域货币合作提供了合理性,可以扩大多边货币互换并汇集国际储备。

(2) 人民币的区域货币合作。由于加入了 SDR 货币篮子,人民币在外汇储备的地位大幅度提高。丝绸之路经济带沿线国家可以协商加强人民币的区域货币合作,依靠集体力量率先完成人民币区域化,渐进实现人民币国际化。对于中国来说,则须夯实本国的经济发展基础,对金融市场的深度和广度进行挖掘,对监管能力予以提高,对机构的经营能力进行提升,只有这样才会让人民币具备国际储备货币的意义。

---

[1] Vo X V. International Financial Integration in Asian Bond Markets[J]. Research in International Business and Finance, 2009, 23 (1):90-106.
[2] 保建云.主权数字货币、金融科技创新与国际货币体系改革——兼论数字人民币发行、流通及国际化[J].人民论坛·学术前沿,2020(2):24—35.

(三)新型金融服务兼容机制

1. 新型多边金融机构

在新一轮全面对外开放背景下,中国发起并不断落实运行的上海合作组织开发银行、亚投行、丝路基金和金砖国家新开发银行等新型多边金融机构,为丝绸之路经济带提供了有力金融支持,给丝路沿线各国的基础设施项目建设带来包括贷款、股权投资以及提供担保等在内的多种融资支持方式。随着丝路金融合作的不断深入,新型的多边金融机构或服务层出不穷,因此,我们设计的丝路金融合作机制和平台必须留下兼容端口和拓展空间。

2. 人民币对外币同步交收机制

同步交收(payment versus payment,PvP)是一种为了外汇交易所提供的交收安排,进行交易的双方需要于同一时间完成交割两种货币。该机制在防范不同交易时区因交收时差风险、消除本金交割风险及提高外汇市场运行效率等方面具有重大意义。中国外汇交易中心为了更好地提供同步交收、交易确认和交易冲销等专业交易后服务,大力建设银行间市场交易后所需要的基础设施,通过将大额支付系统与交易中心系统建立连接,在交易、支付的处理效率方面有了极大的提高,有效降低了市场整体风险。据介绍,下一步,中国外汇交易中心将以丝绸之路经济带为建设立足点,顺应人民币国际化进程,在合适的时间提供其他货币与人民币的同步交收服务。

3. 多元化的融资机制

基于互联网的丝路金融合作在融资方面需要多元化机制的支持,其具体的金融创新应包括六个方面。一是政策性金融的合作与支持。丝绸之路经济带相关国家之间应加强政策性金融对丝绸之路经济带的保障力度和资金支持。二是传统的间接融资的合作与支持。例如,对于在传统银行信贷中经常出现的期限错配问题,需要对相关业务进行创新,使其能够提供相适应的长期低息贷款。三是直接融资的合作与支持。主要指的是通过对多层次资本市场建设的加强,或者与丝绸之路经济带各个国家的资本市场进行对接合作,为丝路经济带的建设提供资金方面的支持和安排。四是开发性金融方面的合作与支持。除了已有的中国进出口行、国开行的支持外,还需要一些其他开发性金融在资金方面的支持,包括但不限于与国际多边开发性金融机构的合作等。五是保险业的合作与支持。除了出口险的保障外,还需要其他种类的保险对丝绸之路经济带建设提供保障和支持。六是其他新型金融类型的创新和合作,包括绿色金融、科技金融、普惠金融、知识产权金融等的安排与支持。

(四)风险预警与防范合作机制

将"互联网+"思维融入"一带一路"金融合作建设是一种丝路经济带国家金融发展的必然趋势,该思维的融入可以使网络和丝绸之路实体经济的发展产生对接作用,让丝路金融的合作走向新的发展阶段。但是,由于互联网金融以互联网为基础,互联网技术相对于传统方式其机制更加复杂,风险也相对更加复杂,相关的金融监管也存在不完善的地方。因此,在进行互联网金融与丝路经济带的融合时要对相关问题进行详细分析,控制相关风险。那么,丝路金融合作将会面临什么风险呢?如何对这些风险进行有效识别、测度和防范呢?这是丝路金融目前需要着重研究和解决的问题。

基于互联网的丝路金融合作风险大致包括金融合作风险的识别,金融合作风险的预警,以及金融风险的监管合作等环节。丝路金融合作中的风险类型大体可以梳理和显化为政治风险、社会信用风险、法律风险、汇率风险、企业投资风险、金融机构运营风险、网络信息安全技术风险等。应该通过建立投资风险突变模型,分析风险临界值和风险等级,并对预测结果进行预警分析;应该对各个监管机构的权限进行清晰的划分,对现有的金融监管体系进行完善,对从业行为与行业制度进行规范,构建区域金融风险预警系统,以及加强征信管理部门、征信机构和评级机构之间的跨境交流与合作,对金融风险监管合作提出整体性方案。这里我们对丝路沿线国家金融合作存在的主要风险进行系统性识别分析,并在此基础上尝试从信息共享、立法合作、风险预警、多边金融、技术安全等不同视角提出新时代丝路金融合作中化解风险的政策建议。

1. 基于互联网的丝路金融合作中存在的风险

众所周知,"丝路经济带"的建设更多依赖于比较松散的政府或区域组织间的倡议或合作,与现有的那些发展和运营比较成熟的区域组织或政府合作组织大为不同。所以,我们在欣喜看到丝路经济带发展的良好开端和美好未来预期的同时,不得不承认和勇敢面对丝路经济带的未来建设过程中不可避免地面临的各种复杂的压力和风险(见图9-9)。尤其是在合作过程中,成员国家出现矛盾、摩擦的时候,是否能稳妥、有效地解决不同问题,将会严重影响丝路经济带的长久存在和高速发展。如何对在"丝路经济带"建设过程中的金融合作所存在的风险进行有效识别,则是进行监管合作与风险预警的重点[1]。

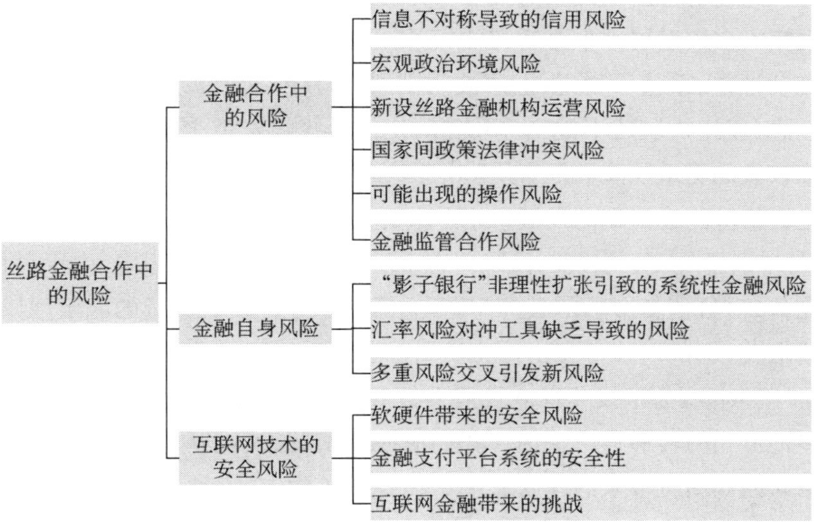

```
丝路金融合作中的风险
├── 金融合作中的风险
│   ├── 信息不对称导致的信用风险
│   ├── 宏观政治环境风险
│   ├── 新设丝路金融机构运营风险
│   ├── 国家间政策法律冲突风险
│   ├── 可能出现的操作风险
│   └── 金融监管合作风险
├── 金融自身风险
│   ├── "影子银行"非理性扩张引致的系统性金融风险
│   ├── 汇率风险对冲工具缺乏导致的风险
│   └── 多重风险交叉引发新风险
└── 互联网技术的安全风险
    ├── 软硬件带来的安全风险
    ├── 金融支付平台系统的安全性
    └── 互联网金融带来的挑战
```

图 9-9　互联网丝路金融合作中的主要风险

（1）金融自身风险。伴随着金融创新的深入发展，金融业在丝路沿线实体经济的发展过程中起着越来越重要作用的同时，一些金融风险逐渐显现，一旦这些风险全面爆发，不仅会对金融业本身带来严重影响，还会对相关实体经济带来巨大冲击，产生如"多米诺骨牌效应"般的连锁反应。因此，在丝路金融合作中，必须高度重视金融自身风险上升的苗头。

① "影子银行"非理性扩张引致的系统性金融风险。自金融危机以来，实体企业和部门对融资的需求更为强烈。为了规避信贷额度限制等监管制约，许多影子银行业务逐步出现并迅速发展，在一定程度上对金融交易和经济发展，如优化居民资产配置、金融创新改革、服务实体经济、融资效率提升等方面，产生了促进作用[2]。但是，监管标准不统一导致的系列风险接踵而来：一是杠杆率上升较快；二是流动性风险上升；三是信用风险范围扩大。除了这些，在资管领域方面也存在着交易不透明、业务交叉等问题，使得风险逐渐积聚，进而引发系统性金融风险，因而需要对该现象进行重点关注和警惕。

② 汇率风险对冲工具缺乏导致的风险。汇率风险是引发潜在金融风险的

---

[1] 曲丽丽,韩雪."一带一路"建设中金融风险识别及监管研究[J].学习与探索.2016(8):132—136.
[2] 黄志刚,刘丹阳.货币政策、资本监管与影子银行——基于微观视角的非对称性研究[J].金融监管研究,2019(12):82—99.

重要因素之一。尽管特别提款权(SDR)中已经加入了人民币,但美元仍然被广泛用作丝路经济带沿线国家的贸易结算的计价货币,因而其影响非常大。另外,沿线国家大多数发展水平滞后,其国家货币多为小币种货币,表现出明显的货币国际流动性差、币值不稳定、汇率波动剧烈等特征,加上人民币与相关国家的货币的互惠、互换机制还不健全、不充分,使得沿线国家企业和银行在投资和经营中面临较大的货币风险和汇率风险,汇率风险很难得到有效对冲,其存在的外部效应也会给丝路经济带的发展带来严重的负面影响。

③ 多重风险交叉引发新风险。在金融业迅速发展的过程中,由于存在着监管不完善、盲目创新金融产品等问题,金融体系中存在着大量的隐蔽性风险,随着时间推移,这些风险呈现出传染性增强、交叉性增加、复杂性上升等新的风险特征[1]。例如,为了较大程度规避监管和增加利润,金融机构利用产品创新,进行多种形式的转移资产负债。我们应该特别关注市场风险、流动性风险和信用风险共同作用所带来的综合影响。在各种风险中,流动性风险是金融机构面临的首要风险。为此,防范金融风险的关键就是对去杠杆化与维持流动性稳定之间的关系进行有效平衡。

(2) 金融合作中的风险。丝路经济带沿线各国的区域金融合作不断深化,然而,由于各自在金融一体化、经济发展水平、金融体制建设、金融市场开放程度等方面存在差异,以及互联网金融快速发展对传统金融体系造成的影响,丝路金融在合作方面正面临着政策法律冲突风险、宏观政治环境风险、监管合作风险、新设金融机构运营风险等,这会在一定程度上对中国与丝路沿线各国金融合作的进程、广度和深度产生影响和制约。这些风险一旦系统性爆发,除了对金融业本身造成影响和冲击,更会对实体经济造成更大的危害,造成"多米诺骨牌效应"。

① 宏观政治环境风险。丝路沿线各个国家能够进行经济合作的重要前提之一就是政治关系良好,它对金融的合作与成长有着十分重要的作用。该风险主要表现在各个国家在制定或调整互联网金融政策时引起的不确定性。

丝路经济带沿线国家在经济发展程度、政治制度、文化历史、宗教传统等方面差异很大,这些地区不仅是地缘政治冲突的热点区域,也是全球主要政治力量

---

[1] 左永刚.第四次大督查启动四大风险被重点关注[N].证券日报,2017-06-02(A02).

竞争焦点所在[1]。由于不同国家在政治立场上存在差异，或一些国家政局存在动荡还不稳定，这些都会对金融合作产生不好的影响，对丝路经济带金融合作和货币流通产生阻碍作用。因此，各国政治立场的明确将会对丝路经济带的金融合作与运转产生决定性作用[2]。

② 国家间政策法律冲突风险。法律风险主要表现在丝路金融合作中的相关法律条款、相关条例规定或法律冲突[3]。由于各国的法律体制机制不统一，甚至在许多法律法规的内容规定、执行程度等层面存在明显的差异[4]。如专门针对互联网金融存在的庞氏骗局、金融诈骗等，又如互联网金融机构为了追求高额利润，又在监管缺失的情况下参与非法洗钱交易，使得法律风险居高不下。这些现实情况有极大的可能性会使以互联网为基础的丝路金融成为金融违法犯罪活动聚集之地，产生各种各样的法律风险。

③ 信息不对称导致的信用风险。尽管"互利共赢，合作发展"是丝路经济带倡议的主要观点，而且在沿线多数国家中获得认可，但沿线各个国家的信用体系存在巨大差异，使得大量非对称信息所造成的信用风险问题开始出现，该风险已然成为丝路金融合作需要面对的主要风险。

首先，由于消费者的金融素养存在巨大差异，对于互联网金融企业及其产品难以进行有效评估，只能够通过行业的平均价格进行预估，使得"柠檬市场"和"劣币驱逐良币"现象大量在市场涌现。其次，丝路经济带沿线国家的消费者缺乏对于相关金融服务模式和产品的了解，加上互联网交易的隐蔽性，使得一些互联网企业利用该漏洞从事非法活动，乃至携款"跑路"。最后，在丝路经济带发展的金融风险中，国家主权信用也是一个重要因素。

丝路经济带信用建设是丝路金融合作和经济发展的重要基础和黏合剂，也是防范经济风险、整顿和规范市场经济秩序、降低交易成本和改善市场信用环境的重要举措。因此，防范信用风险是十分必要且重要的，应对丝路经济带的信用评估制度进行合理构建，形成稳定的信用体系。

---

[1] 钟陆文,陈爱贞.工业城市融入"一带一路"倡议的实践探索——以广东佛山为例[J].中共福建省委党校学报,2018(3):113—120.
[2] 肖珊,华默然.丝绸之路框架下中国(新疆)与中亚五国金融合作研究[J].合作经济与科技,2015(16):48—49.
[3] 尹薪,周薪吉,王祎馨."一带一路"海外投资风险及其管理——兼论在上海自贸区设立国家级风险管理中心[J].复旦学报(社会科学版),2018,60(2):139—147.
[4] 余晓钟,刘利."一带一路"倡议下国际能源产业园区合作模式构建——以中亚地区为例[J].经济问题探索,2020(2):105—113.

④丝路金融机构运营风险。自丝路经济带倡议提出后,金砖银行、丝路基金、亚投行等与其相配套的金融机构相继设立。其中,亚投行的成立直接为丝路经济带建设"输血供氧",主要以基础设施项目为主,具有社会效益高、经济效益低、利润周期长等特点,而且沿线国家基本上都是发展中国家,经济实力总体不强,面对数亿甚至数十亿美元的投资,还款能力非常有限,对于处于成立初期的亚投行来说,运营风险和操作风险是其当前最主要的风险[1]。同样地,其他几个金融机构也存在着相似的问题。

⑤可能出现的操作风险。尽管在传统金融机构中也存在着操作风险,但是其带来的损失却比信用风险和市场风险所带来的损失要高得多。在基于互联网的丝路金融合作中,引发操作风险的因素和表现形式较多,主要包括:时间短、数据缺乏等导致的操作风险;沿线国家的相关金融企业、金融服务机构利用互联网的特性,过分追逐市场份额和利润回报而引致的操作风险;互联网金融还没有形成一个标准的、高安全的丝路金融合作服务平台,不能保障货币的顺畅流动引致的操作风险等。

⑥金融监管合作风险。互联网丝路金融合作是以互联网平台为基础,将银行、基金、证券、信托、保险等相关金融业务进行融合,具备跨行业、业务交叉等特殊属性。在金融合作过程中,基于互联网的金融出现的新问题、新现象,以及互联网金融领域客观存在的跨界混业经营的特征,加上互联网金融所具有的边界无限、时空无限等特性,对于传统的金融监管机构的能力、监管模式都带来极大的影响和严峻的挑战。为此,丝路金融监管合作必须建立在广泛、系统、深入、联合的国际沟通与合作的基础上。但是,丝路金融合作过程中还没有建立、实施一个专门统一的区域金融监管体系,现有的金融监管局限于国家主权行为,使得跨国公司的金融行为和活动中仍然存在着许多监管"空白"地带,难以实现监管信息的完整性、准确性、实时性、对称性,必然增加丝路金融监管合作的难度。

(3)互联网技术安全风险。在丝路金融合作中,相关的信息存储、传输、分析处理等核心技术是互联网金融存在的基础。通过服务器对交易产生的数据进行存储,但是随着交易的增多,数据也越来越多,分析处理难度越来越大,对于服务器和相关技术的要求也相对越来越高[2],技术风险日益突出。无论

---

[1] 刘翔峰.亚投行与"一带一路"倡议[J].中国金融,2015(9):41—42.
[2] 王远志.我国银行金融数据跨境流动的法律规制[J].金融监管研究,2020(1):51—65.

是相关硬件还是相关软件出现故障,均会导致服务器卡顿乃至崩溃等情况的出现,造成客户信息泄露、盗取资产、利用钓鱼网站或公共Wi-Fi非法盗取资金、金融交易契约无从证明等情况,使得整个国家金融体系甚至经济体系陷入瘫痪等危险之中。丝路经济带沿线各国在软硬件的相关标准以及人员水平上存在着巨大差异,令以互联网为基础的丝路经济带金融支付平台系统存在较多的隐患,频繁发生操作性风险事件,如未定期更换密码、非法入侵、下载软件时不注意阅读权责条款、虚假支付命令和随意连接Wi-Fi扫描不明二维码等。因此,互联网的相关软硬件技术对于营造安全的互联网金融交易环境十分重要。

与此同时,互联网金融的快速发展在带来便利与机遇的同时也带来了新的挑战。首先,对传统金融业造成巨大影响,如第三方支付平台的便利使得传统商业银行支付业务逐渐被取代,如果后者不能及时进行创新改变,必然会被逐渐淘汰从而对金融格局产生影响。其次,由于互联网金融的形态复杂、监管缺乏,大量业务类似影子银行体系,极易造成系统性风险等问题。尽管互联网金融具备许多新的属性,但其本质仍然是金融,具备着传统金融所共有的不稳定性和风险性。此外,互联网金融所覆盖的人群比传统金融要大得多,其中中低收入人群、年轻人群等"长尾人群"也在其服务对象中,使得其产品和服务具有极强的网络外部性和普惠性,一旦出现流动性、庞氏骗局等问题,其影响程度和波及范围将会更广更大。

2. 互联网风险管控合作机制

丝路沿线国家在货币政策、金融业务规则、金融风险的预警与控制模式等方面存在着巨大的差异,使得丝路建设必然面临诸多金融风险,也必然会对丝路沿线国家金融合作带来一定的冲击。鉴于此,加强基于互联网的金融风险管控合作,对于丝路经济合作是十分必要的。所以,中国应该与丝路经济带沿线国家遵循"协同监管、依法监管、适度监管、分类监管、创新监管"的原则,对各种金融业务形态的准入条件和边界进行科学界定[1],建立起合适的安全保障体系和风险防控机制,明确风险底线,共同维护丝路沿线国家的金融市场和货币流通的秩序。

(1) 加强信息共享与交换,完善征信体系。主要包括以下三个方面。

---

[1] 中国人民银行海口中心支行青年课题组,王宏杰.金融科技监管的国际经验借鉴及政策建议[J].金融发展研究,2019(11).

①建立金融信息共享与交换机制。金融的核心是风险管理,而解决信息不对称问题是风险管理的关键,互联网金融最大的瓶颈则是信用环境。首先,对政府的数据资源进行开放,包括但不限于中国人民银行信用数据库等,通过构建社会基本信用数据库,对社会信用环境进行完善。其次,对互联网金融登记制度进行统一,使用简便规范、易于追溯查询的产品代码。再次,建立金融监管信息共享与交流机制。沿线国家的政治经济宏观情况、金融与货币的相关政策信息,尤其是多货币结算代理机构信息等,通过该系统平台的收集、梳理和分析,共享给沿线所有成员国家,并形成普遍可行的金融风险预警机制。最后,在丝路经济带内建立有效的信息服务平台,通过定期交流活动,增进各成员国之间的政策分享与沟通,逐步建设成为由各国口岸管理委员会、海关、外管局、中央银行等共同组成并发挥骨干作用的区域性信息共享系统平台。

②规范互联网金融的管理制度。由于互联网金融正处于幼小阶段,各国均对其缺乏相关的监督制度,其风险较大,因而建立相应的管理制度是必不可少的,这样可以减少灰色地带,有效提高互联网金融市场的信息透明度。例如,建立国际征信体系,并以此为基础,记录个人或者企业信用违约的情况,可以有效减少同行业审核借款人信息的难度,提高效率,预防信用风险积聚,为丝路金融合作提供优良的竞争环境。

③促进沿线国家信用评级的交流与合作。由于政治经济风险在丝路经济带沿线的国家普遍存在,建立科学公正的信用评级体系是十分重要的,它的建立可以对投融资渠道进行有效拓宽,加大信息披露的透明度。但是,在现有国际信用评级市场中,美国占据着主导地位,其他国家的影响微乎其微。如果想要让信用的评级成为权威,必须要拥有充足的实力和相应的声誉。

所以,我们应该从以下五个方面着手。

第一,对沿线国家的金融法规和监管政策进行跟踪研究,对评级方法和模式进行创新。

第二,加强金融机构之间的跨境合作与交流,研发内部评级体系,减少对国外评级机构的依赖。

第三,在各个成员国之间积极开展信用评级机构、国际组织、信用管理部门、金融机构之间的合作,进行多种形式的交流。

第四,加大我国对丝路沿线国家市场评级的参与程度,提升国际信誉和声誉的同时满足各个国家跨国资本流动的需要。

第五,研究和探索危机协调应对机制和金融监管合作,提升应对风险的能

力,对区域性、系统性的金融风险严加防范[1]。

(2) 积极开展立法合作,完善区域金融业务法规。由于丝路沿线各国的法律宏观环境以及法律制度体系客观存在的差异性,为了最大程度规避丝路金融合作过程中不必要的法律矛盾冲突,或者是法律适用条件受限,所有沿线国家必须在尊重"求同存异"的前提下,对各国的相关法律条款进行修订或调整,力争达成一致性较高的区域性法律法规。具体来说,应该考虑以下四个方面的问题。

① 构建跨国司法合作体制机制。主要包括司法裁判合作机制、跨国民事诉讼制度、货币流通、跨国市场准入与退出机制、外汇管制等法律合作机制,合理有效地对丝路经济带国内、区域、全球三者之间所存在的金融法律合作相关问题进行妥善处理,对跨境互联网金融交易的行为进行规范和引导[2]。

② 推动互联网金融领域立法。对国际和国内形势和现实进行分析研判,出台相关管理制度,营造良好的金融合作发展制度环境,对于网络知识产权如从业机构的专利、商标等,加大保护力度和执法力度。

③ 完善金融业务法规。对纠纷解决、交易主体、合同订立、客户信息保存、客户身份认证以及 P2P 网贷公司等的相关法律法规都要进行不断的完善。同时,加强个人信息的安全保护,对机构与个人之间的权责进行明晰,并对电子式交易凭证的保存作出规定,维护金融企业和个人在互联网上法律层面的公平、公正。

④ 建立金融案件审判和仲裁机制。对于在丝路金融合作中出现的跨境洗钱、非法集资等违法犯罪行为,通过探索逐步形成金融案件审判和仲裁机制,并推动其公正、公平、高效地运转,着重注意基于互联网的金融违法行为的监管合作和执法力度,最终实现规范化的金融合作秩序。

(3) 建立联合风险预警机制,构建金融监管合作生态体系。中国在与丝路沿线国家金融监管合作中应发挥地区大国的作用,定期组织各国金融监管当局进行沟通与交流,对分属于自身的责任利益和监管范畴进行明确,完善监管机制的相关体制,多多鼓励双边及多边的金融合作;与丝路经济带沿线国家共同成立主要功能包括但不局限于反洗钱合作、区域金融信息披露、联合征信、跨境资金监测等的丝路经济带金融合作云监管平台,构建丝路金融监管合作生态体系,对

---

[1] 周慕冰.银行服务"一带一路"的选择[J].中国金融,2017(9):34—37.
[2] 孙瑜晨."一带一路"倡议中经济法的功能担当及制度供给[J].重庆社会科学,2018(12):61—73.

丝路经济带的金融安全与稳定进行维护。

① 创建和优化丝路金融合作风险预警机制。随着区域化和全球化进程的深入,丝绸之路经济带沿线国家的金融投资需要一套通用的、标准的、高效的风险预警机制,对丝路经济带沿线金融合作中存在的各类金融合作风险进行有效检测,并进行相关预警,及时对隐藏的风险进行发掘,令丝路经济带的金融合作可以安全稳定运行。丝绸之路金融合作风险预警机制主要包括以下四个方面。

第一,通过掌握行业整体数据,运用数据挖掘的方法,在汇率风险、投资风险、信用风险等方面建立合理的监管预警指标,发现风险点,及时进行风险控制和预警[1]。

第二,综合使用大数据分析,对相关监管和评价数据进行有效性分析,并对监管标准进行不断改进。

第三,强化风险分级分类综合管控,优化风险等级划分,不断改进风险的网络监管平台,制定多层次、针对性强的风险应急工作机制,增强丝路经济带金融风险防范能力,在沿线各个国家中实现监管信息实时共享,并进行跨区域联合监管,联手共同打击跨境金融犯罪。

第四,通过共同成立如"丝路金融稳定基金"的金融合作风险监控基金,对相关风险进行有效防范和化解,为沿线各国的金融合作安全提供保障。

② 强化区域监管当局间的沟通与协调一致。丝路经济带沿线各个国家在金融监管制度方面存在着巨大差异,国际金融合作缺乏监管,增大了金融风险,所以要考虑以下三个方面。

第一,强化丝路沿线各国之间的高层交流与互动,扩大信息共享的质量和范围。

第二,建立基于协商基础上的金融监管合作机制,明确各自监管的准确范围与应担职责,加强政策协调和重大问题的监管一致性,形成全方位的监管合力,构建负责、协调、高效、科学、有序的丝路金融合作监管生态体制机制。

第三,建立危机处置和跨境风险的交流与合作机制,健全风险和处置危机的制度,协调、规范各方行动,共同维护金融的稳定与安全。

③ 建立并推动多边化的区域金融风险防范机制。一方面,以区域金融风险防范机制(如清迈倡议)和全球经济治理机制(IMF,G20等)等作为载体,对区域性风

---

[1] 刘伟.建立大数据平台管控互联网金融风险[N].中国青年报,2016-03-03(03).

险管控的力量进行联合,以集体的智慧去应对和处置金融风险,降低单边行动的成本与风险。另一方面,对丝路沿线国家和地区在金融风险防范中出现的问题和不足进行全面评估,利用现有的金融风险协调机制,如东盟与中日韩("10+3")、中国-东盟、东亚及太平洋中央银行行长会议组织、东亚金融合作机制等,以多边合作为起点,建立和推进多边丝路区域金融监管防范机制,共同应对金融风险。

④ 继续加强国家层面的跨境交易监管合作。丝路沿线国家的投资已经面临种种风险,而且随着政府投资和民间金融合作的逐渐深入,必然会面对更多的风险。同时,丝路经济带建设不是任何某个国家的单独使命和任务,更需要沿线所有国家的共同努力。所以,应该强化沿线国家层面的跨境交易监管合作。

第一,丝路经济带沿线国家要以共同发展为共同目的,摒弃地方保护主义,构建共同面对、相互协商、统一行动的协议机制,为该区域的金融投资与经济合作解决困难。

第二,丝路沿线国家应该对其他区域性金融机构的优势和经验进行学习,在微观项目上实现合作[1]。

第三,金融监管部门应支持和推动金融机构开展互联网金融业务,并对符合条件的互联网企业开展的相关金融业务实施切实有效的管理。

第四,设定统一、规范的监管标准和行业标准。为了降低管理难度,各国应在国家的金融政策、货币市场、资本市场等制度的制定中设置共同的监管标准,并建立包括技术标准、安全标准、风险监控预警机制等在内的行业标准,以保障基于互联网的金融合作有规可循。

(4) 培育多边保险机制。在制度设计方面,通过构建保险服务丝路的主动合作机制,把保险机制纳入丝路建设的总体蓝图。为了使保险能够对丝路形成保驾护航的作用,应该以丝路沿线各个国家保险机构间的合作为契机,培育和建立双边或多边融资保险合作平台,出台相关鼓励政策和指导意见,综合考虑现实发展与长远规划,构建出科学有效的保险业务风险管理顶层设计。

(5) 技术风险的防范。主要应从以下三个方面进行。

① 研究具有自主知识产权的信息技术,如大力开发数字签名技术、互联网加密技术和密钥管理技术,降低技术操作风险。以运行安全为基础的同时要提升硬件对外防御能力,避免因使用国外系统造成的信息泄密和系统不安全。

---

[1] 中国工商银行与清华大学"绿色带路"项目联合课题组.推动绿色"一带一路"发展的绿色金融政策研究[J].金融论坛,2019,24(6):3—17,53.

② 加强安全意识,规范操作。许多消费者习惯使用移动网络,通过网络购买金融产品,这些行为存在支付风险隐患。公众和机构均应加强在支付方面的安全意识。

③ 积极应用人工智能技术降低金融市场风险。人工智能技术蓬勃发展,日益成熟,已经开始运用于各个领域。人工智能与金融行业的结合必将带来金融行业新的发展与突破,都将成为未来金融风险管控的重要助力。在金融业的发展中会产生包括金融交易、客户信息、市场分析等无数有用或无用的数据,而储存技术的发展使得一些会被清除的数据有机会储存下来。

为此,可以科学利用视频识别技术,监控设定的网络区域,识别陌生人员和可疑行为,在提供个性化服务的同时,对金融活动的复杂信息进行深入整合分析,从而实现风险控制与改善交易的功效,提升交易的安全性。同时,在大数据财经信息分析、贷款、保险、风控、资产配置等众多方面,人工智能技术将极大地助力金融服务的标准化、模型化、智能化,并帮助决策、预警和防范系统性金融风险,大幅降低人力成本并提升金融风控的业务处理能力[1]。

(五) 金融人才培养合作机制

丝绸之路经济带建设的战略性、复杂性和长期性对跨国复合型金融人才提出了需求。目前,金融机构针对丝路经济带建设能够有效指导实践的智库支持与专业研究团队还是相对匮乏的,对此,应该建立丝路经济带沿线金融人才合作培育机制(见图9-10)。

① 积极开展智库建设与丝路经济带研究,培养"国际化、多层次、复合型"的金融人才。

② 推动丝路经济带沿线国家教育合作和校企合作机制,培养人才的科技创新能力,对金融从业人员进行综合能力的培养和提升,在新丝路经济带建设的过程中提供智力和人才支持。

③ 加强金融风险的防范意识,通过宣传金融知识的方式普及相关知识,提高丝路沿线各国公民和跨境企业的金融风险防范意识。通过实施金融人才战略,为丝路金融合作战略目标的实现提供支撑。

---

[1] Wall L D. Some Financial Regulatory Implications of Artificial Intelligence [J]. Journal of Economics and Business, 2018(100): 55-63.

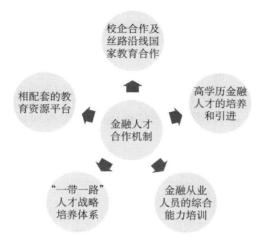

图 9-10　丝路金融人才合作培育机制

三、互联网丝路金融合作平台框架及其功能

（一）合作平台与框架设计

"互联网丝路金融综合服务平台"是体现基于互联网的金融服务与合作公开性、大众性、效率性、安全性特殊要求，以构建丝绸之路经济带资本跨国流通大动脉为目标，以互联网技术及强大的搜索引擎为支撑，以专业评级监控主导的风控体系为保障，以在线交易支付结算、数字化处理为核心，聚焦丝绸之路经济带实体经济投融资需求的专业化、全方位信息服务，满足丝绸之路经济带金融资本互联互通的多国语言版本的金融综合信息服务平台，是互联网时代丝路金融合作的新型服务载体。

互联网丝路金融综合服务平台的意义体现在：能够克服丝绸之路经济带沿线国家幅员辽阔性与经济发展不均衡性，为不同政府、企业、金融机构和个人提供全天候、多语言的信息检索与政策、宏观数据查询、企业/机构数据库、供需信息、信用评级、在线交易、在线支付等获取服务，对于弥合信息鸿沟将大有裨益。

丝路沿线国家金融资本互联互通的综合服务体系包括一个平台、两个搜索引擎、三个库、四类产品、五种功能、六个主体，具体如下：

- 一个平台：互联网丝路金融综合服务平台；
- 两个搜索引擎：丝路沿线国家信息搜索引擎，信用检索引擎；

- 三个库：信用数据库，交易信息库，智库；
- 四类产品：丝路国家信息产品，信用管理，投融资交易，跨境电子化交易结算；
- 五种功能：信息查询与决策支持功能，投融资绿色通道服务功能，跨境电子化交易支付结算功能，数字化信用评价功能，全过程"云"风险控制功能；
- 六个主体：政府部门，丝路金融机构，金融保险机构，投资方，融资方，监督机构。

"互联网丝路金融综合服务平台"的基本框架设计如图 9-11 所示。

（二）服务模式与系统特征

1. 服务模式

本平台实现了政府部门、丝路金融机构、金融保险机构、投资方、融资方、监督机构的有机连接，同时坚守独立信息中介服务本质，实现"资金流"与"信息流"的分离。

（1）投资方：访问平台，查找优质借款项目，分析项目信息，承担投资风险，将资金出借给债务人，到期获取投资收益。

（2）融资方：向平台提交借款申请，完成信用评级，申请发布借款项目，获取借款资金，按期偿还借款本息。

（3）审计机构：对项目信息数据进行专项审计，确保数据的全面性、真实性、专业性、规范性、及时性和可持续性。

（4）评级机构：为债务人提供信用评级服务，出具评级报告，向债权人和公众提供债务人信用风险信息和信用记录，对债务人资金使用和项目进展情况进行全程信用风险监控。

（5）资金存管银行：由独立的第三方商业银行承担资金结算业务。商业银行对债权人与债务人开立和使用资金账户进行管理和监督，并根据合同对双方资金进行存管、划付、核算和监督。银行承担实名开户、履行合同约定和借贷交易指令的审核责任。

2. 系统特征

（1）开放式系统设计，全面无缝连接。本平台使用互联网主流开发技术框架搭建产品展示与服务的载体平台，可快速构建前端应用及业务逻辑的实现，并可实现跨平台开发；引入互联网平台开发模式，形成了一整套"原型设计→用户界面

第九章 基于互联网的丝路金融合作机制与平台设计

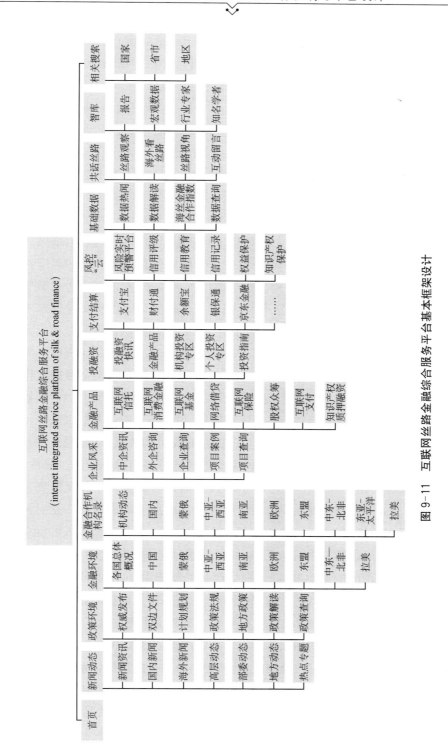

图9-11 互联网丝路金融综合服务平台基本框架设计

(user interface，UI)设计→用户体验(user experience，UE)设计→开发"的标准模式。技术架构的引入决定了将简化包括设计、开发、测试的一整套开发流程，大大缩短了开发周期，为互联网敏捷开发提供了保障。

由于采用开放式的系统设计，本平台具有极强的跨平台处理能力。独立于硬件、操作系统和数据库，本系统支持多种操作系统间的连接、通信协议和数据库，支持异构数据库间的资源共享。

平台开发布局简洁，可视化开发、运维界面，简单的脚本语法、按模型配置，降低门槛，提升易用性。

(2) 严密的风险控制。平台着眼于构建一个市场高度认可的互联网丝路金融活动所需要的安全信用环境。针对互联网金融风险传染性强、倍增效应大以及可控程度低的特点，本平台优化产品设计和模式创新以及全面的风险控制体系，通过建立信用信息数据库，提供全程信用管理业务，对债务人进行数字化信用评级和提供高信用级别的借贷产品；同时在传统的金融借贷交易模式中加入信用评级报告、审计报告作为保障，为投资人提供高质量的金融服务和资金结算服务，主要体现为"四位一体"的风控体系，即"债务人公开信息，债权人全程跟踪，专业评级监控，黑名单公示"。该体系将信用信息与互联网金融的运作过程紧密结合为一个整体，呈现公开、透明、可视、立体的金融资产安全运营场景。

首先，为应对互联网金融信息披露程度低、信息不对称以及信息来源不可靠等问题，本平台通过提供可靠的行业信息、企业和机构数据，从而提高交易的公开透明程度，降低风险的隐蔽性，使得风险传导能够被追踪和控制。其次，全程的信用管理和信用评级通过对交易的全程跟踪，以及资金使用和风险要素的监测，使得交易流程控制程度大幅提高。从两个层面进行信用管理：一是对各类参与主体进行入场信用审查，记录其在平台的信用行为；二是对债务人的资金使用进行全程监督，记录其偿债信息。最后，平台通过提供差异化的金融产品，实行分散管理，提高产品的透明度，降低混合产品的复杂程度，从而使得产品在发生风险事件的时候，大幅降低其影响深度和广度，将倍增规模控制在最小范围。

(3) 系统安全可靠、运行稳定。本平台的安全性体现在以下四个方面：一是资金需求方为实体经济，使债权资本在实物资产运动过程中实现增值；二是资金由第三方银行存管；三是合法合规经营；四是科学严密的风控体系。

平台通过系统健康检查策略、系统故障隔离和恢复策略、使用冗余软件单元、系统交易请求排队策略、系统交易优先级策略、根据压力情况动态调整系统、对交易请求或者接入的流量控制、对系统接入能够进行资源控制和分配等先进技术来保障系统 7×24 小时稳定可靠运行。

（4）数字化评级。数字化评级是互联网金融得以存在的必要条件，主要通过互联网进行债权债务资本组合，需要满足其公开、大众、效率、安全特征的互联网信用评级。数字化评级是运用评级数据图谱和信用工程学技术建立的信息采集自动化、数据处理标准化、评级分析数字化、报告生成智能化、应用矩阵化的评级信息服务系统。

其中：①信息采集自动化是指利用信用信息客户采集端对债务人信用信息进行全方位自动化采集。②数据处理标准化是指对审计后的信用信息数据项的来源、性质、作用、位置以及编码实现标准化处理；评级分析数字化是指通过仿真模拟预测构建信用风险预警模型，实现评级分析数字化。③报告生成智能化是指通过人机交互作业方式，实现信用评级报告的智能化、批量化与专业化生成。

（5）信用融资。本平台是一个完全以全方位信用信息为媒介判断债务人未来偿债能力，不以抵押、质押、担保为条件，引领债权人与债务人进行投融资组合的平台。信用记录对债务人的可持续融资能力十分重要。

（6）国际化。本平台以中英文为官方语言，提供丝绸之路经济带沿线所有国家的政治、人文、财经、评级信息；任何国家的实体经济都可以在这个平台上进行投融资活动；可作为发展中国家建立债券市场的创新平台。

（三）平台功能描述

互联网丝路金融综合服务平台超越现行制度和时差所形成的藩篱，通过提供实时的金融供需信息、科学的评级体系与资本流动体系，为沿线各国企业提供一揽子跨境金融服务综合解决方案。具体功能包括境内外政策和信息咨询、进行跨境本外币结算、贸易融资、跨境担保、跨境贷款、跨境投行、外汇避险交易、网络金融服务、信用评级与检索、个人跨境业务等[1]，最终帮助客户金融创新、拓展市场、降低成本、提高收益，促进资本在丝绸之路经济带沿线国家间顺畅地流动，实现跨国一体化投融资、跨国交易结算，引导资本在丝绸之路经济带沿线国家间优化配置。

互联网丝路金融综合服务平台可实现以下三个方面的主要功能。

1. 丝路国家信息查询功能

通过建立丝路金融跨境信息服务渠道，与政府相关部门、专业合作机构对

---

[1] 江苏银行."丝路金融"平台综合服务跨境金融[J].中国银行业，2017(S1)：61-64.

接，提供涵盖丝绸之路经济带沿线国家的政治、经济、文化、金融等资本互联互通需要的宏观和微观信息，包括国家、行业、企业的政策、人文、供求、评级、债权资产信用管理信息等。

① 不定期发布丝绸之路经济带沿线项目信息、重点国家政治经济人文信息、境内外相关政策、重点跨境金融产品等。

② 以 Web、App 平台为载体，建立适应移动互联网的应用场景，以图文并茂、数字化、可视化的呈现形态增强阅读效果，实现供需互动，为客户提供更优质的客户体验和金融服务。

③ 依据个人客户消费行为、中小企业行业性、金融机构特性与互联网金融理念，并结合传统银行金融产品、服务优势等各方面特点，打造互联网金融产品生态圈，以满足各类客户的金融服务需求。

2. 投融资绿色通道功能

为符合平台准入标准、有跨境投融资需求的客户设置绿色通道，利用境外代理行和境内自贸区、试验区等特殊政策，为"走出去""走进来"的丝路沿线各国企业提供跨境投融资服务。

(1) P2P/P2B。为丝路国家个人客户间、个人客户与中小微企业间提供一对一、多对一的信贷中介服务，具有在线投资、在线融资、转让市场、理财、注册认证、信用评级、额度核定等功能。

(2) 金融电商。支持金融机构间、金融机构与客户间的金融产品交易，整合各机构金融产品资源，实现金融产品销售渠道的整合，解决机构间的产品供求需求，为客户提供一站式金融服务。

(3) B2B 电商。为大中型企业、市场、商圈等商户打造线上商城，更好地服务下游企业或消费者，通过线上完成买卖交易、企业资源计划（enterprise resource planning，ERP）管理、物流配送的电子化交易平台。

(4) B2C 电商。实现线下商城的电子化平台搭建，平台功能包括产品展示、产品分类、产品推广、营销活动、电子会员、线上交易支付、物流管理、客户中心及相关后台配套功能。

(5) O2O 电商。为区域商家及区域特色服务打造线上与线下相结合的电商平台，平台功能包括产品展示、产品分类、商圈、商户入驻、产品推广、营销活动、电子会员、线上交易支付、客户中心及相关后台配套功能。

3. 跨境电子化交易支付结算服务功能

本平台是一个满足投融资即时交易的信用信息应用平台，能够快捷、准确、量化、透明、可持续揭示债务人信用风险,为投资人提供优于线下交易的公开、高效、选择空间大的新型资产配置模式(见图9-12)。主要包括:

● 对本平台客户优先开通网上银行服务,优先办理结售汇、跨境本外币汇款、跨国公司本外币资金池、外汇交易等业务;

● 通过本平台实现部分交易银行的功能,为跨境电商提供全流程服务,如本外币支付结算、关税商检费用代缴、国际收支申报等;

● 支持清算路径的维护,实现资金头寸的检查和清算功能,支持产生支付指令等;

● 接受收付确认指令,进行实际收付的确认处理。

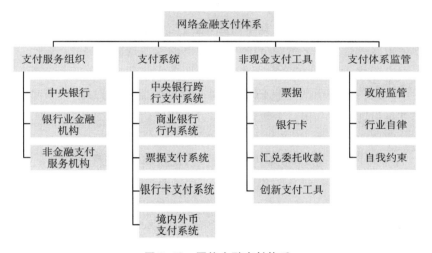

图9-12 网络金融支付体系

4. 理财业务功能

(1)直销银行。直销银行是互联网时代应运而生的一种新型银行运作模式,主要通过互联网渠道获取银行产品和服务,直销银行作为传统银行营业网点的互联网端延伸平台,降低银行运营成本,可以为客户提供更有竞争力的存贷款价格及更低的手续费率,并提供一套标准产品,如电子钱包、生活服务、智能存款、理财销售、消费贷款等。

① 电子钱包:应用互联网电子账户标准模式,满足互联网用户直接通过电子账户充值、提现、产品签约、收益余额展示、收益率查询、支付等金融服务。

② 生活服务:提供各类生活缴费服务接口,通过与第三方平台机构合作,利用电子账户管理系统平台直接缴纳通信水电煤气费用、汽车罚单等,拥有超过

400个缴费产品。

③ 智能存款：集产品管理、计息方案管理、计提方案管理、结息方案管理、记账管理、交易管理等功能于一身的新型智能存款系统。

④ 理财：提供产品展示、产品推荐、在线风险测评、产品签约、通过电子钱包在线购买理财产品以及理财产品收益分配等功能。

⑤ 消费贷款：提供线上消费贷款申办流程，包括在线申请、后台回拨、就近准备资料、贷款申请审核、贷款发放、后台贷款、还款信息录入、查询贷款、还款记录等功能。

(2) 中小企业金融服务。中小企业金融服务产品定位面向银行中小企业、小微客户群体，构建于银行的多个业务系统之上，具备在线融资、现金管理、跨行支付、资金结算、资金监管五大基本功能，通过与电子商务信息化平台的对接，将银行的金融服务延伸到平台经济中，与企业的商务流程高度耦合，为平台经济提供全流程电子化、综合性的金融服务。金融服务主要包括以下四个方面。

① POS贷：依据小微企业POS机刷卡交易的流水，通过系统模型审核，只需要提供身份证、执照、银行卡复印件，即可申请纯信用贷款，无须抵押、担保，最快几分钟即可申请成功，并且按天计息，随借随还，一次申请可循环使用。

② 现金管理：实现资金的集中监控管理，规范企业资金行为，如企业资金结算、企业内部贷款管理、资金归集管理等。对资金流向进行实时监控，提高资金的使用效率，确保资金使用安全，为集团领导的资金决策提供全面的资金信息，切实提高企业集团的核心竞争力。

③ 在线供应链：通过与电子商务信息化平台的对接，将中小微企业的材料购买、生产加工、物流、仓管、支付以线上方式整合，形成一整套平台经济体系，为中小微企业提供全流程、电子化、综合性的金融服务。

④ 小型ERP（mini-ERP）：为传统中小企业、市场、仓管提供线上的小型ERP系统，提供采购、库存管理、分销、物流、会计核算、财务管理等配套功能，以实现对整个供应链的电子化管理。

(3) 基金代销系统（fund consignment）。随着我国基金产品市场不断丰富和互联网金融的异军突起，基金受关注程度日益增长。商业银行适时推出基金代销业务，可在增加中间业务收入的同时丰富自身金融服务产品，满足客户多元化的投资需求，提升市场竞争力。在充分吸收国内外基金、理财业务特色基础上，秉承数据集中、交易集中的思想，强调以客户为中心的理念，始终紧贴监管导向，满足监管要求，为银行构建一个易用性高、用户体验好的代销基金系统。该系统具有以下四个特点。

① 系统设计先进。支持7×24小时的、面向客户的交易服务,是多市场、多币种、多模式合一的交易系统。强化集中管理,从整体上控制金融风险,提高经营效益。

② 多元且立体化的业务参数配置。转托管支持一次处理、两次处理;账户模式为TA统一发号模式。

③ 支持实施无纸化电子合同。基金代销系统借由系统创新功能,实现银行代销券商集合理财产品的无纸化电子合同模式,该无纸化电子合同模式的创新受证监会肯定并推广。同时,该基金代销系统能实现在银行垫支情况下,为客户提供实时赎回服务,使得客户赎回资金到账更加快捷,方便客户资金利用及提前实现进一步的投资行为。

④ 全流程资金划拨管理。该基金为代销系统各业务环节资金划拨全流程提供统一管理支持,可直接对接支付系统实现联动跨行资金划拨,确保资金划拨安全性,提供复核、审批流程。

(4) 理财销售系统(financial sales system)。银行理财市场得益于银行自身进行积极探索与主动创新,发展速度持续加快。理财业务的发展和市场竞争需要多种产品类型、多种业务模型、多种客户服务方式,同时还需要便捷的管理,尤其是在理财产品不断增多、存量理财客户不断增多的时候,更是凸显出理财销售系统建设的重要性和必要性。因此,我们的理财业务系统需要具有更多业务的支持、完善的功能和细致服务的支持、更好的管理需求的支持。该系统具有以下五个特点。

① 产品日历。以日历表方式展示系统中所有理财产品生命周期中的重要信息,如产品预约、产品认购、产品归集、产品兑付等,让管理者一目了然地了解本行当前各理财产品的状态,并及时且有效地提醒业务管理者准备相关的业务操作(如认购前分配各分支行营销任务、兑付前准备兑付资金等)。

② 多维额度控制。支持多维度的额度控制,包括机构额度、客户类型额度(个人、企业、同业)、客户级别额度(普卡、金银、钻石卡等)、交易渠道额度(柜台、电话、网银等),可与差异化的收益分配配合使用,满足各类业务需求,如控制不同客户级别的额度以及收益率,控制不同交易渠道的额度以及收益率,总体达到控制理财产品总成本的目的。

③ 解决额度分配与实际销售情况不相符的问题。如通过设置额度失效日,当某些分支行的额度未使用完时,系统自动回收至"公共额度";通过"公共额度"

的设置,当某些分支行的额度不够用时,系统自动从"公共额度"为其分配额度。通过以上两种方式既解决了额度分配过多,也解决了额度分配不足的问题,大大减少了人工调整额度的工作量。

④ 异化收益分配。支持按金额段、客户类型(个人、企业、同业)、客户级别(普卡、金银、钻石卡等)、持有时间、交易渠道方式进行差异化收益分配,以上各类方式可两两组合,而且可与多维的额度控制结合满足各种不同的业务需求,如推广网银渠道时,可设置网银渠道的收益率略高于柜台渠道,吸引客户至网银完成理财交易,从而减轻柜面的压力。收益分配设置界面采用独特的二维表方式设计,使操作更简单易用,用户无须查阅任何操作手册即能完成收益分配的设置。

⑤ 流程管理(无纸化办公)。该平台的流程管理功能是基于平台底层设计的,平台内任何功能均可灵活地定义工作流程,如将"产品发布"功能设置为由业务人员进行复核、部门总经理进行初审、合规部进行审核、分管副行长进行最终审核,当银行需要发布新理财产品时须经过以上流程产品发布才可生效,既降低了业务风险又实现了无纸化办公,从而提升银行工作效率。

(5) 智能存款(intelligent deposit)营销系统。智能存款系统是集产品设计与管理、计息方案管理、计提方案管理、结息方案管理、会计分录管理、交易管理、营销管理等功能于一身,完成产品设计、计息方案设计、结息方案设计、客户开通智能存款产品业务全流程的新型智能存款营销系统。系统支持目前业内所有主流的智能存款产品的设计、发行、销售等整个完整过程的信息化管理功能。它能帮助银行在利率市场化的进程中确立先发优势,实现存款产品的创新设计和发行多样化,并优化银行的存款产品营销策略、提供创新的营销手段。

该智能存款系统采用产品化的设计理念,真正贴合银行存款业务的发展需求,操作更简易,具有灵活的存款产品设计,统一的计息、计提、结息方案管理,多样化的利率维度组合。支持按客户类型(个人、机构)、客户级别(普卡客户、金卡客户、钻石卡客户)、金额段、时间段等不同维度设计出品种丰富的存款产品,该系统是银行在存款利率市场化趋势下的一大业务利器,使银行在激烈的市场竞争环境当中屹立于不败之地。

该平台将成为商业银行应对存款产品创新的最好工具,成为存款产品营销升级的催化剂,具有以下三个特点。

① 产品化的设计思维。新型智能存款系统从低端转为高端,与市场热点业务相结合创新产品,将智能存款业务设计成产品来进行管理,通过丰富的参数将

其包装成各式各样的存款产品,具有操作简单、便于扩展、维护方便、数据统计便利等优势,符合存款利率市场化的产品创新要求。

② 丰富的存款产品类型。业内主流的智能存款产品类型主要有日终型、日均型、定期型、协定型。该智能存款系统支持开展以上四种不同类型的存款产品业务。

③ 多维度的计息方案。该智能存款系统支持按客户类型、客户级别、金额段、时间段等维度进行计息。通过可视化的页面将以上各种维度自由组合,并设置各档次利率,保存为方案进行管理。在设计存款产品时,可以将计息方案关联到各存款产品上,实现开展各种模式的存款业务,达到快速响应业务需求、抢夺客户资源、提升市场竞争力的目标。

一维计息:金额段计息、时间段计息、客户级别计息分别计息。

二维计息:金额段计息与时间段计息组合计息、时间段计息与客户级别计息组合计息、金额段计息与客户级别计息组合计息。

三维计息:金额段计息、时间段计息、客户级别计息三要素组合计息。

(6) 余额宝系统。以余额宝为代表的互联网金融产品对传统银行存款影响越来越明显。此背景下,民生银行、平安银行、广发银行、交通银行等国内银行陆续推出各自的"银行版余额宝"进行反击。本平台的"余额宝系统"指的就是专业的银行版余额宝。其中包括银行推出的各种"宝宝"类产品,究其本质就是货币基金,是专门投向风险小的货币市场工具的开放式基金,高安全性、高流动性、稳定收益性,具有"准储蓄"的特征,而其魅力所在就是"T+0":随时赎回,实时到账。该系统平台具有以下四个特点。

① 系统架构设计先进。支持直连模式(即通过专线与基金公司直连)和间连模式(即通过基金代销系统改造实现"T+0"赎回逻辑),同时支持基金公司垫款和银行垫款两种模式,客户可根据实际情况进行选择。

② 整合业务模型,支持各种业务创新。余额宝系统可与行内其他系统进行整合,实现客户使用余额宝资金进行消费、信用卡还款或房贷还款等创新业务。

③ 全流程资金划拨管理。可直接对接支付系统实现联动跨行资金划拨,确保资金划拨安全性,提供复核、审批流程,实时动态显示客户购买资金、分红资金、赎回资金、手续费分配、客户回款结果等重要资金信息。

④ 全面满足监管要求。主要通过产品风险等级维护、客户风险等级维护、购买/转换时的匹配校验(柜台凭证上体现)、风险等级不匹配月报、异常交易报表、其他监管报表、培训记录、《开放式基金业务数据交换协议》(JR/T 0018—

2004)最新修订的适应等方式实现全方位、全层级、全过程的监管。

(7)银保通系统。随着市场的发展,金融市场主体间的竞争日益激烈。各金融主体为了争夺金融资产,不断压缩利差;银行通过与保险公司开展合作,获取中间业务收入,同时有助于银行扩大并稳定自身的客户群,提高客户的忠诚度;再者,与保险公司在信贷领域的合作,可以使银行有效化解信贷风险。监管机构也要求开展银保通业务必须要有专业系统的支持,因而建立完善合规的银保通系统是开展银保通业务的必要条件。

该银保通系统易用性高、用户体验好,支持寿险、财险等各类保险产品,同时与业界主要保险公司均有对接经验。满足监管要求是商业银行开展代理保险业务的重要保障。该系统平台具有以下三个特点。

① 易用性高、用户体验好。系统采用流程化设计模式,相比传统公司采用的模块化的设计模式,流程化设计模式能使系统菜单和用户界面更简洁、用户操作更流畅(系统功能随用户操作流程出现),从而提供更好的用户体验以及更高的工作效率,而且系统多以图形化的方式进行展现和操作,用户体验效果更良好。

② 良好的扩展性设计。无论是业务的扩展还是功能的扩展,在系统中都能够方便快速地实现,甚至有些扩展可以做到零开发。比如,新接入保险公司如按照统一接口进行接入,通过配置就可以进行联调。

③ 功能完善、适应监管要求。能够较好地适应银行代销保险产品市场现状及现行管理体制的要求,并对银行代销保险产品市场和业务未来的需求给予充分的考虑。系统可以完全满足监管机构对银保通业务的监管要求,实现各类监管报表。

(8)理财综合管理系统(financial management)。理财综合管理平台支持理财产品销售、基金代销、信托代销、银保通、第三方存管等业务模块,平台将各业务系统公共部分进行提炼整合,包括账户体系的整合、交易体系的整合、费用体系的整合以及系统管理的整合,大大地降低了系统的复杂度和提高了系统的易用性,各业务模块间的差异部分采用松耦合的设计思想,既保证了业务的高整合度,系统各业务模块间亦不失灵活性,可根据客户的需要灵活组装。

理财综合管理系统提供包含理财销售、资产管理、基金代销、银保通及代理同业产品等模块的产品管理、营销管理、客户管理、绩效考核与报表管理、运行管理、风险评估、柜台交易、系统管理等功能。

① 产品管理:根据行内计划、客户以及分支机构的理财需求进行产品的设

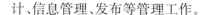

计、信息管理、发布等管理工作。

② 营销管理：将营销过程中的营销机会、接触情况进行信息管理，找出潜在的营销机会，再对客户数据信息进行仔细分析，根据一定的规则模型将适合的产品推荐给适合的客户，辅助完成客户营销工作。

③ 客户管理：完成对客户信息、客户产品持有情况（曾有产品、现有产品）、客户增值服务（包括短信、对账单、邮件等）等的管理工作。

④ 绩效考核与报表管理：通过多种口径（客户量、保有量、交易量、交易额、开户数等）对客户经理、理财经理进行理财绩效考核，并且产生各种考核以及统计报表，提供符合监管要求的各类监管报表。

⑤ 运行管理：对系统资源（CPU、内存、IO等）、交易流程、系统状态等信息进行监控，为运维提供必要的辅助功能。

⑥ 风险评估：根据客户风险评估模型，对客户进行风险承受能力评估，保存风险评估结果，客户风险评估具有有效期，系统到期提醒。

⑦ 柜台交易：柜员操作台，提供理财签约、解约、变更签约账号、产品购买、产品赎回、查询等柜面功能。

⑧ 系统管理：提供角色管理、用户管理、权限管理、日志管理、字典管理、复核管理等系统管理功能。

5. 数字化信用评级、检索功能

相较于创新型互联网金融，传统互联网金融缺乏风险识别与管控的能力，更没有成熟和专业的信用管理体系。一直以来，跨境投融资对于投融资项目的安全性十分看重。事实上，资本若想在丝绸之路经济带沿线国家间顺畅流通，迫切需要使用统一的评级标准衡量不同国家债务人的信用风险，把不同国家的债务人放进丝绸之路经济带或全球评级矩阵中进行比较，确定其风险度的位置，实现评级信息无障碍流通。只有实现了评级信息的一致性、可比性与流动性，资本才可在评级的引领下，进入那些具有价值创造潜力的经济体、企业、机构或个人。评级机构运用互联网专业评级技术向债权人和公众提供债务人信用风险信息，并对债务人真实偿债能力进行公正评判，由此带来的不仅是投资人安心与良好的服务体验，更能保证丝绸之路经济带基建投融资项目的顺利推进。

然而，就丝绸之路经济带区域的各个国家而言，当前面临的主要问题是应该如何促进评级机构的发展。作为整个丝绸之路经济带系统的基础和保障，信用承担起黏合剂的重要作用。但我国的信用体系建设还处于起步的阶段，信用评级机构在国际上的影响力还很薄弱。受意识形态影响，对全球金融市场影响很大的世界著名评级机构对发展中国家,尤其对中国,一直存在严重的偏见。所以,推进丝绸之路经济带的全面建设,建立与丝绸之路经济带相适应的、能够被沿线国家广泛接受和认可的、能够满足互联网金融本质要求的信用体系,刻不容缓,意义重大。

(1) 评级说明。该平台采用的数字化评级依据《信用评级原理》理论[1],以受评主体偿债来源对总量债务的覆盖度评价其偿债能力,充分考虑偿债来源对财富创造能力的偏离度,并运用大量历史数据预测未来信息,最终揭示其信用风险。基于此,大公在深入研究中小企业以及互联网金融信用风险形成规律的基础上,全面深入梳理影响互联网债务人偿债能力的内外部因素,即数据项,并对其进行标准化处理,将评级指标层层分解,最终独创数字化信用评级方法。

① 数字化评级逻辑架构。本评级方法遵循现代信用经济生产与信用、信用与评级的矛盾运动规律,体现了以下评级思想:
- 信用风险形成因素的内在联系是构成评级要素的源泉;
- 判定信用关系所处状态,发挥评级逆周期作用;
- 创富能力是偿还债务的基石;
- 各偿债来源的偏离度是判定企业偿债能力的关键;
- 根据债务人的总债务偿还能力、存量债务偿还能力以及新增债务偿还能力这三种偿债能力判定其信用级别。

为实现评级结果的一致性和可比性,本方法遵循中小企业评级方法的一般逻辑结构,主要包括五大要素:偿债环境、创富能力、偿债来源、偿债能力以及调整项。通过对偿债环境指数、创富能力指数、偿债来源指数和偿债能力指数进行风险加权得到债务主体相应的信用评级分值,然后将信用评级分值映射到所对应级别区间,得到初始信用评级结果。由评审委员会审核计算结果,并将评级系统中未以指标形式出现的因素,根据行业环境和外部支持调整项对初始级别进行调整,确定最终级别。

② 评级步骤。

第一步,确定各要素的核心指标。根据外部偿债环境和企业内部创富能力的一般影响因素,确定衡量各要素的核心指标,包括定量和定性指标。指标打分方法采取五分制的评分标准。

第二步,编制偿债环境、创富能力和偿债来源指数。采用层层递进分析方

---

[1] 刘乐平.信用评级原理[M].中国金融出版社,2012.

法,分析偿债环境、创富能力和偿债来源的评级要素,根据各项核心指标的重要性确定权重,进行逐级风险加权,形成偿债环境指数、创富能力指数和偿债来源指数。

第三步,确定债务偿还能力指数。根据经偏离度调整后的可用偿债来源及总量债务,计算存量债务偿还能力和新增债务偿还能力,进而得到总量债务偿还能力。

第四步,确定级别。评级结果是通过将评级要素指数映射到所对应的等级区间来得到的。再由评审委员会根据调整项对初始评级结果进行评审和表决。评审委员会首先需要复核定性指标的打分结果和定量指标的准确性,对数字化评级系统的评级结果进行校正,若评审委员会认为存在可能影响个体信用级别的特殊因素未在评级模型中得到反映,可对评级结果进行调整。

③ 信用等级符号和定义说明。该数字化评级信用级别划分为三等九级,级别符号采用大写英文字母表示,分为 A、B、C 三等,每等分为三级,即 AAA、AA、A;BBB、BB、B;CCC、CC、C。除 AAA 和 CCC(含)以下级别外,每一信用级别可用"＋""－"符号进行微调。每个信用级别符号表达的是经偿债环境、创富能力等风险因素调整后的偿债来源对债务的保障能力。具体等级含义如表 9-1 所示。

表 9-1 信用等级符号说明

信用等级	定义
AAA	偿还债务能力极强,债务偿还安全度很高,违约风险极低
AA	偿还债务能力很强,债务偿还安全度高,违约风险很低
A	偿还能力较强,债务偿还安全度较高,违约风险较低
BBB	偿还债务能力一般,债务偿还安全度较低,违约风险一般
BB	偿还债务能力较弱,债务偿还安全度低,有较高违约风险
B	偿还债务能力不足,违约风险很高
CCC	偿还债务能力弱,债务偿还安全度差,违约风险极高
CC	在破产或重组时可获得保护较小,基本不能保证偿还债务
C	不能偿还债务

注:除 AAA 级、CCC 级(含)以下等级外,每个信用等级可用"＋""－"符号进行微调,表示略高或略低于本等级。

(2) 数字化评级优势。主要包括以下四个方面。

① 信息采集自动化。数字化评级依托大数据时代背景,线上获取受评主体

所提交的评级资料清单,并自动化采集评级所需的信息,而且数据来源广泛,具有一定的权威性。自动化采集过程遵循原始数据筛选严格、数据真实可靠、操作人员专业规范三项原则,力争数据源准确无误,保证采集的信息可全面、精确反映受评主体的信用状况,高效便捷完成信息采集基础工作。

② 数据处理标准化。数字化评级要求对数据项的来源、性质、作用、位置及编码进行标准化处理。通过对标准化后的数据项进行全面审计,以对企业提供的内部信息进行偏离度调整,最终填报至大公信用信息报表。此信用信息报表经互联网金融债务人确认后便可依据该报表和信用评级指标体系进行评级操作,最终得出相应级别。

③ 报告生成智能化。结合业务、客户、账户、产品、营销、交易等多维度数据,建立适用于不同业务、不同场景的数据分析模型,通过数据分析实现创新业务、创新流程、创新应用场景、创新用户体验,智能生成评级报告。

④ 信用管理应用。本平台着眼于构建一个市场高度认可的互联网金融活动所需要的安全信用环境,从两个层面进行信用管理:一是对各类参与主体进行入场信用审查,记录其在平台的信用行为,并运用评级数据图谱和信用工程学技术开展数字化评级;二是对债务人的资金使用进行全程监督,记录其偿债信息,并运用数字化评级揭示债务人信用风险。

6. 全面的"云"风险控制功能

互联网金融风险既具有传统金融行业的风险特点,也因为互联网的特点使其风险更具独特性。除去传统的金融风险外,技术风险、操作风险和法律风险是互联网金融面对的主要问题。建立全面的技术保障体系是保障互联网金融的重要前提条件,互联网金融将软件和硬件安全、高效及稳定的运行作为交易基础。

为应对大量累积的互联网金融风险,本项目针对互联网金融风险特征和类型,优化风险管理机制,提出了五位一体的风险控制合作机制,为互联网金融行业打造一个公开、透明、可视、立体的安全交易环境。

第一,本平台凭借完善的硬件技术建立起庞大而有效的信用信息数据库,再以数据库为平台建立起以互联网金融业务为核心的软件系统,合理结合硬件和软件技术对信息和数据进行了强而有力的保护,大幅降低了技术风险。

第二,优化服务模式能够有效地控制业务的操作风险,评级、审计和第三方资金存管机制的加入,有效地将业务流程进行完全隔离,同时也将各方责任进行合理划分,通过机构间的平衡机制抑制了人员操作和系统漏洞等原因引起的风险事件的发生。

第三,四位一体风控体系的提出是本平台打造公开、透明、可视、立体的安全交易环境的主要条件,债务人的公开信息、债权人的公开监督、评级机构的专业监控使得互联网金融交易在合法合规的前提下进行,避免了因信息传播闭塞而导致交易在"三无"状态下为违法犯罪提供便利。

(1)操作风险实时预警平台。其目标和功能特色如下所述。

① 目标。近年来由操作风险引发的金融案件愈演愈烈,我国商业银行都在积极探索新的操作风险管理方式和模式。传统风险控制产品均是基于银行构建的操作型数据存储(opertional data store,ODS)数据平台,收集"T+1"类型的非实时数据,仅能达成事后风险控制的目标;不同应用领域和场景需要不同的风控系统,因而加重了风控条线专岗人员的学习时间成本。

该操作风险实时预警平台基于实时采集的交易数据,能无缝集成ODS平台报送的"T+1"数据,配合实际场景和领域制定风险预警模型,协助银行风控条线实现事中预警的目标,并构建统一的操作风险防控生态环境。

② 功能特色。操作风险实时预警平台通过丰富的采集手段捕捉异常交易行为,经由强大的风险识别引擎分析处理,达到实时的事中监控、预警。同时,该平台可以无缝集成其他数据源(如ODS平台报送的跑批数据等),完成事后分析。配合灵活的告警模式设置,做到事中风险防控、事后分析相结合,显著提升操作风险管控能力。

(2)业务全周期监控平台。其产品目标和主要功能如下所述。

① 产品目标。传统的监控平台由于仅仅关注基础资源级别及少部分应用级别的监控,仅能实现对应用系统"存在性""存活性"监控要求,而无法实现对于应用系统的"可访问性""逻辑正确性""健康状态及性能"监控诉求,从而也就无法达成保障应用系统"业务连续性"的总体目标。随着银行信息化建设的不断发展,业务系统不断升级,系统集中度越来越高,系统之间的关联程度和依存程度越来越强,市场对IT系统的"业务连续性"提出了更高的要求。

业务全周期监控产品从业务系统的视角出发,以交易为切入点,构建全方位、一体化的业务监控平台,捕捉每笔交易信息,通过科学、高效的事件规则引擎识别异常交易、实时告警,保障业务连续性。同时,提供图形化的交易全流程路径以及直观的系统性能指标展示功能,帮助运维人员快速发现问题、定位问题、分析问题,最终解决问题,提升IT运维管理水平及风险应对能力,为业务发展提供更具保障力的"IT信息系统生态环境"。

该业务全周期监控平台以服务"业务连续性"为总体目标,深度监控业务系

统各交易行为,并评估应用系统的"健康状态及性能"。此外,监控平台还体现了以下价值:

- 先于客户发现问题;
- 先于业务部门、分支机构、营业网点发现问题;
- 先于监管、合作伙伴发现问题;
- 基于风险预测模型主动预防,推动应用系统解决潜在的性能及功能隐患。

② 主要功能。

第一,类型丰富的采集探针。开科平台支持数据库采集、日志文件采集、网络报文采集、被监控系统主动推送等多种采集方式结合,可根据不同的被监控系统的实际需要对应方式进行采集。

第二,业务系统性能实时监控。提供各业务系统性能的实时监控,即时展示业务系统性能相关的重要指标(如交易笔数、TPS、响应时间、交易成功率、异常返回码等),并对这些指标提供了丰富的同比、环比报表,让运维人员随时轻松掌握业务系统的可用性和容量压力。

第三,异常交易实时主动预警。通过已建立的预警模型,以及对事件规则引擎的匹配,可对异常交易进行主动预警。其中预警模型的建立可以基于经验值的人工设置;更好的方法可以基于科学的基线算法,通过学习真实的交易情况自动生成动态阈值,使告警阈值的设置更加合理、准确。

第四,业务全流程跟踪,自动定位故障节点。开科业务全周期监控产品提供关键交易全流程路由、匹配规则定义,并基于已定义的交易路由与匹配规则,针对单笔异常交易,自动、快速跟踪交易异常点(如网络超时发生节点),以协助运营人员及时排查系统隐患,帮助客户及时发现、定位问题。当某个系统故障引发整条业务链路出现异常时,智能的故障定位算法自动定位根源故障节点,极大地减少了排障时间。

第五,专家预判工具。开科系统独有的专家预判模块如下:基于统计学习的性能分析方法,根据系统性能的历史记录,对系统在特定条件下的行为表现进行预测,建立监控对象与异常事件之间的动态关系,可以提前预判业务异常情况,防患于未然。

第六,符合信息技术基础构架库(information technology infrastructure library,ITIL)的事件处理流程。针对异常交易事件,创造性地把事件处理流程功能集成到了右键菜单(如事件的确认与取消确认、发送处理日志到知识库、集成的远程登录终端工具等)。

(3) 第三方支付通道资金流转。平台提供第三方资金渠道,分开管理信息流与资金流。由投资者自行操作和授权所有的资金变动,资金流转不经过平台账户,平台本身并不与投资者的资金进行接触,保障本平台的支付安全。

(4) 双重密码验证。平台账户密码分为登录密码及交易密码两种类型:登录密码是用户登录平台账户时使用的;交易密码是当客户的账户信息发生变动或资金发生变动时需要用来确认的密码。为账户安全性考虑,交易密码与登录密码不能相同(登录密码输错3次后,系统将自动锁定账户;在账户锁定期间,不能做任何操作,只能通过重置密码解锁;新登录密码可以和原登录密码相同,但是不能和交易密码相同),为交易提供双重保障。

(5) 款项额度监控。平台监控每笔打款请求,一旦发现账户金额异常或者有其他可疑情形,后台会立即终止打款并人工介入调查。本平台只允许绑定投资者本人名下银行账户,投资本息只能提现至投资者本人绑定的银行账户。

小结

互联网时代丝路金融合作的实现主要是设计出"线上"与"线下"相结合的合作机制和运行平台。本章在丝路版图、互利共赢、线上线下结合和可操作的原则指导下,从政府沟通机制、业务运作机制、新型丝路金融机构兼容机制以及合作风险监控和防范机制几大方面进行机制设计。在此合作机制框架基础上设计了"互联网丝路金融综合服务平台",包括一个平台、两个搜索引擎、三个库、四类产品、五种功能、六个主体、五大运营平台,并介绍了五大平台运营模式和主要功能,从而形成满足丝路沿线国家金融资本互联互通的综合服务体系。

第十章

互联网丝路金融合作的实施建议

资源禀赋与区域一体化理论、最优货币区理论、机制设计理论等为丝路金融合作提供理论支撑,既有的国际金融双多边合作为丝路金融合作提供实践上的借鉴,互联网的发展为丝路金融合作提供新维度、新技术和新思路,基于互联网的丝路金融合作主要是以线下为基础,通过线上平台围绕货币流通、资金融通和金融市场开放等开展合作。合作战略需要科学的指导方针,中国牵头搞好顶层设计是基于互联网的丝路金融合作的起步要求;合作的落地需要构建机制平台这一载体;而线上与线下相结合、以市场为导向以及以点带面的合作模式是基于互联网的丝路金融合作的时代需求;合作的顺利进行离不开政府间的沟通和风险把控,完善双边多边沟通机制及做好风控准备等是基于互联网的丝路金融合作的基本保障。在前面各个维度分析的基础上,本章从整体上提出基于互联网的丝路金融合作的实施建议。

一、中国牵头搞好顶层设计

遵循政府与市场相辅相成、线上与线下相结合、以点带面的合作原则设计顶层的合作框架是基于互联网的丝路金融合作开展的基本要求。因此,中国政府牵头,与沿线各国沟通协商,构建互联网丝路金融合作框架体系就显得非常有必要。框架体系包含战略方向、合作原则、合作条件、合作范围、监管机制、规范机制、风险防范机制等。

(一)营造稳定的内外部合作环境

良好的合作环境离不开丝路沿线各国的相互理解与合作[1]。一方面,中

---

[1] 程贵.丝绸之路经济带国际核心区货币金融合作的困境及其破解[J].经济纵横,2015(11):35—39.

国主动与沿线各国加强政治沟通,推动高层互访常态化,就长期以来有争议的话题展开磋商,在最大程度实现互利共赢的前提下建立冲突化解和利益协调机制,巩固合作基础。同时,也不能忽视与美国和俄罗斯的沟通,虽然在中亚地区资源控制权、货币主导权方面大国之间存在博弈,但不能就此放弃合作,而应该及时有效地实现各国战略的对接,就利益共同点达成一致,为丝路金融合作争取稳定的外部环境。另一方面,中国与沿线各国加强安全领域合作,以上海合作组织为依托,加强彼此间的信任,定期举行联合演习,相互学习,交流反恐经验,合力打击破坏地区稳定和国家安全的恐怖主义、分裂主义和跨国犯罪等。更重要的是,沿线国家应引导民众尊重文化的多样性,摒弃民族偏见,加强多民族文化的交流和融合,增强不同文化的认同感,缩小不同国家和民族民众的心理距离,在丝绸之路经济带形成开放包容的现代思维,实现"民心相通"。

(二) 构建金融合作沟通机制

首先,国际机制理论认为机制建立的前提是合作[1]。合理的合作机制应该在切合实际的合作战略指导下制定。因此,中国政府有必要从国家战略出发,明确互联网丝路金融合作的战略方向。其次,中国政府牵头,与各国政府沟通协商,制定互联网丝路金融合作框架图,明确各国各个层面的分工与合作,同时明确合作的原则应以市场为主导。最后,中国政府牵头,与各国政府沟通协商,建立常务沟通交流机制,不仅方便构建丝路沿线国家的企业信用数据库,而且可以借助互联网技术实现资源共享、信息共享。总之,多边金融合作机制框架的构建,有助于将互联网丝路金融合作与线下丝路金融合作相结合[2],使互联网和线下丝路金融合作形成有益互动,发挥最大的协同效应。

(三) 建设线上与线下协作平台

构建相辅相成的线上平台与线下合作平台。首先,借鉴国际金融合作模式的经验,中国需要抓住丝路建设的契机,与沿线国家的金融合作以亚洲基础设施

---

[1] Anton, Korinek. Currency Wars or Efficient Spillovers? A General Theory of International Policy Cooperation[J]. Working Paper,2016.
[2] 马广奇,黄伟丽."互联网+"背景下深化丝绸之路经济带金融合作的路径研究[J].经济纵横,2018(1):98—105.

投资银行、金砖国家新开发银行、上海合作组织开发银行和"丝路基金"为平台[1],发挥线上与线下的优势互补作用,着力促进沿线国家之间的双/多边金融合作。其次,要充分发挥上海合作组织在丝路区域合作中的主导作用,进一步提升"一带一路"国际合作高峰论坛、"一带一路"国际统计发展会议等的办会层次,不断扩大"一带一路"国际金融合作峰会等金融合作会议的辐射面。最后,借助信息技术优势,搭建网上丝路金融合作的信息平台、电商平台、支付平台和社交平台四大平台[2],形成"立交桥"式的丝路金融合作渠道。

(四)构建丝路金融合作的风控机制

防范金融风险及信息技术风险需要国际合作组织、互联网金融平台、用户协力合作,共同完善防范金融风险法制体系和信息安全组织体系、信息安全技术体系、信息安全人才培养体系及信息安全平台建设等。

中国牵头构建信息安全保障体系。首先,成立网络安全合作组织。鼓励中国的网络安全公司以开放兼容的心态率先参与用户信息安全服务建设。其次,完善信息安全技术体系。小众力量相对比较缺乏互联网及金融领域的专业知识,对于一些木马病毒和网络诈骗等风险缺乏辨识能力。最后,中国和沿线国家合作构建复合型丝路金融云监管平台。丝路金融合作当中涉及庞大的跨境资金流动,一旦爆发互联网金融风险(如洗钱和信息恶意泄露等行为),将影响丝路沿线所有国家的经济建设。通过构建基于大数据、云计算、人工智能的金融云监管平台,对跨境资金流动量进行实时监控与统计计算,识别可疑用户身份、违法交易数据等潜在隐患,有利于妥善管理跨境数据传输,保护用户信息安全,及时预警,提高对技术操作和反洗钱行为等方面的风险防范能力。

(五)完善丝路金融合作法律法规体系

中国牵头完善丝路金融风险防范法制体系需要做到五个方面。一是在制定法律法规时坚持群策群力、共建共享、共治善治的原则。二是加强对跨境互联网金融平台和互联网化的传统跨境金融机构的监管力度,提高准入门槛,明确权利和义务,加强信息披露,提高使用客户信息的透明度。三是按照货币转移业务管

---

[1] 马广奇,黄伟丽."互联网+"背景下丝绸之路经济带金融合作:基础、障碍与对策[J].云南财经大学学报,2018,34(9):13—22.
[2] 马广奇,黄伟丽."互联网+"背景下深化丝绸之路经济带金融合作的路径研究[J].经济纵横,2018(1):98—105.

理跨境电子支付,按照丝路合作组织和沿线各国分管的监管模式规范被定性为非银行金融机构的跨境电子支付企业的成立、运营和审慎监管。四是除了限定涉及国家安全、经济安全的数据必须在境内管理以外,还要对的确需要跨境传输的数据进行全生命周期的风险评估。五是培养和储备线上和线下复合型国际金融纠纷审判人员,并输送中国自己培养的信息安全专业人才,凸显中国的主导作用。

二、平台建设与生态运营

互联网通信基础设施是线上平台运营的重要保障,协调构建丝路沿线国家一体化通信互联网技术基础设施意义重大。由于丝路沿线国家在信息化水平和经济、金融发展水平方面差距较大,建议采用"先试点后推广"的方式推广中国互联网金融模式。鼓励中国大型互联网金融企业通过合作经营、合资经营、股权投资等方式参与金融较发达的丝路国家的金融合作,有效避开东道国对国外企业的监管壁垒,降低推广中国互联网金融模式的成本。

(一) 推进沿线国家的网络基础设施建设

网络基础设施建设包括网络硬件基础设施建设和网络软件基础设施建设。建议采取"两翼合力带动中间国家一起发展"的策略全面加强沿线国家的网络基础设施建设[1]。以推进光缆建设作为丝路沿线网络硬件基础设施建设的关键,以推进云计算和数据中心的建设作为丝路沿线网络软件基础设施建设的关键。

1. 两翼合力带动中间国家一起发展

由于一国的比较优势既定,缩小国家之间的信息化水平差距和均衡沿线国家内部信息化建设结构仅靠一己之力诚然不足。建议中俄等信息化程度较高的国家借助亚洲基础设施投资银行、金砖国家新开发银行、上海合作组织开发银行以及丝路基金的资金支持帮扶相关国家的网络基础设施建设。具体实施路径上,建议中俄等信息化程度较高的国家的相关部门与其他意向国进行双边高层谈判,就网络基础设施建设规划、技术标准、网络安全运维等进行磋商,为网络基础设施建设提供良好的政策环境。同时,采用市场手段吸引国内企业参与到沿

---

[1] 李麟.利用互联网金融优势 助力打造网上丝绸之路[J].中国银行业,2015(3):31—34.

线国家的网络基础设施建设中去[1]。

2. 推进丝路沿线网络硬件基础设施建设

推进光缆建设是丝路沿线网络硬件基础设施建设的关键。鼓励中俄等国的主力电信运营商参与跨境光缆设施的运营，尤其鼓励我国的电信运营商通过联合经营、合资经营、股权投资的方式参与合作。与直接投资相比，这种方式有利于熟悉本土运营商的企业文化，降低运营风险，同时把我国打造成为丝路沿线的网络枢纽中心。同时，提高移动电话普及率、移动互联网技术以及宽带接入速度是丝路沿线网络硬件基础设施建设的重要内容。中国、俄罗斯、白俄罗斯在信息接入能力和应用能力方面具有较大优势，如中国是智能手机出口大国，俄国的5G通信技术发展迅速，白俄罗斯的宽带接入速度最快，达 16.85 Mbit/s。若将各自优势输出到巴基斯坦、印度、伊朗、叙利亚、阿富汗、约旦和乌兹别克斯坦等信息通信水平较低的国家，不仅有利于提高本土信息产业的竞争力，而且也有利于提高沿线国家的信息化水平。

3. 推进云计算和数据中心的建设

推进云计算和数据中心的建设是丝路沿线网络软件基础设施建设的关键。云计算和数据中心的建设将使得丝路沿线国家间的数据得以共享。建议依照"以点带面"的原则建立云计算和数据中心。动员国内的大型互联网企业优先与跨境电商发展较快的俄国、哈萨克斯坦、白俄罗斯等国家的互联网企业合作，共同建设与维护云计算和数据中心，再借助这些节点的辐射作用，打通沿线国家之间的数据大动脉。

(二) 互联网金融平台与线下金融机构协作

互联网金融平台与线下金融机构协力，切实地将金融服务的范围扩展至小微企业、欠发达地区和社会低收入人群，使其在经济可承受范围之内，也能拥有实惠的金融产品，还能享受到方便快捷的金融服务，推进普惠金融的发展，进而逼近人人共享经济成果的目标。值得注意的是，在促进普惠金融发展的具体过程当中，应该结合具体公司、具体地区、具体人群，有针对性地实施普惠政策。

1. 完善基于互联网的丝路金融合作基础

互联网公司的核心技术优势和金融机构的专业优势与客户优势相融合，不

---

[1] 崔书锋，杨扬. 我国互联网企业参与"一带一路"建设的战略思考[J]. 中国科学院院刊，2017(4)：377—381.

仅能更好地服务现有大客户,还能将服务范围拓展到"长尾市场"。互联网公司应完善基础设施建设,实现沿线各国间的网络互通,打造丝路金融合作的网络基础。网上丝路建设重在实现物流、信息流和资金流的互通。具体来说,要加快网上银行、手机银行、电话银行等电子化建设步伐,以弥补金融机构不足的缺陷。借助信息技术优势,着力围绕交易、物流和贸易环节,着重搭建信息平台、电商平台、支付平台和社交平台四大平台[1]。具体看:构建信息平台,促进丝绸之路经济带各方的信息交流,消除阻碍落后地区发展的"数字鸿沟";搭建电商平台,为包括个体户、小微企业在内的广大商户提供网上商品发布平台,发挥网络无边界的优势,打破商品交易的地域范围限制;打造支付平台,与沿线国家协商搭建金融结算服务平台,健全跨境金融信息交流系统,疏通跨境结算渠道,完善支付清算的相关政策,建立统一的网络支付清算体系。解决阻碍商品交易的支付难题,促进商品的交易和流通,助推人民币国际化;建立网上社交平台,为各国各地区的人们提供低成本、便利的沟通方式,有利于大幅增进民间互动,加强文化沟通,增进互信,激发创新,促进民心相通。在搭建网上丝绸之路的基础上,互联网公司与金融机构通力合作,充分利用金融机构的专业优势、金融人才优势,使互联网公司金融化,从而为客户提供更好的服务,并将客户群体扩展至高端层次,协力扩大丝路金融服务的范围,也可更加积极地应对互联网金融平台风险。

丝路金融机构要加快信息化建设。丝路金融机构在通过增设、互设分支机构,提高金融开放度的同时,还要加强与互联网公司的合作,充分利用互联网平台的信息技术优势,加快信息化建设步伐。具体来说:加快网上银行、手机银行和智能银行等电子化建设步伐,提高丝路金融机构信息化水平;完善丝路网上银行建设,与实体网点相结合,弥补实体网点的时空约束缺陷;建设丝路手机银行,随时随地为客户提供方便快捷的服务,提高客户的满意度,从而为长远发展奠定良好的基础;搭建智能丝路银行,达到降低银行运营成本和客户交易成本的目的。丝路金融机构的信息化建设有利于降低信息不对称程度,推进普惠金融的发展。

2. 基于互联网创新丝路贸易金融合作方式

贸易金融合作主要包括贸易支付、贸易结算、贸易融资、贸易担保等,而急需解决基于互联网的跨境贸易支付和人民币贸易结算问题。

---

[1] 李翠花.中国(新疆)与中亚五国区域金融合作研究[D].新疆财经大学,2013.

传统的跨境贸易支付一般采用电汇、托收、信用证方式，其中，电汇又分为先货后款和货到付款两种。这几种支付方式各有利弊，先货后款有利于出口方资金周转，但如果未按时收到约定余款，又不敢轻易放单或放货，须承担货物的储存和保险费。到付款只对进口方有利，出口方只有在商品供过于求的情况下才有可能采用这种支付方式。托收方式具有时滞性，虽然有利于卖方安全收汇，但有可能面临货币贬值风险。信用证因其"公平、安全"的特性，成为国际上广泛使用的支付方式，有利于卖方安全收汇和资金融通，但操作复杂、费用较高，还有可能面临"假信用证"风险而导致货款两空。交易形式日趋复杂，支付方式的选择有必要考虑双方资信、货物需求、运输方式、运输单据、商品供求关系、成交额度等因素，采用综合的支付方式均衡双方利益，如电汇与托收相结合、电汇与信用证相结合及信用证与托收相结合等，从而提高收汇安全性。互联网支付方式是传统支付方式的有益补充，能突破时空约束，帮助出口方有效规避汇率风险和快速回笼资金。因此，建设官方第三方支付平台、开放性网络支付平台及移动支付平台等非常必要。将贸易资金的周转交托给第三方支付平台，待交易完成后，由第三方支付平台进行资金调拨，规避货币贬值风险，降低合作成本。

有效解决人民币贸易结算问题，仅采取本币互换与贸易本币结算等传统贸易结算手段是不够的。要实现人民币的结算功能，需要先实现人民币的计价功能。随着电商的全球发展，越来越多企业开始把线下外贸转移至线上进行，丝绸之路经济带为我国跨境电商的发展提供了新契机。因此，可借助跨境电商平台实现商品的人民币标价和借助跨境电子支付平台实现商品的人民币计价，达到实现人民币贸易结算功能的目的。在此基础上，还可通过数字经济的产物——突破主权的数字货币，实现快捷的跨境支付，从而促进人民币方式的贸易结算。

3. 构建基于互联网的多层次丝路投融资金融合作市场

（1）基于互联网构建多层次的丝路金融市场。一是深化丝路融资市场。利用互联网融资平台提供双向信息流，在信息几乎完全对称的条件下，使丝路借方和贷方的资金自由流动。二是完善丝路证券市场。利用互联网证券突破时空约束，降低券商成本，使投资方的投资行为趋于理性，并与互联网保险合作，为丝路资金和交易提供保障。三是完善丝路保险市场。利用互联网保险使客户轻松实现在线比较多家保险公司产品后自主选择的权利，并且简化客户投保流程和理赔手续，在提供快捷服务的同时节省保险公司的人力成本。四是深化丝路理财市场。利用互联网金融理财平台为丝路投资方提供个性化、定制化及周期更短的理财产品,同时降低理财门槛和购买费率。五是创新融资租赁市场。利用互联网融资租赁突破时空屏障,实现资产与个体的对接。丝绸之路经济带建设为我国装备制造业提供了广阔的市场空间,我国装备制造业进入丝路沿线国家的优选途径是融资租赁。融资租赁与互联网金融融合,借助可靠的互联网平台转让融资租赁优质债权,不仅弥补了融资租赁企业的资金短板,而且满足了丝路企业的融资及设备需求,强有力地助推了实体经济发展。

(2) 拓宽丝路投融资金融合作方式。在互联网快速发展的背景下,建议丝路金融机构在完善线下金融服务的同时,着力进行基于互联网的金融创新。基于互联网平台、移动互联网平台提供基金、债券、股票、保险等多元化的金融服务,满足区域内各国机构投资者和个人投资者不同程度的投融资需求,促使区域内金融资源达到最优配置,提高区域金融一体化水平。一是支持我国符合条件的金融机构与丝路沿线国家进行网上投融资业务合作,以更好地为客户提供方便快捷的服务,加快丝路基础设施建设合作和资源能源开发合作步伐。二是支持我国符合条件的金融机构与丝路沿线国家进行网上债券发行合作,发行以优质项目群或主权信用为担保的篮子货币计值债券,并邀请信息化程度高的国际资信机构参与债券增信。三是结合丝路沿线国家的资源特征,积极运用创投基金、产业基金等推动资产证券化,并与成熟的互联网平台合作,实施保险债券计划,吸引保险资金参与丝路基础设施建设,促进区域内融资渠道多样化。

4. 借助跨境电子支付平台促进丝路货币金融合作

丝绸之路经济带货币金融合作主要聚焦于人民币国际化这一主题。人民币国际化的前提是实现人民币方式的标计价、人民币的支付功能及人民币的贮藏功能。有效解决人民币国际化问题,除签订货币互换与贸易本币结算协议等方式外,还可借助互联网技术和新兴金融手段,先通过跨境电商平台与跨境电子支付平台低成本实现人民币方式计价,进而促进人民币结算和支付业务的拓展,经过贸易活动中的资金沉淀,最终实现人民币的国际贮藏功能,从而加大各国央行人民币外汇资产的存储比例,达到推动人民币国际化进程的目的。与中国贸易往来密切的中亚地区信息化建设不断推进,电子商务的发展正逐步步入快车道。中国可借此机遇,借力上海合作组织峰会等国际合作组织,鼓励大型电商企业与中亚地区的电商企业和物流企业建立战略合作伙伴关系。先在中亚地区进行试点,然后稳步推广,率先在丝路经济带实现人民币区域化。

为此应采取三个方面的措施。一是积极推动沿线国家互联网金融基础设施建设,稳步推动利率市场化与汇率弹性化进程,优化金融市场环境,逐步实现以人民币为核心的货币自由可兑换。二是利用互联网实现丝路国家外汇市场的互联互通,扩大人民币与丝路国家货币汇率的浮动区间,遵循市场规律,给予金融机构更多的自主定价权,适当放宽货币汇率调控弹性,促进丝路外汇市场的良性运转。三是构建丝路金融合作云监管平台,强化丝路国家跨境金融监管,建立紧急救援机制。丝路金融合作涉及沿线各国金融市场的互动,包含大额跨境资金流动,云监管平台借助大数据技术,可监督所有的电商平台和互联网金融平台及互联网化的传统金融机构的交易数据,提高金融监管的强度,通过公开化和透明化的监管平台,督促双方诚信交易,降低其信息不对称程度,进而降低基于互联网的金融风险,促进人民币跨境支付业务发展。基于"大数据监管",从"云"端提取客户身份信息、货币信息与交易数据,从而实现对客户身份识别与可疑交易数据、鉴定电子凭证、数字签名等的数据分析。实时监控统计跨境资金流动量,掌握资金流向,为各国制定互利共赢的金融政策提供数据支持,针对跨境金融监管开展常态化的对话与合作,有效防范金融风险。对可能出现的潜在隐患,应建立系统的预警及防范机制,提高应对风险和金融危机的能力,共同维护丝绸之路经济带金融市场的稳定。

(三) 营造绿色网络环境

进行国际网络安全防护是确保丝路沿线国家"网络通"的保障,其最终目标是保护沿线国家网络信息的安全。首先,可以号召成立国际网络安全合作组织,共同设计并开发网络安全协议、安全测评软件和安全预警技术等,共同维护安全的网络环境,防范病毒感染、黑客攻击、系统崩溃、隐私泄露等可能的安全问题[1]。合作组织由沿线国家优秀的网络安全公司组成,如中国的360、俄罗斯的卡巴斯基等。其次,鼓励中国的网络安全公司以开放兼容的心态率先参与沿线国家的网络安全服务项目,服务互联网丝路。最后,号召成立国际网络安全司法机关,编纂国际网络安全法典。北约卓越合作网络防御中心曾经邀请专家组织编纂了一部网络战争规范法典,即《塔林手册》。丝路沿线国家有必要加大对网络安全的监控和投资力度,借鉴《塔林手册》,完善相关的法律条文,为丝路金融合作营造安全、绿色的网络环境[2]。

---

[1] 李麟.利用互联网金融优势 助力打造网上丝绸之路[J].中国银行业,2015(3):31—34.
[2] 邓若伊,余梦珑等.以法制保障网络空间安全构筑网络强国[J].电子政务,2017(2):2—35.

三、打好丝路国内段金融合作攻坚战

(一) 构建西安丝路金融中心

1. 成立"亚欧银行"

构建西安丝路金融中心,与国内北京、上海金融中心以及香港国际金融中心形成一体化金融服务体系[1]。在西安设立"亚欧银行"将给西安带来宝贵的国际水准的资本、金融人才和金融业务。

2. 信息化西安金融中心

西安的通信网络建设、互联网建设、广电网络建设都已经具备一定的基础,现在要重视金融中心的信息化建设,提高金融行业电子化水平。

3. 推进国内征信体系建设

西安要借鉴各地成功经验,在征信体系建设过程中制定统一的征信体系技术标准,发挥征信系统的风险防范功能,增强企业和个体的信用保护意识,最终促进国内形成自己风格、国际通用的征信体系。

4. 借力发展互联网金融实现弯道超越

在十二届全国人大第三次会议上,李总理在政府工作报告中首次提出"互联网+"行动计划,强调促进电子商务、工业互联网和互联网金融健康发展,引导互联网企业拓展国际市场。西安作为国家跨境贸易电子商务试点城市,应顺应"互联网+一带一路"的区位发展优势,抓住互联网金融"弯道超车"的机会,依托西安跨境电子商务平台,打造一条以西安为中心,与中亚、欧洲各国互联互通的网上丝绸之路。

2010年来,我国互联网金融发展迅速,但同时也存在很多不规范和风险隐患。2015年7月18日,中国人民银行等十部委联合发布了《关于促进互联网金融健康发展的指导意见》,标志着互联网金融长期以来"无监管、无门槛、无规则"状态的结束,并将其纳入了法治化和依法监管的轨道。西安应根据该指导意见的有关精神原则[2],尽快出台与之相关的配套措施和柔性监管机制,划清各监管机构的职责和权限,为行业规范提供可能,保证监管能够跟得上互联网金融快速发展的步伐,并坚持简政放权,营造有利于互联网金融发展的良好制度环境。

---

[1] 马广奇,贺星.丝路经济带下西安互联网金融发展构想[J].财务与金融,2016(2):8—12.
[2] 马广奇,景马婕.丝绸之路经济带区域性金融中心建设构想[J].经济纵横,2015(11):40—43.

鼓励搭建服务于丝绸之路经济带的互联网金融平台,鼓励互联网金融产品和以便捷服务为核心的互联网金融创新,开展网络银行、网络证券、网络消费金融业务等,激发市场活力,鼓励西安市优质的互联网金融机构在主板、创业板、科创板等境内资本市场上市融资,争创西安互联网金融国内第一股。

(二) 打通国内省际金融合作"最后一公里"

1. 建设专业丝路金融服务平台

(1) 依托西安金融中心建设专业丝路金融服务平台。从整个丝路来看,中国和欧洲拥有强大的金融资源,但自然资源相对缺乏,中亚一些国家恰恰相反,这为双方实现资源优势互补提供了现实可行性。建议依托西安金融中心,建设金融技术平台与金融制度平台,促进丝路金融合作尽快推进。专业服务丝路建设的金融合作平台的建立可以依靠西安市的金融业基础设施,由各国的政策性金融机构共同参与组建,在前期合作中充分体现政策导向,通过经济能源合作,促进丝路金融合作迈开第一步。

(2) 在风险可控的范围内,积极探索共同出资、共同受益的资本运作新模式,创新互联网金融产品,集区域之合力共同破解丝路基础设施建设融资难题,为互联互通项目提供强有力资金支持,服务丝路沿线各地企业的投融资需求。同时,探讨设立互联网金融合作基金,丰富便于企业经济合作的融资渠道,专门用于支持丝路中小企业融资。这样一来,既有助于促进中亚地区经济发展,又能满足中国以及欧洲地区的资源需求[1]。

2. 维护金融合作平台日常运营

对于丝路金融合作平台的日常运行:一方面,可以通过互联网技术,规避传统金融合作的地域限制,发挥互联网金融的高效率优势,及时服务各国的经济贸易往来,逐步密切各国金融合作;另一方面,可以通过建立丝路金融合作法规,来规范平台的日常运营,避免通过该平台为少数国家谋取利益[2]。按照一般的规律,金融总是向发达地区集中,这势必会出现冲突与矛盾,因此,需要同步建立金融合作平台监管制度。

---

[1] 马广奇,王巧巧.丝绸之路金融合作瓶颈与发展建议[J].商业经济研究,2015(1):108—109,64.
[2] 马广奇,王岚."一带一路"沿线省市包容性金融发展水平实证分析[J].时代金融,2018(33):60—61.

四、努力推进丝路沿线各国金融顺利合作

（一）国际金融政策协调建议

如果不能缩小丝路沿线国家的金融发展差距，那么基于互联网的丝路金融合作将成为空中楼阁。因此，金融欠发达地区政府间的金融制度创新、基于市场原则的资本吸引、以合作为契机的金融创新吸纳是促进沿线国家金融市场开放与深化，进而逐步缩小沿线国家间的金融发展差距是当务之急。

1. 协调金融规则

由于中国在"亚投行"建立的以 GDP 为衡量标准的兼顾各成员的"投票机制"和"协商机制"优于 IMF 的"一票否决权"机制，建议以"亚投行"为契机，先在小范围内实现协调金融规则的公平修订，包括金融规则的协调依据、协调标准、协调方式和协调失败补救机制及后续协调更新机制等，为未来"以点带面"实现沿线金融规则统一做好铺垫。

2. 协调资本流动

在维持丝路沿线区域金融稳定的前提下，促进资本流动自由化有利于区域各国的经济发展，建议本着促进资本流动的原则，在区域内施行适当的汇率制度，加深资本账户开放，提升金融效率，深化金融改革。同时，建议由"亚投行"主导确立基本的区域资本流动宏观审慎管理框架，监管区域资本流动的规模和结构，维护金融市场稳定。

3. 协调金融创新

建议从扩大金融创新合作、提高金融创新效率、营造金融创新环境三个方面协调金融创新。一是鼓励丝路沿线国家金融机构尤其是中国的民营金融机构与互联网金融企业借项目合作之机，参与沿线国家的金融竞合，在扩大服务丝路金融的中介规模的同时，通过提供配套的项目保险深化服务丝路金融合作的保险效应。二是支持符合条件的企业和金融机构参与区域资本市场的股票发行、债券融资等，刺激本土金融创新效率的提高，进而促进区域金融创新效率的提升。三是培养丝路金融文化，逐步提高丝路区域信用水平，营造良好的金融创新环境。

（二）组织机构及合作建议

"互联网＋"热潮之下，基于互联网的丝路金融合作离不开沿线各国政府的

支持。丝路金融合作的开展仅仅依赖国家政府组织的力量是不够的,还需要发挥市场力量的作用。

1. 积极寻求利益衔接点

利益衔接点主要体现在沿线各国就自己的比较优势进行合作,通过优势互补,实现经济、金融一体化程度的提高。沿线国家的经济、金融呈现出"两头大,中间小"的趋势。中国和东欧国家的经济发展水平比较高,金融产品比较丰富,金融活跃度比较大;中间的中亚等国家的经济发展水平比较低,金融工具比较单一,金融活跃度比较小。这意味着沿线各国有必要寻求彼此之间的利益衔接点,加强合作。

中国西部作为丝路向西开放的大门,以工业园区为载体,以大型国际物流网络为辅翼,以外向型企业为主体,以复合型人才为关键,以科技创新为内驱力,以民间频繁往来和友好互动为途径,提高中国西部产业现代化水平、人力资本水平。中国和哈萨克斯坦在能源和矿产资源方面加强合作,帮助哈萨克斯坦实现融资需求;中国和乌兹别克斯坦、土库曼斯坦在农业方面加强合作。

2. 扩大金融合作的主体

线下金融机构通过增设、互设金融机构,提高金融开放度,扩大丝路金融合作的主体。中国已与丝路沿线多个国家开展了互设金融机构合作,但这一方面仍需进一步加强。如何加强?

首先,通过协调丝路沿线各国,逐步放宽金融市场准入限制,降低互设金融机构的门槛,并为他国在本国的金融分支机构开展业务提供更多政策支持和便利条件。

其次,允许外资银行在中国直接经营人民币业务,直接为中国居民提供金融服务,同时鼓励我国商业银行到海外设立分支机构,为商业银行引进战略投资者。然后,沿线各国应根据经贸往来的需要适当增加本币对丝路沿线国家货币的柜台挂牌和兑换网点。

再次,推动沿线国家金融机构间的合作多元化和业务创新化。除了基本的存款、贷款、汇兑、国际结算、信用证等业务外,鼓励开展国际银团贷款、跨国并购贷款、境外投资贷款业务,互相提供战略咨询、投融资顾问等综合性金融服务,从而加大对区域内企业和项目的金融支持力度。

线下金融机构与互联网金融平台协力,切实地将金融服务的范围扩展至小微企业、欠发达地区和社会低收入人群,使其在经济可承受范围之内,也能拥有实惠的金融产品,还能享受到方便快捷的金融服务,推进普惠金融的发展,进而逼近人人共享经济成果的目标。

3. 促进贸易金融合作

强化产业合作、拓展金融合作领域,是解决贸易金融合作的基础。尽管中国与丝路沿线各国具有产业梯度转移的条件,产业合作朝着园区化承载、项目化带动方向发展的趋势日渐明朗,但产业合作也面临基础设施、产业质量标准不统一,语言人才缺乏等难题。除此之外,我们应促进沿线国家企业信用体系建设,加强海关之间的合作,严厉打击违反海关法行为,努力营造安全的贸易环境。还有,应加强在质量标准、检验标准、认证标准和行业监管领域的合作,建立相互认可、互利共赢的制度体系,为贸易和投资构建绿色的通道。对于国家间的产业合作项目,双边政府应达成一致,给予税收、土地、技术等方面的政策倾斜,鼓励企业间的合作。此外,中国与丝路沿线国家可以扩大互派留学生的规模,促进不同国家之间文化的交流和融合,培养精通各国语言的文化交流使者,强化他们在互联网和金融领域的专业知识,在中国与丝路沿线各国建立起金融合作的桥梁。

4. "引进来"和"走出去"并行

有效促进投资金融合作,需要我国政府牵头,与沿线各国沟通协商,签订多边丝路投资框架协议,可以通过实施"投资便利化计划",使得"引进来"和"走出去"同时进行,以求促进区域货币一体化。例如,支持龙头优势企业走出去与沿线国家就基础设施建设和资源能源开发展开合作。在此基础上,依托实体经济往来,倒逼政府缩小金融体制差异,达到促进区域货币一体化的目的[1]。

(三) 稳健推进丝路金融一体化

稳健推进丝路金融一体化可以利用亚洲基础设施投资银行为丝绸之路经济带金融一体化的发展提供充足的资金保障。通过欧亚经济论坛提升金融合作交流,加快推进金融一体化操作层面的体制机制建设。为了尽快完善"一带一路"倡议实施的合作机制建设,创建经济一体化战略的次区域合作模式,在丝路金融一体化战略路径和实施重点的基础上,要加快推进一些实质性、操作层次的工作,充分发挥上海合作组织功效,为丝路沿线国家或地区在金融合作方面创造良好的安全环境和经济协调平台。创造良好的安全环境,尤其要应对政治风险。在"一带一路"倡议中,政治因素具有基础性的保障作用。由于政治风险牵涉多国的利益,政治风险的化解需要各国的共同应对。通过政治方面的合作,中国将

---

[1] 郑周胜.丝绸之路经济带金融合作:进展、前景与策略[J].吉林金融研究,2016(3):36—42.

与区域内各国携手努力,积极应对各种金融风险与挑战,最终将中国与各国打造成为"命运共同体"和"利益共同体"。

1. 中国"一带一路"倡议与沿线各国战略进行对接

"一带一路"是一种包容性发展战略,通过与沿线各国自己的发展战略全面对接,包括"市场对接"和"规则对接",实现"共商、共建、共享"。具体来说,可以采取"双边对接"和"多边对接"两个层次:"双边对接"是指中国与丝绸之路经济带沿线国家的战略融合,如"一带一路"与俄罗斯的"欧亚经济联盟"、蒙古国的"草原之路"、哈萨克斯坦的"光明之路"等国家规划联合发展;"多边对接"则是多边政策协调与区域及国际合作,将双边协议推向多边合作,形成多边合作的新路径,打造跨区域的价值链、融资链和知识链,以此实现共建共赢。

2. 增进与丝绸之路沿线国家的政治互信

主要是加大宣传力度,必须强调"一带一路"倡议不是中国的地缘政治工具,而是一个务实的合作平台,目的是实现共赢。要大力宣传中国永远不称霸、"睦邻、安邻、富邻"的政策,破解"中国威胁论",增进丝绸之路沿线国家对我国基本国情、价值观念、发展道路、内外政策的了解认知,展现我国文明、民主、开放、进步的形象,改善周边国家和地区对我国的舆论生态,夯实"一带一路"倡议的社会和民意基础,为丝路金融合作营造良好的政治环境。

3. 重视与丝绸之路沿线国家的法规协调

必须加强法规政策协同,通过与投资伙伴国签订双边或多边协定,扫清因沿线国家法制不统一的法律障碍,为海外投资者创造良好的法律环境,避免产生不必要的政策风险。同时,灵活运用国际法现有的相关规则和制度给予有效防控,有针对性地运用国际法构建政策风险防控机制,保障丝路金融合作的顺利进行及持续发展。

4. 促进与丝绸之路沿线国家的民间宗教文化团体交流和合作

宗教在人类文明的发展中发挥了特殊的重要作用,民间宗教团体在弥合不同群体之间的分歧、化解矛盾、沟通民意民情的过程中,扮演着重要的角色,将是"一带一路"倡议取得成功的重要保障。文化的交流传播能够消除歧义和误解,为"一带一路"倡议的顺利实施营造良好的舆论氛围,因而要加大中国文化的对外传播力度,尤其是通过民间团体的沟通和交流活动传递我国悠久的历史和灿烂的文化,达到民心相通的效果,提高中国文化在丝绸之路沿线国家及地区的认同度,从而促进丝路金融合作的成功。

（四）完善丝路金融人才培育机制

人才是丝路金融合作的支撑和保障，而人才匮乏是当下丝绸之路经济带建设必须直视的问题。金融和人才都是高端要素，金融资本和智力资本的融合是丝路金融合作机制的关键点，因此，必须稳步推进教育合作，培养出大批具有全球视野、专业素质、创新能力的复合型人才，并打造立体化、复合型人才培养体系，为丝路金融合作提供人才支撑和智力支持。

丝绸之路经济带建设是一个宏大的系统工程，需要大批具有全球视野、专业素质、创新能力的复合型人才，对实现丝路金融合作至关重要。丝绸之路经济带沿线国家众多，空间辽阔，地理、民族、历史、文化、宗教、政治差异极大，国情民意极为复杂，培养既熟悉和理解中国文化，又熟悉本国及本区域历史、地理、语言、文化、宗教、政治等方面的高端人才，对于实现丝绸之路经济带的宏伟愿景显得至关重要而又迫在眉睫。

必须形成丝路金融合作磁聚效应，顾名思义，就是像磁铁一样吸引所需要的人才。发挥人才的磁聚效应，可以把原本庞杂的个体沉淀出有规律的集体，这需要针对丝路金融发展的特点和需求，拟好关键词，以互联网为平台、大数据为手段，通过群体智慧搜索方式，把志同道合的个体大量聚合、有序组织起来，呈现出集体向中心聚合的运动轨迹。由于丝绸之路经济带金融合作面对的是多国家的复杂情况，需要能解决经济、科技、商务、外交以及安全、宗教、社会等具体问题的"超人"，因此，除了个人志向和能力以外，持续的培养机制也尤其重要。

1. 开发专业人力资源

加强人力资源开发和国际化人才培养是丝路金融合作长久发挥魅力的源泉，推进丝路金融合作发展的智力与素质支撑。从更高的层次上考虑人才的培养问题，需要建立一个完整的人才培养体系。从人才配置、人才交流、人才培养和人才整合等方面来研究人才培育机制，尽快形成以产业聚集人才、以项目为导向的跨体制、跨行业、跨区域的人才资源优势，建构起百川归海、众星捧月的聚才用才机制。用世界眼光来规划人才发展，营造良好的人才发展环境，不仅扩充人才数量，而且不断优化人才结构，提高完善人才素质，形成完善的人才层次结构，建立灵活的人才引进、培养和使用机制，健全人才激励机制，促进人才集聚。

拥有具备丝路金融合作能力的人才军团，是中国从贸易国家升级为金融国家这场经济革命的重要基础，也是中国跳出中等收入陷阱、跻身于富裕国家行列的关键一跃。丝路金融人才培养模式和路径，需要建设具有国际影响力的高端人才培训中心,设计严格的课程质量监控体系,引进专家师资团队,建立实务金融学习与交流平台,为金融机构提供能力提升综合解决方案,打造中国最为领先的金融专业人员教学、科研、培训基地,具体包括以下五个方面。

① 积极发展金融人才培训机构。立足丝路金融合作的目标定位,聚集高端金融人才培训机构,探索建立国际通行的金融人才认证体系。鼓励民间资本、金融机构和高等院校等不同主体设立丝路金融培训机构和专业学院,打造具有世界战略眼光、国际一流标准并具有丝路特点的金融专业学院,培育专业的丝路金融人才,形成人才资源的磁聚效应。政府对培训机构的设立提供财政、税收、资金、政策等方面的支持,为培训机构的繁荣提供良好的生存环境。

② 在全球范围内整合高端培训资源。整合国际顶级的金融培训资源,引入高端培训要素,对丝路金融从业人员进行分类培养。加强与国内金融智库、高等院校和研究机构合作,聚集金融教育科研资源,形成国内顶级金融培训基地。培养造就高端复合型人才,实现跨行业、跨专业、跨业务口的无缝链接,打造一支高智商、高素养、高技能的丝路金融军团。建立国际通行的金融人才考核评价认证体系,与国内外知名高校和机构合作,开展丝路金融认证教育与学历教育结合的办学机制。

③ 建立教育科研中心。推动各类高端金融人才培训机构聚集发展,加大对金融高端人才的引进和培育力度。鼓励研究机构发布丝路金融合作发展报告及相关指数,强化数据分析和信息监测。打造高端丝路金融合作产品研发中心,以精益求精的精神奉献具备国际水准并融合丝路金融特点的提升解决方案。

④ 发展互联网教育。随着移动互联、云科技的蓬勃发展,大数据时代已然到来。在大数据时代的背景下,对教育培训提出了更高的要求,必须具备互联网思维,在互联网思维下组织教学。随着互联网科技的发展,教育平台将进一步升级为金融平台,开拓中国最领先的互联网金融教育及服务平台。

⑤ 培植金融文化。丝路沿线一些国家具有"伊斯兰金融"文化传统,丝路金融合作要加强融合教育和宣传,培育金融文化的意识和能力,既要有金融的契约精神和信托理念,又要懂丝路文化,具备丝路金融合作的软实力。丝路金融人才深入了解当地的社情民意、风土人情,可以更好地理解丝路金融文化,以便更好地服务丝绸之路经济带建设战略。

2. 中国与沿线各国进行人才交换,驱动金融合作内容创新

丝路沿线国家金融发展水平参差不齐,中国需要吸收沿线各国的金融人才,才能更好驱动金融合作内容创新:一是需要精通沿线国家文化的语言型人才;二是需

要精通互联网技术的语言型人才;三是需要擅长互联网金融的语言型人才;四是需要具有丰富国际金融管理经验的语言型人才。通过三种途径可以有效解决以上人才匮乏问题:一是以技术补短板;二是成立丝路华侨联盟;三是人才交换。

① 初期采取以技术补短板的策略弥补相关人才不足的缺陷。在缺乏良好的机制遏制基于互联网的丝路金融合作中的投机倒把与违法犯罪行为时,可以通过互联网技术直接将这种安全隐患遏制在萌芽中。例如,在众筹环节通过大数据、云计算、人工智能等计算投资人的信用得分,筛选出信誉度较高的投资人,从源头遏制投机行为的发生,维持汇率稳定和金融市场的有序发展。在支付环节,利用成熟的跨境电子支付系统,从源头防止贸易双方私自毁约行为的发生。此外,还可以利用物联网和人工智能等技术减少人工参与度,从侧面减轻相关人才欠缺的压力。例如,为了解决小额贸易当中频繁通关的烦琐问题,可以通过设立在线金融专区在线实现企业和银行的数字签约和汇兑业务。

② 中期成立丝路华侨联盟。华侨、华人、华商是既了解东道国国情,又了解中国国情的精通双语甚至多语种的复合型人才[1]。因此,建议激励华人华商华侨主动参与丝路金融合作,宣传"一带一路"倡议与互联网金融成果,消除东道国对"一带一路"倡议的误解,赢得东道国对"一带一路"倡议和互联网金融的认可、理解和支持,为基于互联网的丝路金融合作奠定良好的民意基础。利用华人华商华侨与东道国的网络关系来开拓海外市场,发挥华侨、华人、华商在经济资本、技术资本和智力资本方面的优势开展金融合作。聘用华人华商华侨担任宣传大使,科普东道国的风土人情以及传授相关的传播技能。

③ 后期通过双边人才交换驱动金融合作内容创新。基于互联网的丝路金融合作蕴含着巨大的创新需求。人才交换有利于使具备基本创新素养的专业金融人才与了解本土文化、经济、金融、科技实情的人才合作,研发出差异化金融产品,丰富金融合作的内容,更好地服务于丝路金融合作。丝路国家之间进行的竞争与合作,归根结底属于人才的竞争与合作。人才是创新的源泉,尤其是精通国际金融和现代投资的专业人才。国际金融合作的四大领域蕴含着巨大的创新需求。国际金融合作包括银行间债券合作、证券交易合作、期货交易合作以及大宗商品交易合作等。专业的金融人才具备基本的创新素养,会结合本土文化、经济、金融、科技水平研发差异化金融产品,丰富金融合作的内容。

---

[1] 马广奇,黄伟丽."一带一路"与中美贸易:发展态势与替代路径研究[J].当代经济管理,2019,41(11):33—39.

小结

丝路金融合作如何推进和落实,本章给出了整体思路和实施建议。首先,中国作为"一带一路"的倡议国要牵头搞好顶层设计,设计好丝路金融合作的框架和蓝图。其次,协商构建基于互联网的丝路金融合作平台,一步一步落实蓝图。最后,遵循由中国内部到中国外部的逻辑,先打好丝路国内段省际金融合作攻坚战,再将成功的经验推广到沿线各国之间的金融合作。同时需要形成丝路金融人才培育合作机制,持续支持推进丝路经济带建设和金融合作。长远来讲,相信在中国的带动下,通过沿线国家协商共同努力,多措并举,丝路金融合作一定能够顺利推进,"一带一路"这一承载着"人类命运共同体"愿景的蓝图一定能够实现。

参考文献

[1] ADB-Government-NGO cooperation. Asian Development Bank [M]//The Asian Development Bank and Rural Development. Palgrave Macmillan,1988.

[2] Allen F, Mcandrews J, Strahan P. E-Finance: An Introduction[J]. Journal of Financial Services Research,2002,22(1-2): 5-27.

[3] Auer P. Protected Mobility for Employment and Decent Work: Labour Market Security in a Globalized World[J]. Journal of Industrial Relations, 2006, 48(1): 21-40.

[4] Batavia B, Nandakumar P. Inclusion and Exclusion with Economic Integration: The Case of EU, NAFTA and ASEAN[J]. Journal of Economic Asymmetries, 2006, 3(1): 21-37.

[5] Batten J A, Szilagyi P G. The Internationalisation of the RMB: New Starts, Jumps and Tipping Points[J]. Emerging Markets Review, 28(2016): 221-238.

[6] Bayonmi T, Eichengreen B. Ever Closer to Heaoen? An Optimum — Currency — Area Index for European Countries[J]. European Economic Review, 1997, 41(35):761-770.

[7] Blanchard J, Flint C. The Geopolitics of China's Maritime Silk Road Initiative[J]. Geopolitics, 2017, 22(2):223-245.

[8] Brown D K, Deardorff A V, Stern R M. A North American Free Trade Agreement: Analytical Issues and A Computational Assessment[J]. Working Papers, 1991, 15(1): 11-30.

[9] Byström H N E, Olofsdotter K, Söderström L. Is China an Optimum Currency Area? Journal of Asian Economics, 2005, 16(4): 612-634.

[10] Callaghan M, Hubbard P. The Asian Infrastructure Investment Bank: Multilateralism on the Silk Road[J]. China Economic Journal, 2016, 9(2):116-139.

[11] Castañeda J E, Schwartz P. How Functional is the Eurozone? An Index of European Economic Integration Through the Single Currency[J]. Economic Affairs A Journal of the Liberal Political Economy, 2017, 37(3):365-372.1.

[12] Chen N. Intra-national Versus International Trade in the European Union: Why Do

National Borders Matter? [J]. Journal of International Economics, 2004, 63(1): 93-118.

[13] Clark T H, Lee H G. Security First Network Bank: A Case Study of an Internet Pioneer [C]// Proceedings of the Thirty-First Hawaii International Conference on System Sciences. IEEE, 1998: 73-82.

[14] Daly K J, Vo X V. International Financial Integration in Asian Bond Markets[J]. Research in International Business & Finance, 2005, 23(1):90-106.

[15] Edwards S. International Monetary Fund and the Developing Countries[J]. Social Science Electronic Publishing, 1989, 31(1):7-68.

[16] Esaka T. The Louvre Accord and Central Bank Intervention: Was There a Target Zone? [J]. Japan and the World Economy, 2000, 12(2): 107-126.

[17] Fleming J M. On Exchange Rate Unification[J]. The Economic Journal, 1971, 81(323): 467-488.

[18] Frankel J. The Plaza Accord, 30 Years Later[J]. NBER Working Papers, 2015.

[19] Funabashi Y. Managing the Dollar: From the Plaza to the Louvre[M]. Peterson Institute, 1989.

[20] Gandhi T. Asian Development Bank, Asia-Pacific Trade Facilitation Report 2019: Bridging Trade Finance Gaps Through Technology, Asian Development Bank (ADB) [J]. Journal of Asian Economic Integration, 2020, 2(1).

[21] Geng W, Economics S O, University H. The Viscous Analysis on Inter-district Transfer of Textile Industry from the Perspective of New Economic Geography in China[J]. Geographical Research, 2015, 34(2):259-269.

[22] Goaied M, Sassi S. Financial Development, Islamic Banking and Economic Growth Evidence from MENA Region[J]. International Journal of Business and Management Science, 2011, 4(2):105-128.

[23] Hansen G D, Prescott E C. Malthus to Solow[J]. American Economic Review, 2002, 92(4):1205-1217.

[24] Hawkes V. Clearing House Interbank Payment System (CHIPS)[M]//ACT Companion to Treasury Management. Woodhead Publishing, 1999.

[25] Holslag J. How China's New Silk Road Threatens European Trade[J]. The International Spectator, 2017, 52(1):46-60.

[26] Kim Y, In De O F. The New Great Game in Central Asia Post 2014: The US "New Silk Road" Strategy and Sino-Russian Rivalry[J]. Communist & Post Communist Studies, 2013, 46(2):275-286.

[27] Kohsaka A. A Fundamental Scope for Regional Financial Cooperation in East Asia[J]. Journal of Asian Economics, 2004, 15(5):911-937.

[28] Korinek A. Currency Wars or Efficient Spillovers? A General Theory of International Policy Cooperation[J]. NBER Working Papers, 2016.

[29] Krugman O M. International Economics — Theory and Policy[M]. Pearson, 1990.

[30] Krugman O. Optimum Currency Areas and the European Experience[M]. Pearson Education, 2009.

[31] Kuran T. The Discontents of Islamic Economic Morality[J]. American Economic Review, 1996(86): 438-442.

[32] Lai R. Chapter 12 Understanding Interbank Real-Time Retail Payment Systems [M].// Chuen D L K, Deng R. Handbook of Blockchain, Digital Finance, and Inclusion (Volume 1). Academic Press, 2018: 283-310.

[33] Langenhove L V, Ginkel H V, Court J. Integrating Africa—Perspectives on Regional Integration and Development. 2003.

[34] Lemon A, Pinet M. Measuring Unintended Effects in Peacebuilding: What the Field of International Cooperation Can Learn from Innovative Approaches Shaped by Complex Contexts[J]. Evaluation & Program Planning, 2017, 68(Jun.):253-261.

[35] Li J, Wen J, Jiang B. Spatial Spillover Effects of Transport Infrastructure in Chinese New Silk Road Economic Belt[J]. International Journal of e-Navigation and Maritime Economy, 2017(6):1-8.

[36] Liu T, Wang X, Woo W T. The Road to Currency Internationalization: Global Perspectives and Chinese Experience[J]. Emerging Markets Review, 2019, 38(Mar.):73-101.

[37] Minelli M, Chambers M, Dhiraj A. Big Data, Big Analytics: Emerging Business Intelligence and Analytic Trends for Today's Businesses[M]. John Wiley & Sons, 2013.

[38] Mundell R A. A Theory of Optium Currency Areas[J]. American Economic Review, 1961(51):657-665.

[39] Murphy D. One Belt One Road: International Development Finance with Chinese Characteristics[M]//The China Story Yearbook 2015: Pollution. 2016.

[40] Noland M. Religion and Economic Performance[J]. World Development, 2005, 33(8): 1215-1232.

[41] Orr B. E-banks or E-branches? [J]. American Bankers Association. ABA Banking Journal, 1999, 91(7): 32.

[42] Orăștean R. Chinese Currency Internationalization—Present and Expectations [J]. Procedia Economics and Finance, 2013, 6(1): 683-687.

[43] Purcell F, Toland J. E-Finance for Development: Global Trends, National Experience and SMEs[J]. Electronic Journal of Information Systems in Developing Countries, 2003, 11(1): 1-4.

[44] Reed D. The European Bank for Reconstruction and Development [M]. Graham & Trotman, 1990.

[45] Stolper W F, Samuelson P A. Protection and Real Wages [J]. The Review of Economic Studies, 1941, 9(1): 58-73.

[46] Tracy E F, Shvarts E, Simonov E, et al. China's New Eurasian Ambitions: The Environmental Risks of the Silk Road Economic Belt[J]. Eurasian Geography and Economics, 2017, 58(1):56-88.

[47] Turner B. European Bank for Reconstruction and Development (EBRD)[J]. International Organization, 2002, 48(1):1-38.

[48] Tower E, Willett T D. Currency Areas and Exchange-rate Flexibility Review of World Economics, 1970, 105(1): 48-65.

[49] Vries D, Garritsen M, Horsefield, et al. The International Monetary Fund, 1945—1965: twenty years of international monetary cooperation[J]. Journal of Economic History, 2010, 33(3):676-678.

[50] Wall L D. Some Financial Regulatory Implications of Artificial Intelligence[J]. Journal of Economics and Business, 2018(100): 55-63.

[51] Woy R. Entrium: Erfahrungen mit dem Franchising[J]. Bank und Markt, 2003, 32: 16-17.

[52] Wright B D, Pardey P G. Changing Intellectual Property Regimes: Implications for Developing Country Agriculture[J]. International Journal of Technology & Globalisation, 2006, 2(1/2):93.

[53] Xu L J, Fan X C, Wang W Q, et al. Renewable and Sustainable Energy of Xinjiang and Development Strategy of Node Areas in the "Silk Road Economic Belt"[J]. Renewable and Sustainable Energy Reviews, 2017, 79(Nov.): 274-285.

[54] Yan G. Risk Types and Risk Amplification of Online Finance [J]. Information Technology Journal, 2013, 12(3): 494-497.

[55] 彼得·弗兰科潘.丝绸之路:一部全新的世界史[M].浙江大学出版社,2016.

[56] 国家发展改革委,外交部,商务部.推动共建丝绸之路经济带和21世纪海上丝绸之路的愿景与行动[N].人民日报,2015-03-08.

[57] 国家信息中心"一带一路"大数据中心.一带一路大数据报告2018(英文)[J].The World of Chinese, 2019(1):45.

[58] 阿布都瓦力·艾百.中国-中亚金融合作的理论、基础与机制研究[D].中央财经大

学,2015.

[59] 保建云.论我国推动丝绸之路经济带建设的综合比较优势及人民币货币区的构建[J].经济体制改革,2015(2):12—16.

[60] 蔡强.信用货币、金融危机与国际金融合作[J].财经问题研究,2010(1):70—74.

[61] 曹萍."一带一路"背景下的伊斯兰债券发展模式研究[J].证券市场导报,2016(12):18—26.

[62] 岑赵绍伟."丝绸之路经济带"构建中的货币合作[D].国际关系学院,2016.

[63] 曾向红."一带一路"的地缘政治想象与地区合作[J].世界经济与政治,2016(1):46—71,157—158.

[64] 陈继东,赵罗红.中巴金融合作:现状、作用、走向[J].南亚研究季刊,2013(3):48—55,1.

[65] 陈雨露."一带一路"与人民币国际化可协同并进[C].《国际货币评论合辑》2015年合辑:527—530.

[66] 程贵.丝绸之路经济带国际核心区货币金融合作的困境及其破解[J].经济纵横,2015(11):35—39.

[67] 程漫江."一带一路"引领中国开放新格局和金融业新发展[J].新金融评论,2015(3):49—60.

[68] 褚学力.金融互联互通支持中小企业跨境电商发展探索——基于我国与一带一路沿线国家和地区经济发展的思考[J].中国流通经济,2016(11):66—74.

[69] 达瓦萨珍,王发莉,才央卓玛."一带一路"背景下中国西藏与尼泊尔金融合作研究——基于跨境人民币业务视角[J].西藏大学学报,2017(4):155—162.

[70] 丁向群.国家开发银行支持"一带一路"建设举措成效[J].开发性金融研究,2017(3):15—17.

[71] 董哲."一带一路"背景下亚洲金融合作协会制度与作用研究[J].上海金融,2018(1):24—26.

[72] 法超,陈雨露."一带一路"让人民币可能成主要国际货币[J].市场观察,2015(6):15—17.

[73] 范德胜.日本外汇储备的形成和管理及对我国的启示[J].经济研究参考,2013(43):87—92.

[74] 费清,卢爱珍.丝绸之路经济带视阈下中亚国家投融资环境及对策研究[J].金融教育研究,2015,28(2):14—19.

[75] 傅剑舜.互联网金融背景下商业银行网点转型思考[J].经济师,2018(11):177—178.

[76] 戈国莲.美国金融体系的变迁及对金融稳定性的影响[J].经济思想史评论,2010(1):201—215.

[77] 耿明英."一带一路"战略下加快构建多边金融市场体系的思考——兼论中欧金融合作的契机[J].对外经贸实务,2016(11):9—13.

[78] 龚映清,蓝海平.美国 SEC 众筹新规及其监管启示[J].证券市场导报,2014(9):11—16.

[79] 郭立宏,任保平,宋文月.新丝绸之路经济带建设:国家意愿与策略选择[J].西北大学学报(哲学社会科学版),2015(4):11—17.

[80] 郭晓琼.中俄金融合作的最新进展及存在的问题[J].欧亚经济,2017(4):82—101,126.

[81] 何茂春,张冀兵.新丝绸之路经济带的国家战略分析:中国的历史机遇、潜在挑战与应对策略[J].人民论坛·学术前沿,2013(23):6—13.

[82] 何文彬."一带一路"倡议背景下中国-中亚金融合作的框架基础与层次安排[J].湖北社会科学,2017(7):72—83.

[83] 何文彬."中国-中亚-西亚经济走廊"金融互联的推进策略基于空间经济学视角[J].亚太经济,2018(1):43—52.

[84] 何文彬.中巴经济走廊的金融合作深化的框架和思路探讨[J].现代管理科学,2016(9):85—87.

[85] 何喜有.中韩金融合作模式探析[J].韩国研究论丛,2010(1):268—285.

[86] 洪林.东亚货币合作——基于最优货币区理论的分析[J].世界经济研究,2007(4):40—45,15,87—88.

[87] 胡海峰,武鹏.亚投行金融助力"一带一路":战略关系、挑战与策略选择[J].人文杂志,2016(1):20—28.

[88] 黄玲,周勤.创意众筹的异质性融资激励与自反馈机制设计研究:以"点名时间"为例[J].中国工业经济,2014(7):135—147.

[89] 黄梅波.七国集团货币合作效果反思[J].世界经济,2002(6):27—33.

[90] 黄志勇,邝中,颜洁.世界银行的经验及其对筹建亚洲基础设施投资银行的启示[J].东南亚纵横,2013(12):3—12.

[91] 江苏银行."丝路金融"平台综合服务跨境金融[J].中国银行业,2017(S1):61—64.

[92] 姜波克,罗得志.最优货币区理论综述兼述欧元、亚元问题[J].世界经济文汇,2002(1):73—80.

[93] 姜睿.上海合作组织的金融合作(2014—2015):进展、问题与路径设想[J].俄罗斯东欧中亚研究,2016(3):76—93+157.

[94] 蒋姮."一带一路"地缘政治风险的评估与管理[J].国际贸易,2015(8):21—24.

[95] 蒋志刚."一带一路"建设中的金融支持主导作用[J].国际经济合作,2014(9):59—62.

[96] 金琦."一带一路"战略中的金融支持与合作[J].清华金融评论,2015(9):24—27.

[97] 雷仪.新丝绸之路经济带货币流通风险预警模型研究[D].西安科技大学,2017.

[98] 李宝庆,孙尚伟.中国对外区域金融合作模式探析——兼论深化中阿金融合作[J].世界经济与政治论坛,2015(5):158—172.

[99] 李超."一带一路"互联互通:建立深层次政策沟通机制[N].中国经济时报,2015-06-01.

[100] 李超宇.中蒙俄经济走廊建设中的金融合作研究[D].黑龙江大学,2017.

[101] 李翠花.中国(新疆)与中亚五国区域金融合作研究[D].新疆财经大学,2013.

[102] 李翠萍,张文中."一带"背景下核心区货币合作研究——基于中亚视角[J].经济问题探索,2017(1):99—103.

[103] 李锋."一带一路"沿线国家的投资风险与应对策略[J].中国流通经济,2016,30(2):115—121.

[104] 李睿韬.东亚经济一体化及货币合作中的汇率协调机制研究[D].华东师范大学,2006.

[105] 李善燊.丝绸之路经济带金融合作机制研究[J].金融发展评论,2017(2):77—83.

[106] 李印,钟军委.互联网金融、风险定价与利率冲击效应[J].学术论坛,2016,39(8):48—53.

[107] 李永刚.金砖国家金融合作机制研究[J].暨南学报(哲学社会科学版),2015,37(12):60—65.

[108] 李玥.网络经济下的金融理论与金融治理[J].中国商论,2016(31):39—40.

[109] 厉无畏,许平.丝绸之路经济带上的金融合作与创新[J].毛泽东邓小平理论研究,2014(10):1—8,91.

[110] 林乐芬,王少楠."一带一路"进程中人民币国际化影响因素的实证分析[J].国际金融研究,2016(2):75—83.

[111] 凌丹,张玉芳.政治风险和政治关系对"一带一路"沿线国家直接投资的影响研究[J].武汉理工大学学报(社会科学版),2017,30(1):6—14.

[112] 刘丹.人民币区域化背景下审视我国"一带一路"战略[J].当代经济管理,2015,37(8):5—9.

[113] 刘国斌.论亚投行在推进"一带一路"建设中的金融支撑作用[J].东北亚论坛,2016,25(2):58—66,128.

[114] 刘军梅.中俄金融合作:历史、现状与后危机时代的前景[J].国际经济合作,2010(1):78—82.

[115] 刘梅."一带一路"战略与中国银行业"走出去"研究[J].西南民族大学学报(人文社科版),2017(10):135—139.

[116] 谢平,邹传伟,刘海二.互联网金融的基础理论[J].金融研究,2015(8):1—12.

[117] 刘翔峰.亚投行与"一带一路"战略[J].中国金融,2015(9):41—42.

[118] 刘洋,刘谦.国际货币的经验及"一带一路"、亚投行的设立对人民币国际化的启示[J].湖北社会科学,2015(5):95—99.

[119] 刘源."一带一路"沿线国家的金融监管架构——国际比较与经验借鉴[J].沈阳工业大学学报,2017(3):210—220.

[120] 刘再起,王蔓莉."一带一路"战略与中国参与全球治理研究——以话语权和话语体系为视角[J].学习与实践,2016(4):68—74.

[121] 路妍.金融危机后的国际金融监管合作及中国的政策选择[J].管理世界,2011(4):169—170,177.

[122] 马卫华,应樁子.国际货币基金组织与世界银行之比较研究[J].华北电力大学学报(社会科学版),2006(2):52—56.

[123] 马翔,李雪艳."一带一路"战略背景下的资金融通问题研究[J].内蒙古社会科学(汉文版),2016(1):14—19.

[124] 梅亚冲."一带一路"视角下的伊斯兰金融研究及其对中国的启示[J].北京大学学报(哲学社会科学版),2017(6):130—137.

[125] 彭澎.互联网金融深化丝绸之路经济带金融合作机制研究[J].国际融资,2016(8):63—67.

[126] 齐晓凡,丁新举."一带一路"战略下中国企业海外投资风险应对[J].企业管理,2017(1):85—87.

[127] 任志宏."一带一路"战略与人民币国际化的机遇、障碍及路径[J].华南师范大学学报(社会科学版),2016(3):28—34,191.

[128] 孙铭.欧亚经济联盟为人民币走出区域化困境带来转机[J].欧亚经济,2015(5):97—109,128.

[129] 滕昕,李树民.当代国际储备构成非均衡发展的理论研究[J].中国地质大学学报(社会科学版),2006(4):27—31.

[130] 万建华.金融 e 时代:数字化时代的金融变局[M].中信出版社,2013.

[131] 王凡一."一带一路"战略下我国对外投资的前景与风险防范[J].经济纵横,2016(7):33—36.

[132] 王芳.人民币国际化有助国际货币体系改革[J].当代金融家,2016(1):44—45.

[133] 王敏,柴青山,王勇,等."一带一路"战略实施与国际金融支持战略构想[J].国际贸易,2015(4):35—44.

[134] 王娟娟,宋宝磊.区块链技术在"一带一路"区域跨境支付领域的应用[J].当代经济管理,2018(7):8—10.

[135] 王倩,胡颖.中国与中亚国家跨境贸易人民币结算:潜力、阻碍与策略[J].南方金融,2015(12):9—24.

[136] 王仁祥,张应华.国际金融主导权的缘由、内涵与特征[J].广义虚拟经济研究,2012,3(2):29—36.

[137] 王瑞琪."一带一路"建设中的货币战略[J].金融世界,2015(8):52—55.

[138] 王晟.区块链式法定货币体系研究[J].经济学家,2016(9):77—85.

[139] 王远志.我国银行金融数据跨境流动的法律规制[J].金融监管研究,2020(1):51—65.

[140] 魏革军,张驰.开创"一带一路"投融资合作新格局——访丝路基金董事长金琦[J].中国

金融,2017(9):20—23.

[141] 温信祥,徐昕.人民币国际化的全新历史时期——"一带一路"与未来国际金融体系[J].人民论坛·学术前沿,2015(16):61—71,85.

[142] 吴国平,王飞.金砖国家金融合作的机遇与挑战[J].中国金融,2013(12):73—75.

[143] 谢平,尹龙.网络经济下的金融理论与金融治理[J].经济研究,2001(4):24—31,95.

[144] 谢世清,胡东.亚投行的国际挑战与应对策略[J].亚太经济,2017(1):41—45,174.

[145] 许涛,孙静.多边金融合作框架下中国外汇储备投资研究[J].经济研究参考,2015(8):94—102.

[146] 许燕.构建"一带一路"国际金融合作战略体系的思考[J].金融发展评论,2017(3):57—64.

[147] 薛俊杰.七国集团与货币金融合作:从域内协调到全球治理[D].华中师范大学,2009.

[148] 薛志华.世界银行与国际货币基金组织的协作关系及其发展前景[J].国际经济法学刊,2019(4):117—125.

[149] 严佳佳,辛文婷."一带一路"倡议对人民币国际化的影响研究[J].经济学家,2017(12):83—90.

[150] 杨海燕.从国际货币体系的演变历史谈"碳货币"本位的全新国际货币体系构建设想[J].特区经济,2011(6):19—20.

[151] 杨久源.国际金融合作的理论与实践[J].特区经济,2011(6):92—93.

[152] 杨丽花,周丽萍,翁东玲.丝路基金、PPP与"一带一路"建设——基于博弈论的视角[J].亚太经济,2016(2):24—30.

[153] 姚大庆.对欧元区共同边界效应的检验——兼论欧元区是否满足最优货币区的条件[J].世界经济研究,2012(5):16—21,87.

[154] 尹晨,周薪吉,王祎馨."一带一路"海外投资风险及其管理——兼论在上海自贸区设立国家级风险管理中心[J].复旦学报(社会科学版),2018,60(2):139—147.

[155] 袁天昂.从当代最优货币区理论再看"华元"及"亚元"的推出[J].时代金融,2012(8):17—22,24.

[156] 岳华,赵明.国际货币基金组织治理机制改革的新设计[J].经济问题探索,2012(7):179—184.

[157] 张国俊,苏存.现行国际货币体系下的金融合作回顾与展望[J].银行家,2010(8):102—104.

[158] 张军."一带一路"战略下中资商业银行国际化区位选择[J].经济问题探索,2016(12):107—112.

[159] 张钧媛,刘经纬.基于区块链技术的联合环境感知模型设计与应用[J].计算机与现代化,2018(11):56—59,64.

[160] 张礼卿.国际金融体系:历史、现状与趋势[J].求是,2003(22):58—60.

[161] 张茉楠.2015:国际金融新旧周期与秩序交替的节点[J].发展研究,2016(3):55—58.

[162] 张永丽,王博.中国西北地区发展伊斯兰金融的前景分析——基于"一带一路"的视角[J].上海财经大学学报,2016(3):36—47.

[163] 张煜.东亚货币一体化的可行性分析[D].湖南大学,2009.

[164] 赵素君,张祥建,涂永前.上海国际金融中心对接"一带一路"的突破口及措施[J].科学发展,2017(6):78—85.

[165] 赵长峰.国际金融合作中的权力与利益研究[D].华中师范大学,2006.

[166] 周阿利.基于金融视域下的丝绸之路经济带建设研究[J].当代经济,2015(27):8—10.

[167] 周锦昌,孟昭莉.多元的移动金融[J].21世纪商业评论,2013(9):32—33.

[168] 周慕冰.银行服务"一带一路"的选择[J].中国金融,2017(9):34—37.

[169] 朱苏荣."一带一路"战略国际金融合作体系的路径分析[J].金融发展评论,2015(3):83—91.

[170] 宗良."一带一路"与人民币国际化协同效应研究[J].国际金融,2017(3):6—9.

课题相关成果

[1] 马广奇,姚燕."一带一路"背景下人民币由"丝路货币"走向"世界货币"的推进策略[J].经济学家,CSSCI,2018(8):60—66.

[2] 马广奇,黄伟丽."互联网+"背景下深化丝绸之路经济带金融合作的路径研究[J].经济纵横,CSSCI,2018(1):98—105.

[3] 马广奇,黄伟丽."互联网+"背景下丝绸之路经济带金融合作:基础、障碍与对策[J].云南财经大学学报,CSSCI,2018,34(9):13—22.

[4] 马广奇,秦亚敏.海上丝绸之路金融支持模式创新研究[J].理论探讨,CSSCI,2019(1):109—114.

[5] 马广奇,陈静.基于互联网的共享经济:理念、实践与出路[J].电子政务,CSSCI,2017(3):16—24.

[6] 马广奇,肖琳.互联网时代下"丝绸之路经济带"金融合作新路径[J].企业经济,CSSCI扩展版,2018,37(2):51—55.人大复印资料《财政金融文摘》2018(4)转载.

[7] 马广奇,赵仲.基于金融规制理论的中国互联网金融监管思考[J].区域金融研究,2019(2):21—24.人大复印资料《财政金融文摘》2019(5)转载.

[9] 马广奇,史梦佳.我国互联网股权众筹融资的博弈分析[J].财会月刊,2017(15):108—113.

[9] 马广奇,黄伟丽.监管新规下P2P网贷平台转型路径研究[J].农村金融研究,2017(5):48—51.

[10] 马广奇,姚燕."一带一路"框架下人民币成为"丝路货币"的推进策略研究[J].征信,2018,36(4):75—80.

[11] 许华,白晓燕,程书强,马广奇.丝绸之路经济带全要素能源效率比较研究[J].生态经济,2018,34(7):44—49,67.

[12] 马广奇,史梦佳.我国互联网股权众筹融资模式的风险分析与评估[J].中国注册会计师,2016(12):58—62.

[13] 马广奇,王瑾.中国企业对"一带一路"沿线国家直接投资的绩效研究[J].财会通讯,2019(5):3—7.

[14] 马广奇,蒙丽婷.互联网金融促进丝路金融合作的思考[J].时代金融,2018(36):376—377+384.

[15] 马广奇,邢开欣.丝路沿线国家金融发展水平测量与深化合作建议[J].时代金融,2018(36):30—31.

[16] 马广奇,黄思慧."一带一路"倡议下中国和巴基斯坦经济合作的现实基础与路径探析[J].时代金融,2018(35):374—376.

[17] 马广奇,王岚."一带一路"沿线省市包容性金融发展水平实证分析[J].时代金融,2018(33):60—61,64.

[18] 马广奇,魏梦珂.基于"互联网+"促进普惠金融发展的路径探索——以蚂蚁金服为例[J].产业与科技论坛,2018,17(5):118—119.

[19] 马广奇,蔡溦.互联网促进丝路金融合作的战略路径思考[J].商场现代化,2018(4):172—174.

[20] 马广奇,魏梦珂."互联网+"视角下普惠金融的SWOT分析及发展模式[J].产业与科技论坛,2018,17(4):16—17.

[21] 马广奇,魏梦珂."互联网+"时代下我国共享单车市场的实践困境与应对策略[J].企业经济,CSSCI扩展板,2017,36(12):124—128.

[22] 吴昌刚,马广奇.关于促进我国互联网金融健康发展的实践探析[J].时代金融,2017(8):64,67.

[23] 马广奇,刘晶.互联网金融促进网上丝路金融合作的思考[J].全国流通经济,2017(34):61—63.

[24] 马广奇,贺星.丝路经济带下西安互联网金融发展构想[J].财务与金融,2016(2):8—12.

[25] 马广奇,李洁."一带一路"建设中人民币区域化问题研究[J].经济纵横,CSSCI,2015(6):41—46.

[26] 王巧巧,马广奇.丝绸之路经济带中小企业融资新渠道[J].现代企业,2015(11):25—26.

[27] 马广奇,景马婕.丝绸之路经济带区域性金融中心建设构想[J].经济纵横,CSSCI,2015(11):40—43.

[28] 马广奇,张欢.互联网金融主要业态及创新效应[J].人民论坛,2015(2):74—76.

[29] 马广奇,王巧巧.丝绸之路经济带金融合作瓶颈与发展建议[J].商业经济研究,2015(1):108—109.

[30] 马广奇,赵亚莉.基于"最优货币区理论"的丝绸之路经济带货币一体化条件分析[J].甘肃金融,2014(10):17—20.

[31] 马广奇,陈雯敏.丝绸之路经济带货币流通的路径选择[J].西南金融,2014(8):8—11.

[32] 余姝纬.互联网+"一带一路"金融合作问题研究[J].中国总会计师,2017(5):69—71.

图书在版编目(CIP)数据

线上丝路金融论/马广奇著. —上海：复旦大学出版社，2021.9
ISBN 978-7-309-15776-5

Ⅰ.①线… Ⅱ.①马… Ⅲ.①互联网络-应用-丝绸之路-经济带-国际金融-国际合作-研究 Ⅳ.①F831.6

中国版本图书馆 CIP 数据核字(2021)第 117544 号

线上丝路金融论
XIANSHANG SILU JINRONG LUN
马广奇　著
责任编辑/李　荃

复旦大学出版社有限公司出版发行
上海市国权路 579 号　邮编：200433
网址：fupnet@fudanpress.com　http://www.fudanpress.com
门市零售：86-21-65102580　　团体订购：86-21-65104505
出版部电话：86-21-65642845
上海四维数字图文有限公司

开本 787×1092　1/16　印张 15.25　字数 264 千
2021 年 9 月第 1 版第 1 次印刷

ISBN 978-7-309-15776-5/F·2808
定价：59.00 元

如有印装质量问题,请向复旦大学出版社有限公司出版部调换。
版权所有　　侵权必究